Hilal ÇELİK

Hilal Gökdağ Çelik, 1982 yılında İstanbul'da doğmuştur. Lise eğitimini Özel Beykent Lisesi'nde okul birincisi olarak tamamlamıştır. Üniversite sınavında göstermiş olduğu başarı ile Beykent Üniversitesi, Fen- Edebiyat Fakültesi, Matematik – Bilgisayar (ing) Bölümünü tam burslu olarak kazanmıştır. 2004 yılında Beykent Üniversitesi'nden Fakülte ve Bölüm Birincisi olarak mezun olmuştur.

2004 yılında akademik hayatı kendine amaç edinmiş olduğu için Beykent Üniversitesinde Öğretim Görevlisi olarak göreve başlamıştır. 2011 yılında İstanbul Üniversitesi, İşletme Yönetimi ve Organizasyonu Doktora programını başarı ile tamamlamış ve Dr. ünvanını almıştır. 2013-2019 yılları arasında sekiz yıl boyunca İstanbul Beykent Üniversitesi MYO Dış Ticaret Bölüm başkanlığı görevini yürütmüştür. Çeşitli uluslararası kitap Bölümleri, uluslararası makaleleri, Ulakbim Yayınları ve uluslararası kongre bildirileri bulunmaktadır. Halen İstanbul Beykent Üniversitesi İktisadi ve İdari Bilimler Fakültesi İşletme Bölümünde Dr. Öğretim Üyesi olarak görev yapmaktadır.

Evli ve 2 erkek çocuk annesidir.

Yükseköğretim Kurumlarında

BİLİŞİM TEKNOLOJİLERİ KULLANIMININ ÖRGÜT PERFORMANSINA ETKİLERİ

Hilal ÇELİK

ISBN: 978-625-6894-76-1

1. Baskı: Kriter Yayınevi 2023 / İstanbul

Yayınevi Sertifika No: 45353

Anahtar Kelimeler: İşletme, Örgütsel Performans, Bilişim Teknolojileri, Örgütsel davranış

Birinci Baskı 204 s. 16 cm x 23,5 cm

Kaynaklar var, Dizin yok.

Kapak Tasarımı: Ahmet Baran

Mizanpaj: Kriter Yayınevi

Baskı: Çözüm Baskı Merkezi Ticaret Limited Şirketi

Emniyetevleri Mahallesi Güvercin Sokak No:7/1 Kağıthane / İstanbul

Matbaa Sertifika No: 49099

İletişim:

Kriter Yayınevi

Hobyar Mah. Cağaloğlu Yokuşu Sok. Fevzi Bey Han No: 21 Kat: 2 No: 5

Fatih / İstanbul

Tel: 0 212 527 31 89

info@kriteryayinevi.com

www.kriteryayinevi.com

Yükseköğretim Kurumlarında

BİLİŞİM TEKNOLOJİLERİ KULLANIMININ ÖRGÜT PERFORMANSINA ETKİLERİ

Hilal ÇELİK

Birinci Baskı

2023 – İstanbul

KRITER

ÖNSÖZ

Örgütlerde bilişim teknolojisinin stratejik önemi ve değeri sürekli artmaktadır. Çoğu işletmede bilişim teknolojisi örgütlerde destek işlevi olmaktan çıkarak stratejik ve yapısal bir role sahip hale gelmiştir. Örgütlerdeki bilişim teknolojileri kullanımına yönelik bu gelişme, yönetime, üretim faktörlerine ve performansa katkılar sağlamış ve örgütlerde verimliliği artırmada kaçınılmaz bir unsur olarak görülmüştür. Bilişim teknolojisi artık bir örgütsel genel gider olarak görülmek yerine, rekabeti ve sektör yapısını değiştiren örgütsel performansı arttıran stratejik bir kaynak olarak görülmektedir.

Bilişim sistemleri hem kamu sektörü hem de özel sektör kurumları açısından çok büyük önem taşımaktadır. Bu çerçevede özellikle yükseköğretim kurumlarında bilişim teknolojileri kullanımının örgüt performansına etkileri detaylıca değerlendirilmesi gereken bir konudur.

Literatürde son yıllarda örgütsel performans ile ilgili çalışmalar geniş yer alırken, yükseköğretim kurumlarında örgütsel performans konusunda eksiklik görülmüş ve o alanla ilgi çalışma gerçekleştirilmiştir.

Bu çalışma, İ.Ü. Sosyal Bilimler Enstitüsü, İşletme Fakültesi Doktora Programında Prof. Dr. Hayri ÜLGEN'in tez danışmanlığımı yürüttüğü, "Yükseköğretim Kurumlarında Bilişim Teknolojileri Kullanımının Örgüt Performansına Etkileri ve Bir Araştırma" başlıklı doktora tez çalışmamdan türetilmiştir.

Oldukça zor ve uzun bir araştırma sürecini kapsayan bu zorlu çalışma sürecimde, yılmadan çalışmamı tamamlamamı sağlayan, beni sürekli cesaretlendiren, görüş ve düşünceleri ile çalışmama yön veren, bilgi ve deneyimleri ile her zaman çalışmama destek olan ve ışık tutan doktora tez danışman hocam Prof. Dr. Hayri ÜLGEN'e verdiği destekler için çok teşekkür ederim.

Çalışmalarım süresince manevi desteğini esirgemeyen, beni cesaretlendiren sevgili eşim Nuhşit ÇELİK'e ve her zaman yanımda olduklarını hissettiğim, her daim cesaret veren sevgili annem Semiha GÖKDAĞ ve sevgili kardeşim Ünsal

GÖKDAĞ'a, canım rahmetli babam Raif GÖKDAĞ'a, Canım oğullarım Arhan ÇELİK ve Bilgehan ÇELİK'e destekleri için çok teşekkür ederim.

Bu çalışma, günümüzde yaşamın her alanında artarak ve yoğun olarak kullanılmakta olan bilişim teknolojilerinin yükseköğretim kurumlarının örgüt performansına ne şekilde etki ettiğini belirlemek amacıyla bilişim teknolojileri ve örgüt performansı arasındaki ilişkileri analiz etmeye odaklanarak yapılmıştır. Bu çalışmanın amacı; yükseköğretim kurumlarında bilişim sistemlerinin kullanım düzeylerinin, amaçlarının belirlenmesi ve bu sistemlerin örgüt performansına etkilerinin incelenmesidir. Bu noktadan hareketle, bilişim teknolojileri ile örgüt performansı arasındaki ilişkilerini ortaya koymak ve iki grup arasında oluşan ilişkilerin başarısını geliştirecek önerilerde bulunmaktır.

Hilal GÖKDAĞ ÇELİK

İÇİNDEKİLER

ÜÇÜNCÜ BÖLÜM

BİLİŞİM TEKNOLOJİLERİ VE ÜNİVERSİTELERDE BİLİŞİM SİSTEMLERİ

DÖRDÜNCÜ BÖLÜM

GİRİŞ

Bilişim çağının bir getirisi olarak bugün tüm dünyada yoğun ve sürekli bir değişme ve yenileşme süreci yaşanmaktadır. Bu hızlı ve yoğun değişim süreci dünyanın küresel bir köy haline gelmesi ile daha çok hissedilmektedir. Yaşanan bu değişim, hem kamusal hem de özel sektör açısından önemli fırsat ve tehditler içeren çevresel belirsizlikler yaratmaktadır. Hızlı değişim sürecinin bir sonucu olarak oldukça karmaşık bir gelecekle karşı karşıya olan tüm kamu ve özel sektör kurumları çevrelerindeki değişimlere ayak uydurabilecek ve hizmet verdikleri alanda varlıklarını sürdürüp geliştirebilecek tedbirleri almak, bu değişimleri ve yenilikleri karşılayabilecek yeterlikte öngörü ve planlama gücüne sahip olmak zorundadırlar. Bu zorunluluk, klasik planlama anlayışının yerini iç ve dış çevrenin analizine dayanan stratejik planlamaya bırakmasını ve bilişim teknolojilerinin örgütsel faaliyetlerin her aşamasında kullanımını gerekli kılmaktadır.

Bilişim teknolojileri, karar verme sürecinde yöneticiler için gerekli olan bilgiyi farklı kaynaklardan toplayan, işleyen, saklayan, elde edilen verileri raporlayan bileşenlerin oluşturduğu bir kavramdır. Bugün bilişim teknolojileri ve bu teknolojilerin iletişim alanında sağladığı olanaklar aracılığı ile kamu ve özel sektör örgütlerindeki tüm bireylerin bilişim üretimine ve dağıtımına katkıda bulunabilmesi mümkün olmuştur. Bu teknolojilerin örgütler açısından en önemli getirisi rutin işlerden yönetsel faaliyetlere kadar her alanda örgütsel faaliyetleri kolaylaştıran bilişim sistemlerinin gelişimidir.

Bilişim kavramı bileşenleri ile birlikte yakın dönemde inanılmaz bir hızla gelişmiştir. Bilişim teknolojileri ve bilişim ürünleri ile sunulan olanakla yaşamın her alanını önemli şekilde değişime sürüklemiştir. Çağın her döneminde değişim, gelişiminin temel gerekliliği iken bilişim ve bilişim teknolojileri ile katlanarak gelişen süreç inanılmaz bir hızla seyretmiş değişim gereği "uyulursa iyi olur" bir süreç olmaktan çıkıp bir zaruret haline gelmiştir.

Bilişim teknolojileri kullanımı ile bilgiye erişim kolaylaşmakta ve bu erişim sayesinde tüm kademeler bilgiye daha rahat ulaşabilmektedir. Bilişim sistemlerinin örgütlerde kullanımıyla birlikte, gerekli bilgi paylaşımı sağlandığı için örgüt içi iletişim ile müşteriler ve tedarikçilerle olan iletişim kolaylaşmakta ve bu durum verimliliğe yansıyarak örgütün karlılığını artırmaktadır. Bununla beraber örgütlerde bilgi toplama ve üst kademeye aktarma işlevleri bilişim sistemleri tarafından üstlenildiğinden, orta kademe yöneticileri ortadan kalkmaktadır.

Günümüzde örgütler bilişim ve bilişim teknolojilerini bünyelerinde uyumlaştırabildikleri ölçüde rekabet edebilmekte ve başarılı olabilmektedir. Bilişim teknolojilerinin sundukları olanaklar işletmeler açısından göreli olarak hem önemli avantajlar hem de dezavantajlar sunmaktadır. Bu gelişmeler dünya düzleminin küçüldüğü günümüzde bilişimi yaratabilen ve değişime uyum sağlayabilenler için pozitif bir rekabet avantajı oluşturmuşken uyum sağlayamayanlar için dezavantaj oluşturmuştur. Dünya literatüründe bilişim ve bilişim teknolojilerinin örgütle sunduğu olanaklar tartışmasız kabul edilirken bu olanakların örgütlerin performansı üzerindeki etkileri hala tartışılmaktadır. Bu tartışmalar dünya düzleminde ve ülkemiz literatüründe çok sınırlı sayıda yer almaktadır.

Örgütlerde bilişim teknolojisinin stratejik önemi ve değeri sürekli artmaktadır. Çoğu işletmede bilişim teknolojisi örgütlerde destek işlevi olmaktan çıkarak stratejik ve yapısal bir role sahip hale gelmiştir. Örgütlerdeki bilişim teknolojileri kullanımına yönelik bu gelişme, yönetime, üretim faktörlerine ve performansa katkılar sağlamış ve örgütlerde verimliliği artırmada kaçınılmaz bir unsur olarak görülmüştür. Bilişim teknolojisi artık bir örgütsel genel gider olarak görülmek yerine, rekabeti ve sektör yapısını değiştiren stratejik bir kaynak olarak görülmektedir. Literatürde son yıllarda örgütsel performans ile ilgili çalışmalar geniş yer alırken, yükseköğretim kurumlarında örgütsel performans konusunda yapılmış bir araştırmaya rastlanılamamıştır. Böyle bir boşluğu ülkemiz açısından irdelemek önemli bir gereklilik olarak görülmüştür.

Bu çerçevede özellikle yükseköğretim kurumlarından vakıf üniversitelerinde bilişim teknolojilerinin örgüt performansına etkilerinin değerlendirilmesi orijinal bir konu niteliğindedir. Bu çalışma, günümüzde yaşamın her alanında artarak ve yoğun olarak kullanılmakta olan bilişim teknolojilerinin yükseköğretim kurumlarında örgüt performansına ne şekilde etki ettiğini belirlemek amacıyla yapılmıştır. Bu noktadan hareketle çalışmanın konusu bilişim teknolojileri ile örgütsel performans ilişkisini yükseköğretim kurumları açısında araştırmak olarak belirlenmiştir. Araştırma konusu incelenirken öncelikle bilişim ve bilişim teknolojileri ortaya konulmuş, ardından bilişim teknolojilerinin örgütsel etkileri ve örgütsel performans irdelenmiştir. Araştırmada bilişim teknolojileri ile örgütsel performans arasında bir ilişki olup olmadığı eğer ilişki varsa bu ilişkinin nasıl ve hangi yönde yükseköğretim kurumlarını etkilediği belirlenmeye çalışılmış ve bilişim teknolojilerinin örgütsel performans ilişkisi İstanbul'daki vakıf üniversitesinde irdelenerek sonuçları ortaya konulmaya çalışmıştır.

BİRİNCİ BÖLÜM

1. BİLİŞİM TEKNOLOJİLERİ

1.1. Bilişim Teknolojileri Kavramı

Bilişim sistemleri ya da bilgi teknolojileri sistemleri kavramı, "bilişim teknolojileri" kavramı ile iç içe girmiş bir kavram olarak kullanılmaktadır. Bu kavramlar literatürdeki diğer çalışmalar da olduğu gibi bu çalışmada da, birbirlerinin yerine kullanılmaktadır.

Bilişim teknolojileri, karar verme sürecinde yöneticiler için gerekli olan bilgiyi farklı kaynaklardan toplayan, işleyen, saklayan, elde edilen verileri raporlayan bileşenlerin oluşturduğu kavramdır.[1]

Bilişim teknolojileri bilgiyi değişik kaynaklardan toplayan, işleyen, saklayan, elde edilen çıktıyı örgütteki sorumlu bireylere tekrar göndererek girdilerin değerlendirilmesini ve düzeltilmesini sağlayan geri besleme unsurlarından oluşan, yöneticilerin veri veya bilgi işlemesini sağlayan bilgisayar destekli sistemlerle ilgili bir kavramdır.[2]

Bilişim teknolojileri, genel olarak bilginin toplanması, saklanması, işlenmesi, erişilmesi ve dağıtılmasını sağlayan teknolojiler, uygulama ve hizmetler ile sistem üzerindeki bilgilerin tümünü, uzman insan kaynaklarını ve uyulması gereken prosedür ve bilgileri kapsamaktadır.[3]

Bilişim sistemleri örgütteki kontrole ve karar almaya destek olmak amacıyla enformasyonu biriktiren, depolayan, süreçten geçiren ve dağıtan, birbiriyle ilişkili birtakım bileşenler olarak tanımlanır.[4]

---

[1] Mahmut Tekin, Hasan Kürşat Güleş ve Adem Öğüt, **Değişim Çağında Teknoloji Yönetimi**, Nobel Yayın Dağıtım, Ankara, 2003, s. 177.

[2] Laudon, **a.g.e.**, s. 10.

[3] Halime İnceler Sarıhan, **Rekabette Başarının Yolu Teknoloji Yönetimi**, Desnet Yayınları, İstanbul, 1998, s. 167.

[4] Kenneth C. Laudon ve Jane P. Laudon, **Management Information Systems New Approaches to Organization and Technology**, Prentice Hall Publishing, New Jersey, 2004, s. 9.

Bilişim teknolojisinin Kavramsal Analizi yapılacak olursa; Bilişim denince, kullanıcıları için faydalı ve anlamlı hale getirilmiş veri anlaşılmaktadır. Bu bağlamda bilişim teknolojisi; yöneticinin karar vermesi için gerekli bilgiyi değişik kaynaklardan toplayan, isleyen, saklayan ve veriyi raporlayan formal bir bilgi teknolojisi olarak tanımlamak mümkündür.[5]

Öncelikle veri, bilişim ve bilgi arasında kısaca bir ayrım yapmak gerekirse, veri; ham olgular, rakamlar ve detayları, bilişim; verilerin yararlı, anlamlı ve organize edilmiş hali, bilgi ise bir bilişim grubu ve bu bilişimin en uygun şekilde nasıl kullanılabileceğinin anlaşılabilmesi demektir.

Bilişim teknolojisini kısaca, ana sistemlerden mikrobilgisayarlara kadar bilgisayar temelli tüm bilişim sistemleri veya bilgisayarlar aracılığıyla bilgilerin elde edilmesi, islenmesi saklanması ve gerekli yerlere dağıtılması olarak tanımlamak mümkündür.[6]

Bir bilişim sistemi için ileri teknoloji kullanımı şart değildir. Bilişim sistemi bir örgüt içinde bilginin kişiler arasında iletilmesini sağladığından, bu isin mutlaka karmaşık bir teknoloji ile yapılması gerekmemektedir. Bilişim teknolojisi, söz konusu işlem için kullanılan araç ve gereçleri ifade etmektedir.[7]

Genel bir ifadeyle bilişim teknolojileri bir bilginin toplanmasını, bu bilginin işlenmesini, saklanmasını ve gerektiğinde herhangi bir yere iletilmesi ya da herhangi bir yerden bu bilgiye erişilmesini bugün için elektronik, optik vb. tekniklerle otomatik olarak sağlayan teknolojiler bütünü olarak tanımlamak mümkündür. Burada bilgi 0 ve 1 haline dönüştürülmüş veri, ses, görüntü, video vs. her şeyi ifade etmektedir.[8]

Her sistem gibi, bilişim teknolojileri ya da bilişim sistemleri de birbirleriyle ilişkili belli parçalardan; girdiler, süreçler, veri dosyaları, donanım, insanlar ve çıktılardan oluşmaktadır.

Bilgi toplumunun oluşumunda önemli bir rol oynayan bilişim teknolojileri, farklı yazarlar tarafından farklı şekillerde tanımlanmaktadır. Bazı tanımlarda bilişim teknolojisini; veri ve bilginin işlenmesi, dağıtılması ve analiz edilerek kullanımını mümkün kılan her türlü araç ve bilginin bilgisayar aracılığıyla elde

---

[5] B. Becta. "Evidence on the progress of ICT in education. Coventry: British Educational Communications and Technology Agency". **The Becta Review,** 2006, p. 132

[6] N. Kumar ve R. Mittal, **Management Information System**, India:Anmol Publications Pvt. Ltd, 2004, s 112.

[7] N.Caroline Daniels, **Bilgi Teknolojisi**, Addison Wesley Basımevi, Wokingham, 1994, s.33

[8] Ceyhun, Yurdakul; Çağlayan, M. Ufuk, **Bilgi Teknolojileri Türkiye için Nasıl Bir Gelecek Hazırlamakta**, Türkiye is Bankası Kültür Yayınları, Ankara, 1997, s.16

edilmesi, işlenmesi, saklanması ve gerekli yerlere aktarılması[9] olarak tanımlanmaktadır. Bilginin toplanmasını, işlenmesini, saklanmasını ve gerektiğinde herhangi bir yere iletilmesini ya da herhangi bir yerden bu bilgiye erişilmesini bugün için elektronik, optik, vb. tekniklerle otomatik olarak mümkün kılan teknolojiler bütününe bilişim teknolojileri adını vermektedirler.

Bilişim sistemleri ve Bilişim teknolojileri kavramları her zaman birbiri yerine kullanılabilen kavramlar olmuşlardır. İnsan kaynaklarını da kapsayan bir tanım verecek olursak, bilişim sistemlerini veri, bilgi ya da işlenmiş bilginin rakam, sayı, yazı, resim, ses ve görüntü biçiminde elde edilmesi, depolanması, düzenlenmesi, geri çağrılması, istenilen formata geri dönüştürülmesi ve bir yerden başka yere aktarılmasını olanaklı kılan teknoloji, yazılım ve insan kaynaklarının bir araya gelmesiyle oluşan bir bütün[10] olarak tanımlanmaktadır.

Bilişim sistemleri örgütler açısından düşünülecek olursa, değişen koşullar sonucu ortaya çıkan bilişim teknolojisi kurumsal etkinlik, rekabetçi üstünlük, nitelikli hizmet sunumu gibi amaçları gerçekleştirmeye yönelik bilgileri gerektiği zaman, istenen nitelikte sunabilmekte[11], örgüt içi her tür bilgi akışını hızlandırıp kolaylaştırdığı gibi zaman ve mekan kullanımında sağladığı avantajlarla etkinlik ve verimliliği artırmaktadır[12].

Bilişim sistemleri, örgüt içinde ve çevresinde önemli insanlar, yerler ve şeyler hakkında da bilgi içerirler. Bilişim denince insanlar için faydalı ve anlamlı biçime sokulmuş veriler anlaşılmaktadır. Veri önce insanların anlayabileceği ve kullanabileceği biçimde hazırlanmış ve organize edilmiş, sonra örgütlerde veya fiziksel çevrelerde görülen olayları tanımlayan ham gerçeklerin yoğunluğudur. Bilişim sisteminde üç aktivite karar verme, işlemlerin kontrolü, sorunların çözümü ve yeni ürünler veya hizmetler oluşturmada örgütlerin ihtiyacı olan bilgiyi üretmektir.

Bilgisayar teknolojisinin telekomünikasyon ile bütünleştirilmesi, günümüzün artan küresel rekabet ortamında hem örgüt içi hem de örgütler arası iletişimde devrim niteliğinde değişikliğe sebep olmuştur. Bugün, birçok örgüt, münferit bilgisayarlar yerine bunların birbirlerine muhtelif şekillerde bağlanmalarıyla oluşturulan ağlardan yararlanmaktadır. Çok yakın bir zamanda bu tür ağları kullanmayan örgütlerin azınlık haline geleceği öngörülmektedir.

---

9 C.F. Gibson, ve B.B. Jackson,, **The Information Imperative**. Lexington Books, Toronto, 2007, s. 43.

10 H.K. Güleş, ve M Özata, **Sağlık Bilişim Sistemleri**. Nobel Yayın Dağıtım, Ankara, 2005, s.40

11 Adem Öğüt, **Bilgi Çağında Yönetim**, Nobel Basım Yayım Dağıtım, Ankara, 2001, s. 143.

12 Hüsnü Erkan, **Bilgi Toplumu ve Ekonomik Gelişme**, Türkiye İş Bankası Kültür Yayınları, İstanbul, 1998, s. 81.

Bilişim teknolojisi kullanan birçok örgütte yöneticiler coğrafi olarak nerede konumlandıkları önemli olmaksızın ağlar aracılığıyla birbirine bağlı proje ekiplerinde görev almaktadırlar.[13] Böylece, nerede olurlarsa olsunlar hem meslektaşlarına hem de kendilerine gereken bilgiye ulaşabilmektedirler.

Örgütlerin organizasyon (personel, kurallar, politikalar, örgüt kültürü), yönetim (stratejik amaçlar, hedefler ve yönetsel gereksinimler) ve teknoloji (bilgi sistem teknolojisi, donanım, yazılım, depolama ve telekomünikasyon teknolojisi) uyumlu hale getirilmesi[14] ancak bilişim sistemlerinin bu avantajları sağlayabilmesi ve bütünleşmiş bir örgüt yapısı oluşturulması ile sağlanabilir.

1.2. Bilişim Teknolojilerinin Önemi

Teknolojik gelişmelerdeki eğilim, farklı alanlarda ve özelliklerde olan teknolojilerin ortak bir noktada buluşarak birlikte hareket etmeleri yönündedir. Birbirinden farklı özelliklere sahip olan bilişim teknolojisi (bilgisayar donanımı, yazılımı, veritabanları, vb.); iletişim ve telefon teknolojisi (ses, veri, kablolu ve kablosuz ağ, telefon, faks, telefon cevaplama araçları); etkileşimli çoklu ortam teknolojisi (metin, ses, grafik, fotoğraf, video) ve medya teknolojisi (radyo, televizyon) birbirlerine yaklaşmakta ve birlikte tümleşik hale gelmektedirler. Bir taraftan bu gerçekleşirken, diğer taraftan da teknolojik ürünlerin etkinlik ve işlem hızları sürekli artış göstermekte ve aynı zamanda teknolojik ürünlerde sürekli minyatürleşme ve maliyetlerde bir düşüş gözlenmektedir.[15]

Bilişim teknolojileri kullanımı ile bilgiye erişim kolaylaşmakta ve bu erişim sayesinde tüm kademeler bilgiye daha rahat ulaşabilmektedir.[16] Bilişim sistemlerinin örgütlerde kullanımıyla birlikte, gerekli bilgi paylaşımı sağlandığı için örgüt içi iletişim ile müşteriler ve tedarikçilerle olan iletişim kolaylaşmakta ve bu durum verimliliğe yansıyarak örgütün karlılığını artırmaktadır.[17] Bununla beraber örgütlerde bilgi toplama ve üst kademeye aktarma işlevleri bilişim sistemleri tarafından üstlenildiğinden, orta kademe yöneticileri ortadan

---

[13] Robert Heller, **The Naked Manager For The Nineties**, Warner Kitapları, Londra, 1996, p.8.

[14] S. A. Kelkar, "Management Information Systems: A Concise Study", **New Delhi**: Prentice-Hall of India, 2006, p.67.

[15] D.J. Connolly, "Understanding Information Technology Investment Decision Making in the Context of Hotel Global Distribution Systems: A Multiple-Case Study", **Virginia Polytechnic Institute and State University**, Blacksburg Virginia, USA, 1999, pp.4 - 25.

[16] David M. Kroenke, **Using MIS**, New Jersey: Pearson Education, Inc.15, 2007, p.105.

[17] Kenneth Kraemer ve Jason Dedrick, "Computing and Public Organizations", **Journal of Public Administrations Research & Theory**, Vol. 7, No. 1, January, 1997, p. 100.

kalkmaktadır.[18] Yöneticilerin karar verme sürecinde önemli yararlar sağlandığı gibi sürecin etkinliği ve güvenilirliği de artmaktadır.[19]

Bilişim teknolojilerinin işletmelerde üç temel fonksiyonu bulunmaktadır[20]. Bunlar:

- İşletme süreçleri ve operasyonlarını desteklemek,
- Çalışanların ve yöneticilerin karar almalarını desteklemek,
- Rekabet avantajı yaratmak için geliştirilen stratejileri desteklemek.

Bilişim teknolojilerinin işletmelerdeki temel rolleri gösterilmektedir. Bilişim sistemlerinin bu temel rollerinin yanında birçok önemli özelliğe sahiptir. Bunlardan bazıları aşağıda sıralanmıştır [21]:

- Yüksek hızda ve yüksek birimde sayısal hesaplamalar yapmak,
- Organizasyonlar arasında ve içinde hızlı ve doğru iletişimi ve işbirliğini sağlamak,
- Küçük bir boşlukta ve günlük ulaşıma kolay bir biçimde ulaşılan büyük miktarda bilginin toplanması,
- Dünya çapındaki çok büyük miktarda bilgiye hızlı ve ucuz ulaşmaya izin vermesi,
- Çok büyük miktarlardaki verinin yorumlanmasını kolaylaştırmak,
- Bir yerde ve gruplar içinde çalışan insanların etkinlik ve verimliliğini arttırması,
- Hem yarı otomatik işletme süreçlerini hem de elle yapılan görevleri otomatikleştirmedir.

Bilişim teknolojileri yukarıda sayılan işlevleri nedeniyle işletmeler ve örgütler için büyük önem taşımaktadır.

---

[18] E. Pearlson Keri ve S. Saunders Carol, **Managing and Using Information Systems: A Strategic Approach**, USA: John Wiley&Sons., 2006, p.102-104.

[19] Niv Ahituv, Seev Neumann, **Principles of Information Systems for Management,** Wm.C.Brown Publishers, USA, 1990, p.67.

[20] James A. O'Brien, George M. Marakas; **Enterprise Information Systems**, New York: The McGraw-Hill., 2007, p.9.

[21] Kelly Rainer, **Introduction Information Systems: Supporting and Transforming Business,** USA: John Wiley & Sons, Inc., 2007, p.8.

1.3. Bilişim Teknolojisinin Özellikleri

Bilişim denince, kullanıcıları için faydalı ve anlamlı hale getirilmiş veri anlaşılmaktadır. Bu bağlamda bilişim teknolojisi; yöneticinin karar vermesi için gerekli bilgiyi değişik kaynaklardan toplayan, isleyen, saklayan ve veriyi raporlayan formal bir bilgi teknolojisi olarak tanımlamak mümkündür[22]. Burada bilişim teknolojilerinin özelliklerini etkileyen ana noktanın kullanılan bilginin özellikleriyle ilgili olduğu görülmektedir. Bilginin değer taşıması yani anlamlı olması gerekmektedir.

Bilişim teknolojisinde kullanılacak bilginin sahip olması gereken özellikler şu şekilde belirlenmiştir[23]:

- Doğruluk
- İlgililik
- Tamlık
- Doğru zamanlılık
- Ulaşılabilirlik
- Anlaşılırlık
- Güvenilirlik
- Etkin maliyet

Bengshir'e göre ise bilgi karar vericinin ihtiyaçlarını karşıladığı sürece bir anlam taşımaktadır[24]. Bu kararın verilmesine etki eden olay bilginin taşıdığı değerdir.

Bilginin değerini belirleyen temel nitelikler ise şunlardır[25]:

- Doğruluk
- Noksansızlık
- Zamanlılık
- Uygunluk
- Yerindelik
- Ucuzluk

---

[22] B. Becta., **a.g.e.**, s.132

[23] U. Yozgat, **Yönetim Bilişim Sistemleri**, Beta Basım Yayım, I. Baskı, İstanbul, 1998, s.46- 47.

[24] Türksel Kaya Bensghir, **Bilgi Teknolojileri Ve Örgütsel Değişim**, Türkiye ve Orta Doğu Amme İdaresi Enstitüsü Yayını, 1nci Baskı, Ankara, 1996, s.l4.

[25] Baner B. Dinçer, Bahar Karaoğlan, "Bilginin Sosyal Uzantısı: Bilişim", **Bilgi Teknolojileri Kongresi II. Bildiriler**, Pamukkale Üniversitesi, Denizli, 2003, s.44.

Bilişim teknolojileri, temelde bilgi toplama, saklama, işleme, elektronik dağıtım ve nakletme işlevlerini yerine getirerek hizmet sunar. Bilişim teknolojileri donanım, yazılım ve veri tabanı olmak üzere üç alt elemana sahiptir.

- Bilişim Teknolojileri, örgütlere çok önemli stratejik avantajlar sağlar. Ancak bu avantajları anlamak bilgi sistemlerinin örgütlerde oynadıkları rolleri bilmek ve anlamak gerekir[26].
- Bilişim Teknolojileri, iş ve örgüt yaşamının kapsamını değiştirmiş, coğrafi ve zamansal sınırlar yeni anlamlar kazanmıştır[27].
- Bilgi teknolojileri işletmelerin bütün birimlerinde kullanılmaktadır.

1.4. Bilişim Sistemleri

Bilişim sistemleri ya da bilgi teknolojileri sistemleri kavramı, "bilişim teknolojileri" kavramı ile iç içe girmiş bir kavram olarak kullanılmaktadır. Bu kavramlar literatürdeki diğer çalışmalar da olduğu gibi bu çalışmada da, birbirlerinin yerine kullanılmaktadır.

Bilişim sistemleri, genel olarak bilginin toplanması, saklanması, işlenmesi, erişilmesi ve dağıtılmasını sağlayan teknolojiler, uygulama ve hizmetler ile sistem üzerindeki bilgilerin tümünü, uzman insan kaynaklarını ve uyulması gereken prosedür ve bilgileri kapsamaktadır[28].

Bilişim sistemleri örgütteki kontrole ve karar almaya destek olmak amacıyla enformasyonu biriktiren, depolayan, süreçten geçiren ve dağıtan, birbiriyle ilişkili birtakım bileşenler olarak tanımlanır[29].

Bilişim sistemleri bir organizasyonun ihtiyaç duyduğu araçlardan bir tanesidir. Bu sistem bir organizasyon içinde karar mekanizmasında bulunan kişileri organizasyonun o anki durumunu açıklayan tüm değişkenleri ve organizasyonun değişimini, değişim hızını ve değişimi etkileyen tüm faktörler hakkında bilgilendiren bir araçtır. Bilişim sistemi, makine ve insan arasında ki bir köprü görevi üstlenmektedir. Bu köprüyü karşılıklı unsurların birbirleri ile uyumu olarak da tanımlayabiliriz.

---

[26] Bensghir, **a.g.e.**, pp.39-41.

[27] Rainer, **a.g.e.**, p. 18.

[28] Halime İnceler Sarıhan, **Rekabette Başarının Yolu Teknoloji Yönetimi**, Desnet Yayınları, İstanbul, 1998, s. 167.

[29] Laudon, **a.g.e.**, s. 7

1.4.1. Bilişim Sistemlerinin Gelişimi

Örgütlerin yönetim anlayışlarında ortaya çıkan değişikliklere paralel olarak bilişim sistemleri de gelişme göstermiştir. İlk başlarda elle tutulan sistemler şeklinde ortaya çıkmış, zaman içinde teknolojik gelişim, gelişime uyum sağlama ihtiyacı bilgisayar temelli bilişim sistemleri geliştirilmesini sağlamıştır. Bilişim sistemlerinin gelişiminden 5 safha olarak bahsedebiliriz.

Tablo 1.1. Bilişim Sistemlerinin Gelişimi

1950-1960	Kayıt İşleme Sistemleri
1960-1970	Yönetim Bilişim (YBS) ve Yönetim Raporlama Sistemleri
1970-1980	Karar Destek Sistemleri, Ofis Otomasyon Sistemleri ve Grup Karar Destek Sistemleri
1980-1990	Üst Yönetim Bilişim Sistemleri ve Uzman Sistemler
1990 ve sonrası	Stratejik Bilişim Sistemleri

Kaynak: Tablo, kavramsal çerçeve baz alınarak hazırlanmıştır.

- İlk bilişim sistemi, 1950'li yıllarda geliştirilmiş olup; ticari işlemlerin izlenmesi, bordro, ücretlendirme ve hesaplama işlemleri konusunda yardımcı olması düşünülen ve elektronik işlem düzeyinde işlem yapan Kayıt İşleme Sistemidir[30].
- 1960 - 1970 arası dönemde yöneticilere bilgi raporlama amacıyla Yönetim Raporlama Sistemleri ve ardından yöneticilerin karar almalarını kolaylaştırmak amacıyla Yönetim Bilişim Sistemleri geliştirilmiştir. Bu dönemde yöneticiler bu sistemleri yalnız karar alma sürecine yardımcı olacak bilgilerin sağlanması, saklanması ve raporlanması amacıyla kullanmışlardır[31].
- 1970 - 1980 arası dönemde bilgisayar ve iletişim teknolojileri alanında yaşanan hızlı gelişmeler sonucu bilgisayar kullanıcıları gereksinim duydukları bilgileri bireysel bilgisayarlarını kullanarak kolaylıkla elde edebilir hale gelmişlerdir. Bu dönemde Yönetim Bilişim ve Raporlama Sistemleri daha da geniş bir uygulama alanı bulmuş ve Ofis Otomasyon Sistemleri ve yönetsel kararların alınmasında karşılıklı etkileşim imkanı sağlayan Karar Destek Sistemleri geliştirilmiş, örgütler bilişim teknolojilerine yatırım yaparak rekabetçi üstünlük sağlamaya başlamışlardır[32].

---

[30] David M. Kroenke, **Using MIS**, New Jersey: Pearson Education, Inc.15, 2007, s. 112.

[31] E. Louis Boone ve L. David Kurtz, **Management**, McGraw Hill Press, New York, 1998, s. 491.

[32] Filiz T. Emini, "Kamu Yönetiminde Bilişim Sistemlerinin Strateji Geliştirme Amaçlı Kullanımı", **Selçuk Üniversitesi**, 2007, s. 78.

- 1980'li yıllarda sanayi ötesi toplum ya da bilgi toplumu diye adlandırılan yeni bir toplum yapısı oluşmaya başlamış, bilgi devrimi sonucunda bilginin toplanması, işlenmesi ve dağıtılması, tüm üretim biçimlerini, ilişkilerini ve bunlara ek olarak günlük yaşamı sürdürme tarzlarını tümüyle değiştirmeye başlamıştır. Bu yıllarda Karar Destek Sistemlerinin her kararın alınmasında destekleyici olamaması sonucu alt, orta ve üst düzey yöneticilerin karar vermelerini kolaylaştıracak kritik bilgileri sağlamak amacıyla Üst Yönetim Bilişim Sistemleri ve programlandıkları alanda uzman görüş sağlayarak karar vericiyi destekleyen Uzman Sistemler geliştirilmiştir[33].
- Son olarak 1990'larda strateji geliştirme ve uygulama sürecinde üst düzey yöneticileri desteklemek, örgütlerin stratejik amaçlarına ulaşmalarını ve rekabetçi üstünlük kazanmalarını sağlamak amacıyla Stratejik Bilişim Sistemleri geliştirilmiştir[34].

1.4.2. Bilişim Sistemlerinin Sınıflandırılması

1980'lerden önce bilgi/bilişim sistemleri, genellikle "Veri İşleme Sistemleri" veya "Yönetim Bilgi Sistemleri" olarak adlandırılmıştır. 1980'lerden sonra ise bilgisayar donanımı ve yazılımındaki gelişmeler ile iletişim teknolojilerindeki gelişmelerin bir sonucu olarak bilgi ve bilişim sistemlerinin çeşitlerinde ve uygulamalarında büyük artış gözlenmiştir. Bilgi sistemleri ve bilişim teknolojilerine ilişkin yenilik ve çeşitliliğin artarak devam ettiği gözlenmektedir[35]. Bilişim sistemleri örgütlerde işlevsel düzeyde, bilgi düzeyinde, yönetim düzeyinde ve stratejik düzeyde kullanılabilmektedir[36].

İşlevsel düzey bilişim sistemleri örgütün operasyonel kademelerinde kullanılmaktadır ve Kayıt İşleme Sistemleri'nden oluşmaktadır. Bilgi düzeyi bilişim sistemleri kapsamına Ofis Otomasyon Sistemleri, Uzman Sistemler ve İletişim Ağları girmektedir. Yönetim düzeyi bilişim sistemleri, Yönetim Bilişim Sistemleri, Yönetim Raporlama Sistemleri, Karar Destek Sistemleri ve Grup Karar Destek Sistemlerinden; stratejik düzey bilişim sistemleri ise stratejik kararların alınması sürecine yardımcı olan Üst Yönetim Bilişim Sistemleri ve

---

[33] Keri, **a.g.e.,** s.45.

[34] Ceyhun Yurdakul ve M. Ufuk Çağlayan, **Bilgi Teknolojileri Türkiye İçin Nasıl Bir Gelecek Hazırlamakta**, Türkiye İş Bankası Yayını, Ankara, 1997, s.23.

[35] Öğüt, **a.g.e.**, s 15.

[36] Kraemer, **a.g.e.**, p. 100.

Stratejik Bilişim Sistemlerinden oluşmaktadır[37].

1.5. Örgütlerde Bilişim Sistemleri

Bilişim sistemi, teknik olarak örgütlerdeki karar verme desteğine kadar bilgiyi düzenlemek, saklamak, islemek, toplamak olan birbirleriyle ilgili parçaların kümesi olarak tanımlanabilir.

Örgütlerde bilişim sistemlerinin tasarımında en önemli konu, karar sürecinde yöneticinin gereksinimi olan bilginin ne olduğu ve ne olması gerektiğinin saptanmasıdır.

R. L. Ackoff bir örgütün bilgi gereksiniminin belirlenmesinde şu 3 evrenin izlenilmesini önermektedir[38].

- Örgütün amaçlarına ulaşmada alınması gereken kararları saptamak,
- Bu kararların her birinin ayrıntılarını belirlemek
- Bu kararların her biri için gerekli bilgileri belirtmek.

Ayrıca karar verme desteği, eşgüdümleme ve denetim sağlayan bilişim sistemleri, bununla birlikte yöneticilerin ve çalışanların sorun çözümüne karmaşık konuları irdelemelerine ve yeni ürünler oluşturmalarına yardım edebilmektedir. Ancak bu sürecin uygulanması çok zordur. Kararlar işçin gerekli olan bilgiler bir yana, bir örgütün amaçlarının gerçekleşmesine yardımcı olan kararların doğru olarak saptanabilmesi bile oldukça güçtür. Bunun için bilişim sistemlerini iyi anlamak ve rolünü iyi kavramak gerekmektedir. Bilişim sistemlerinin örgütlerdeki rolü özellikle değinilmesi gereken bir konudur.

15.1. Örgütlerde Bilişim Sistemlerinin rolü ve Önemi

Örgütlerde bilişim teknolojisinin stratejik önemi ve değeri sürekli artmaktadır. Çoğu işletmede bilişim teknolojisi örgütlerde destek işlevi olmaktan çıkarak stratejik ve yapısal bir role sahip hale gelmiştir. Örgütlerdeki bilişim teknolojileri kullanımına yönelik bu gelişme, yönetime, üretim faktörlerine ve performansa katkılar sağlamış ve örgütlerde verimliliği artırmada kaçınılmaz bir unsur olarak görülmüştür. Bilişim teknolojisi artık bir örgütsel genel gider olarak görülmek yerine, rekabeti ve sektör yapısını değiştiren stratejik bir kaynak olarak görülmektedir[39].

---

[37] S. A. Kelkar, **Management Information Systems: A Concise Study**, New Delhi: Prentice-Hall of India, 2006, p. 62.

[38] Russel L. Ackoff, **A Concept Of Corporate Planning,** John Wiley, NY., 1970, p.88.

[39] Tamer Koçel, **İşletme Yöneticiliği**, Beta Basım Yayın Dağıtım A.Ş, İstanbul, 2008, s. 43.

Organizasyon içerisinde tüm kademelerden çalışanların hızlı ve etkili iletişim kurmaları, güçlü veritabanlarına erişim olanakları ile birlikte organizasyonun dışındaki rakipler, yan sanayi ve müşterilerle ağ üzerinden etkileşimli bilgi alışverişi organizasyonel ve sektörel birçok değişimleri beraberinde getirmiştir[40].

Bilişim teknolojisi ile karşılaştırmalı üstünlüğü yakından ilişkilendirilmiş ve gelişmiş ülkelerdeki örgütlerin bilişim teknolojisini, gelişmekte olan ülkelerdeki rakiplerine karşı rekabette kullanmaları gerektiği ileri sürülmüştür. Bilişim teknolojilerinin üretim süreçlerini değiştirdiğini, maliyetleri düşürdüğünü, rekabet alanını genişlettiğini ve yeni iş yaratmayı kolaylaştırdığını ortaya koymuşlardır[41]. Başka bir açıdan ise, küçük ve orta büyüklükte işletmelerin ise küreselleşme çağında ayakta kalabilmek için faaliyetlerinde bilgisayar teknolojisini, bilgi kaynaklarını ve iletişimi kullanmak zorunda olduklarını belirtmiştir [42].

Bilişim teknolojisinin örgütlerde kullanımının ilk yıllarında, bilişim teknolojisinden sağlanan katkının ölçülmesi yoğun olarak iç yeterlilik, verimlilik ve işlem üzerine odaklı olduğu görülmektedir. Bu dönemlerde yapılan analizler, basit maliyet – fayda ekonomisine dayanmaktadır [43]. Bu analizlerde maliyetlerin düşürülmesi ve işgücü tasarrufuna vurgu yapılmaktadır Bilişim teknolojisinin gerçek maliyetinin ve faydalarının belirlenmesi günümüz koşullarında zordur. Çünkü bu teknolojinin etkisi çok sayıda bölüme ve bölümlerin bütçelerine yayılmaktadır[44]. Bilişim teknolojisi ise genelde işletmenin tamamını kapsayacak şekilde uygulanmaktadır.

Teknoloji için bütçede belli bir satın alma kalemi ayırmaktan kaçınma ve sürekli olarak bilgi teknolojisi ekipman maliyetlerini azaltma eğilimi sergileme; yöneticileri teknolojiyi mali açıdan daha katlanılabilir olana kadar beklemeleri veya ertelemeleri yönünde cesaretlendirmektedir[45]. Bilişim teknolojileri sunduğu

---

[40] Laudon, **a.g.e.,** s.5.

[41] C. Jackson, **Building A Competitive Advantage Through Information Technology**, Denis B.(Ed.), Strategic Service Management: Beyond the Moment of Truth, Pergamon Press, New York, NY, 1990, p. 19.

[42] E. T. Bonk, "The Information Revolution And Its Impact On SME Strategy: The Asia Pacificeconomic Cooperative Forum As A Model", **Journal of Small Business Management**, Vol. 34 No. 1,1996, pp. 71-7.

[43] D. Tapscott, ve A. Caston, **Paradigm shift: The new promise of information technology,** New York: McGraw-Hill, 1993, p.122.

[44] Ross Malaga, **Information Systems Technology**, New Jersey: Pearson Education, Inc., 2005, s. 38.

[45] G. V. Post, A. Kagan, ve K. N. Lau, "A Modeling Approach To Evaluating Strategic Uses Of Information Technology", **Journal of Management Information Systems**, 12 (2),1995, p.161-187.

olanaklarda işletmelere zaman ve yer tasarrufu sağlamaktadır.

1.5.1.1. Bilişim Sistemlerinin Vizyon Belirlenmesine Katkıları

Vizyon, değişimi ve yeniden örgütlenmeyi planlayan bir işletmenin üst yönetimi için bir referans noktasıdır. İşletme yöneticileri mevcut ve gelecekteki vizyonlarını belirlerken şuan görünenleri değil, gelecekte olabilecekleri referans almalıdır.

Vizyon oluşturmada iki temel yol izlenebilir.

- Lider tarafından önceden belirlenmiş bir vizyonun örgüt üyeleri arasında paylaşılması ve geliştirilmesi,
- Vizyonun çalışanlarla birlikte geliştirilmesi,

Belirli bir vizyonun çalışanlarla paylaşılması ve geliştirilmesi farklı noktalara özen gösterilmesini gerektirir. İlkinin başarısı şirketin üst düzey yöneticisinin liderlik yeteneğine bağlıdır. İkincisinin başarısı için de sağlıklı bir iletişim ortamının bulunması gereklidir. Buda bilişim sistemlerinin etkin kullanımı ile mümkün olmaktadır[46].

Bilişim sistemleri, örgütün vizyonunun belirlenmesi aşamasında iç ve dış müşterinin beklenti ve tepkilerini ölçmek amacıyla gerekli bilgiyi sağlamakta, vizyonun belirlenmesi aşamasında bu sistemler vizyon alternatiflerinin örgütte yaratabileceği katkı konusunda destek olarak uygun alternatifin seçilmesine yardımcı olmaktadır.

Bilişim sistemleri vizyon ve misyon bildirileri göz önüne alınarak genel amaçların belirlenmesi sürecinde ise örgütlerin hayata geçirdikleri takdirde kendilerine rekabetçi üstünlük sağlayacak amaçlar belirlemeleri ve bu amaçların belirlenmesi sürecinde örgütün yeterlilikleri ile piyasa şartlarının değerlendirilmesine, alternatif amaçlar arasından uygun olanının seçilmesine ve bu amacın gerçekleştirilmesine dönük plan ve programların hazırlanıp zaman ve kaynak tasarrufu sağlanarak etkin şekilde uygulanmasına yardımcı olmaktadır. Bu bilgilere dayanılarak belirlenen vizyonun iç ve dış müşterilere iletilmesinde ve dolayısıyla örgütün iç ve dış iletişim kabiliyetinin geliştirilmesinde önemli bir rolü bulunmaktadır[47].

---

[46] Hayri Ülgen, K. Mirze, **İşletmelerde Stratejik Yönetim**, İstanbul, 2004, s.182.

[47] Emini, **a.g.e.**, s. 120.

Uygulamadan elde edilen sonuçlar geri bildirim suretiyle sisteme gönderilmekte ve mevcut sapmalar tespit edilerek bu bilgiler planlama aşamasına temel teşkil etmektedir.

Kamu kurumlarının vizyon misyon ve amaçları, özel sektör kurumlarından farklı olarak kanunlarla ve örgütün iradesi dışında belirlenmektedir. Bu amaçlar özel sektörde faaliyet gösteren örgütler gibi kar amaçlı değil, öncelikli olarak toplumsal ve politiktir [48]. Dolayısıyla kurumun misyon ya da hedeflerinin belirlenmesi, değiştirilmesi ya da yeni çevresel gelişmeler karşısında uyarlama gereksiniminin ortaya çıkması halinde siyasi iktidarın onayına gereksinim duyulmaktadır. Bu şartlar altında kamu kurumlarında genel amaçların belirlenmesi örgüt iradesi dışında gerçekleştiği için bilişim sistemlerinin kullanımı ancak belirlenen amaçların uygulama planlarına aktarılması süreciyle sınırlı kalmaktadır.

Kısaca özetlemek gerekirse bilişim sistemleri, örgütlerin vizyon, misyon ve genel amaçlarının belirlenmesi sırasında ihtiyacı olan iç ve dış bilginin doğru ve zamanında sağlanması, saklanması, işlenmesi ve gerektiğinde raporlanmasına yardımcı olmaktadır. Tüm bu süreçlerde bilişim sistemlerinin kullanımı zaman ve kaynak tasarrufu sağlamakta, yöneticiler elde edilen bilgilerin güvenilirliğinden emin olabilmekte ve karar verme aşamasında objektif bir bakış açısına kavuşmaktadırlar.

1.5.1.2. Bilişim Sistemlerinin Çevre Analizine Katkıları

Teknolojik değişimler de diğer çevresel unsurlar gibi örgütlerin ve işletmeler için her sahada rekabet üstünlüğü sağlayacak fırsatlar yaratmaktadır. Bu yüzden teknolojik gelişmeler yakından takip edilmeli ve gelişmeleri izlenmelidir[49]. Bilişim sistemleri, büyük miktarlardaki bilgiye girişi kolaylaştıran yazılımlara sahip olduğu için yöneticilere içsel ve dışsal veri tabanlarına çok hızlı bir biçimde ulaşma imkanı vererek sorunların erken teşhisi ve çözümü için kolaylıklar sağlamaktadır [50]. Çevre analizinin en önemli kaynağı örgütün işlevlerine etki eden iç ve dış çevre faktörlerine ilişkin bilgilerdir. Bu faktörlere ilişkin bilginin doğru, zamanında ve istenilen niteliklerde olması çevre analizinin istenilen sonuçları vermesi için önemlidir. Ayrıca bilişim sistemleri, çevreye ilişkin bilgilerin gerekli kaynaklardan elde edilmesi, saklanması, işlenmesi ve üst yönetime aktarılması sırasında da kullanılmaktadır. Söz konusu bilgiler üst yönetim kademesine strateji geliştirme sürecinde veri teşkil etmektedir. Bilişim

---

[48] Furman, **a.g.e.**, s. 47.

[49] Ülgen, **a.g.e**. s.89.

[50] Richard L. Draft, **Management**, Dryden Press, USA, 1991, pp.676- 77.

sistemlerine aktarılan iç ve dış çevre bilgileri üst yönetim tarafından örgütün vizyonuna ve misyonuna uygun olarak stratejik amaçların oluşturulmasında kullanılır. Sistemde doğru karar verilebilmesi ve sistemin etkili denetimi her şeyden önce hem sistemin o andaki durumunun, hem de dış etmenlerin etkinliklerinin iyi irdelenmesini gerektirir [51].

Çevre analizinde bilgi sistemlerinin kullanılabilmesi için ilk olarak bilgi sisteminin üzerine kurulacağı bilgi (veri) tabanına ihtiyaç vardır. Veritabanı bilginin tek bir yerde bulunabileceği kuralını yıkmış, aynı anda birçok bireyin aynı bilgiden yararlanmasını sağlamıştır. Kolayca ulaşılabilen veri, basit kullanımlı analiz ve modelleme araçlarıyla birleştiğinde karar herkes tarafından verilebilir hale gelmekte, hiyerarşik karar mekanizmasının yüksek maliyeti ortadan kalkmakta, değişikliklere uyum sağlama hızı artmakta, karar alma süreci hızlanmakta ve sorunlar hemen çözüme ulaştırılabilmektedir[52]. Nüfus artışı, kentleşme ve kamu hizmetlerinin nitelik ve niceliğinde meydana gelen değişmeler sonucu kamu hizmetlerinin çeşidi ve çapı büyümektedir. Bu nedenle karar verme konumunda olan kamu yöneticilerinin önüne çok sayıda veri bulunmaktadır. Bu geniş kapsamlı verilerden dolayı ulusal çevre veritabanı ile ulusal ve uluslar arası bazda güncel, güvenilir ve her türlü bilgi ihtiyacını karşılayacak, çevre bilgi sistemine imkan verecek veritabanı bileşenlerinin oluşturulması ve uluslar arası sistemler ile çevresel veri paylaşımının sağlanması önemli görülmektedir.

1.5.1.3. Bilişim Sistemlerinin Örgüt Analizine Katkıları

Bilişim sistemlerine bilgi nitelik olarak iki kategoride ulaştırılmaktadır: formal bilgi ve informal bilgi. Formal bilgi, kesin, belirgin, resmi niteliklerdeki bilgidir. Genellikle bilgi sistemlerinden elde edilen sayısal bilgiler bu tip bilgi kategorisine girmektedir. İnformal bilgi, formal bilginin tersine, kesin olmayan, daha yok dış çevreden elde edilen bilgilerdir. Strateji geliştirme sürecinde informal bilgi örgütün geçmişinin, o anki durumunun ve geleceğinin daha iyi anlaşılmasını sağladığı için ve bu anlamda örgütün stratejilerinin değerlendirilmesi ve gelecekte uygulayacakları stratejilerin belirlenmesine yardımcı olduğu için formal bilgi tipine göre daha yararlı olmaktadır[53].

Örgütün iç bilgi kaynakları her departmanın faaliyetlerine ilişkin sunulan düzenli raporlardır. Örgütün finansman departmanından örgütün finansal duru-

---

[51] Emini, **a.g.e.**, s. 120.

[52] Heinz K. Klein ve Rudy Hirschheim, "Choosing Between Competing Design Ideals in Information Systems Development", **Information Systems Frontiers**, Vol 3, Issue 1, 2001, s. 79.

[53] Keri, **a.g.e.**, s. 53.

muna ilişkin; üretim yönetimi departmanından ürün ve hizmetlere ilişkin satışlar, dağıtım kanalları, pazar payları, pazarlama ve promosyon bilgileri, marka imajı ve kalitesine ilişkin; insan kaynakları yönetimi departmanından çalışan personele ilişkin bilgiler ve satın alma departmanından örgütün hammadde, makine, tesis satın alma işlemlerine ilişkin bilgiler raporlanmaktadır. Bu raporlamalar departmanların kendi bünyelerinde işlevlerine uygun olarak geliştirilen bilişim sistemleriyle daha kolay, güvenilir ve hızlı şekilde sunulabilmektedir[54].

1.5.2. Örgütlerde Bilişim Sistemleri Sınıflandırılması

Bilişim sistemleri sınıflandırılması ile örgütlerde bilişim sistemleri sınıflandırılması temele olarak aynı başlıklar altında toplanmaktadır. Bunların, örgütlerde ticari işlem sistemleri, ofis otomasyon sistemleri, yönetim bilişim sistemleri, uzman sistemler, üst yönetim karar destek sistemleri ve fonksiyonel bilişim sistemleri şeklinde sınıflandırılarak kullanıldığı görülmektedir[55].

1.5.2.1. Ticari İşlem Sistemleri

İşletme içi ve dışı faaliyetlerde kullanılabilecek bir dizi bilgiyi üretmektedir[56]. Bir ticari işlem; müşteriye yapılan satış, çalışanların yaptıkları işlerin karşılığının ödenmesi, hammaddelerin satın alınması, ticari borçların ödenmesi gibi faaliyetleri içermektedir. Bilişim sistemlerinin ilk çeşidi olan ticari işlem sistemi işletme faaliyetlerinden doğan işlem kayıtlarını izleyip kayıt altına almayı olanaklı kılmaktadır[57]. Ticari işlem sistemlerinin temel amacı, işletmede gerçekleşen faaliyetlerle ilgili veriyi toplamak ve depolamak, işletmede gerçekleşen faaliyetlerin günlük kontrolleri için gerekli bilgileri sağlamak ve örgütteki orta ve yüksek kademedeki yöneticiler tarafından kullanılan daha yüksek seviyedeki bilişim sistemleri için veri tabanı oluşturmaktır.

1.5.2.2. Ofis Otomasyon Sistemleri

Bir ofiste yapılan rutin işlemleri ve işlevleri otomatik hale getirmek amacıyla bilgisayar teknolojisinin kullanılmasını ifade etmektedir[58]. Ofis otomasyon sistemleri, bireyler, gruplar ve örgütler arasında elektronik mesajların,

---

[54] N. Kumar, R. Mittal, **Management Information System**, India: Anmol Publications Pvt. Ltd, 2004, p. 76.

[55] A. Öğüt, H.K.Güleş, ve A.Ş. Çetinkaya, **a.g.e.**, s.10.

[56] J.A. O'Brien, **Introduction to Information Systems,** 7. Baskı, Irwin, Boston, 1994, p.45.

[57] K.C. Laudon, J.P. Laudon, **Business Information Systems**, The Drydem Press, Fort Worth, 2000, s.132.

[58] Hicks, **a.g.e.**, s.40.

belgelerin ve diğer iletişim formlarının toplanmasını, işlenmesini, kayıt edilmesini ve aktarılmasını olanaklı kılan bilgisayar temelli bilişim sistemidir.

Tekin ve diğerlerinin tanımına göre; Ofis otomasyon sistemleri, bireyler, gruplar ve örgütler arasında elektronik mesajların, belgelerin ve diğer iletişim formlarının toplanmasını, islenmesini, kayıt edilmesini ve aktarılmasını sağlayan bilgisayar temelli bilişim sistemleridir[59].

Ofis otomasyonu bir ofisin bilgi iletişim fonksiyonuna bilgisayar teknolojisinin uygulanmasıdır. Ofis otomasyon sistemi, bireyler, çalışma grupları ve örgütler arasında elektronik mesajları, dokümanları ve diğer iletişim formlarını toplayan, isleyen, depolayan ve ileten bilişim sistemleridir. Bu tür sistemler, tüm iletişim formlarının üretilmesini, erişilmesini ve alınması için gerek duyulan zaman ve çabayı önemli oranda azaltarak yöneticilerin, profesyonel çalışanların ve diğer personelin verimliliğinin arttırır[60]. Ofis otomasyon sistemlerinin bileşenleri Şekil 1.1'de belirtilmiştir.

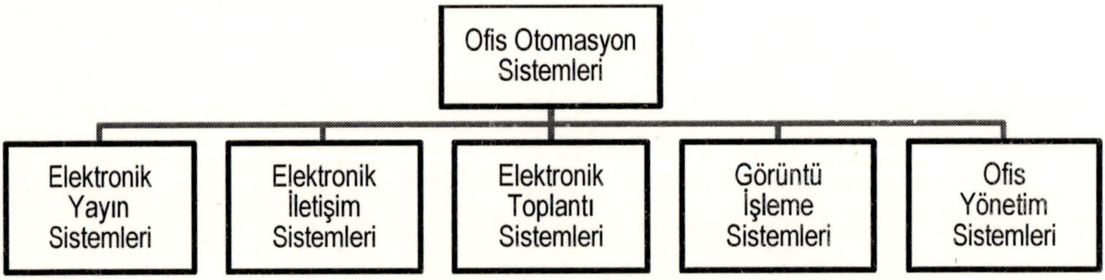

Şekil 1.1. Ofis Otomasyon Sistemleri

Kaynak: James A. O'Brien, Management Information Systems: A Managerial And User Perspective, Richard D. Irwin Inc., USA, 1993, s. 243-255.

Ofis Otomasyon Sistemleri, bilişim teknolojilerinin gelişimi ve beraberinde bireysel bilgisayarların, kelime işleme, masaüstü yayımcılığı, elektronik satış ve elektronik postalamayı getirmesiyle tasarlanmış ve iletişimde kağıt bazlı dosyalama sistemlerinin yerini kağıtsız ofise bırakmasını sağlamıştır. Ofis otomasyon sistemleri içinde yaygın olarak elektronik yayın (kelime işleme, masa üstü yayıncılık, kopyalama sistemleri), elektronik iletişim (elektronik posta, faks), elektronik toplantı (birlikte çalışma, telekonferans), şekil işleme (elektronik doküman yönetimi, grafik sunumları, multimedya sistemleri) ve ofis yönetim sistemleri (elektronik programlama, iş takibi, zaman ve görev yönetimi) yer almaktadır.

---

59 Mahmut Tekin, H. Kürsat Güles ve Adem Ögüt, **Değişim Çağında Teknoloji Yönetimi**, Ankara, Nobel Yayın Dağıtım, 2003, s.21.

60 Hasan Kürsat Güles, ve Hasan Bülbül, **Yenilikçilik: işletmeler için Stratejik Üstünlük**, Ankara: Nobel Yayın Dağıtım, 2004, s.236.

1.5.2.3. Yönetim Bilişim Sistemleri

Bir işletmenin mevcut faaliyetlerinin planlanması ve kontrolü ile işletmenin gelecekteki performansının tahmin edilmesini olanaklı kılan ve özet raporların hazırlanmasını ve sunulmasını sağlayan sistemlerdir[61].

Bir başka tanıma göre YBS, iç ve dış kaynaklardan elde ettiği veriyi bilgiye dönüştüren ve planlama, yöneltme ve kontrolden sorumlu tüm işlevlerdeki tüm seviyelerdeki yöneticilere uygun formda bilgiyi ileterek zamanında ve etkin karar vermeyi olanaklı kılan sistemler olarak tanımlanır[62].

Daft'a göre YBS, etkin yönetimsel karar alma sürecini destekleyen ve bilgi sağlayan bilgisayar tabanlı sistemlerdir[63].

Dış çevre ve işletme dışı faaliyetlerden ziyade işletme içi faaliyetler üzerinde odaklanmış olup, yönetim düzeyindeki planlama, kontrol ve karar verme fonksiyonlarını desteklemektedir. Yönetim bilişim sistemlerinin temel işlevi, örgütün amaçlarına en etkin ve verimli bir şekilde ulaşmasını sağlayacak, insan, makine, malzeme ile sermaye unsurları arasındaki karşılıklı ilişkileri en uygun biçimde düzenleyecek olan karar organlarına doğru, zamanlı ve anlamlı bilgi sağlamaktır[64].

YBS'nin işletmelerde üç temel fonksiyonu bulunmaktadır[65]. Bunlar:

- İşletme süreçleri ve operasyonlarını desteklemek,
- Çalışanların ve yöneticilerin karar almalarını desteklemek,
- Rekabet avantajı yaratmak için geliştirilen stratejileri desteklemek.

1.5.2.4. Karar Destek Sistemleri

Yarı yapılandırılmış ve yapılandırılmamış kararlarda kullanılan bilgilerin elde edilmesinde bilgisayar ile karar alıcılar arasında karşılıklı doğrudan etkileşime müsaade eden ve yöneticiye karar almada yardımcı olan sistemlerdir.

KDS, organizasyonun yönetim seviyesine hizmet veren, veriler ile karmaşık analitik araçları birleştiren veya yarı yapılandırılmış ve yapılandırılmamış kararların alınmasını desteklemek için veri analiz araçlarını sağlayan bir yönetim bilişim sistemidir. KDS, yöneticilerin belirsiz, hızlı değişen ve ileride kolayca

---

61 Laudon ve Laudon, **a.g.e.**, s. 15

62 Terry Lucey, **Management Information Systems**, London: Thomson Learning, 2004, p.2.

63 Richard L. Daft, **The New Era of Management**, China: Thomson Sout- Western, 2006, p. 550.

64 İ.H. Sarıhan, **Teknoloji Yönetimi**, Desnet Yayınları, İstanbul, 1999, s.167-203.

65 James A. O'Brien ve George M. Marakas, **Enterprise Information Systems**, New York: The McGraw-Hill, 2007, p.9.

tanımlanamayacak kararların alınmasında yardımcı olur[66]. Bu tanımlar ile karar destek sistemlerinin kişilerin karar vermeleri üzerinde doğrudan etkiye sahip olduklarını anlamaktayız.

Başka bir kaynakta geçen tanıma göre; KDS, yönetici konumundaki karar vericilerin karar vermelerinde yardımcı olan sistemlerdir. Diğer bir deyişle, verilmesi gereken kararla ilgili veriyi daha iyi anlayarak, daha etkin karar seçenekleri oluşturma, alternatifleri belirleme ve değerlendirme işlevlerinde destek sağlayan ve doğru karar verme olasılığını arttıran sistemlerdir[67].

KDS, donanım, yazılım, veri (iç ve dış), modeller (matematiksel ve istatistikî) ve insan unsurunu içeren bilgisayar destekli etkileşimli bir yönetim bilişim sistemidir ve organizasyondaki herhangi bir karar vericiye yardımcı olmak için tasarlanmıştır. Sistem, yarı yapılandırılmış ve yapılandırılmamış sorunlara ilişkin karar verme üzerinde odaklanır [68].

Karar destek sistemleri yöneticilere yardımcı olmaktadır. Karar destek sistemleri; işletmeler arası birleşmeler, yenileme yatırımları, yarı mamul geliştirme ve pazarlama gibi rutin olmayan ve yapılandırılmamış problemlerin çözümünde kararlar almada yararlı olmaktadır. Karar destek ile yönetim bilişim sistemleri arasındaki farklara bakıldığında, yönetim bilişim sistemlerinden; temel ticari işlemler konusunda ve plandan sapmalar hakkında rapor hazırlamada, basit analitik araçlar kullanarak, yapılandırılmış rutin problemleri çözmeye yardımcı olma ve rutin raporları oluşturmada yararlanıldığı görülmektedir. Yönetim bilişim sistemlerinin temelini, kararın alınması değil, kararın alınmasına destek sağlama hususu oluşturmaktadır[69]. Diğer taraftan, karar destek sistemleri; karar vermek için veri ve modeller sunmakta, karmaşık analiz ve modelleme araçları kullanmakta, yarı yapılandırılmış problemleri çözmede kullanılmakta ve rutin olmayan sorunlara interaktif cevap sunmaktadır.

1.5.2.5. Grup Karar Destek Sistemleri

Yapılandırılmamış konularla ilgili ortak karar verme sürecinde birden fazla bireyin desteğini ve katılımını olanaklı kılan sistemlerdir. Karar destek

---

[66] Laudon ve laudon, **a.g.e.**, s. 44

[67] Hadi Gökçen, **Yönetim Bilgi Sistemleri: Analiz ve Tasarım Perspektifi**, Ankara: Epi Yayınları, 2005, s.53.

[68] Hossein Bidgoli, **Handbook of Management Information Systems: A Managerial Perspective**, USA: Academic Press, 1999, pp.368

[69] G.V. Reynolds. **Information Systems For Managers.** İkinci Baskı, West Publishing Company, New York.1999, pp.30-472.

sistemlerinin ilk şekli bireysel karar vermeye destek olmaktaydı. Fakat, günümüz karmaşık iş çevresinde bireysel kararların yanında grup olarak da kararlar almanın önemi ve ihtiyacı artmıştır. Grup halinde karar vermenin başarısı; grubun ve grubun üzerinde çalıştığı konunun özelliklerine, karar verme sürecinin gerçekleştiği örgütsel yapının niteliğine ve karar verme sürecinde kullanılan bilişim teknolojilerinin kullanımına bağlıdır. Grup karar destek sistemleri, grubun başarılı ve etkin bir şekilde kararlar almasını olanaklı kılmaktadır[70].

1.5.2.6. Üst Yönetim Bilişim Sistemleri

Karar destek sistemleri ve bilgi raporlama sistemlerinin özelliklerinin çoğunu kombine eden bilişim sistemleri olup, odak noktaları tepe yönetiminin stratejik bilgi ihtiyaçlarını karşılamaktır. Üst yönetim bilişim sistemleri kritik kararların alınmasında yöneticilere işletme içi ve dışı bilgileri özet halinde sunan bir sistemdir. Her işletme kendi üst yönetim bilişim sistemini oluşturabileceği gibi, ihtiyaçlarına uyarlanmış bir paket program da kullanabilir. Üst yönetim bilişim sistemleri tamamen üst yöneticiler için düzenlenmektedir[71].

Teknik uzmanlara fazla ihtiyaç olmadan üst yönetim tarafından kullanılabilmektedirler. İşletme dışı (çevre) ile ilgili büyük miktarda yapılandırılmış ve yapılandırılmamış veriyi içermektedir.

1.5.2.7. Uzman Sistemler

İnsanların çalışmalarını ve deneyimlerini bilgisayara aktaran, deneyim ve uzmanlık gerektiren karmaşık işlerin nasıl yapılacağı konusunda yol gösteren yapay zeka programlarıdır. Bir uzman sistem, sınırlı bir subjektif saha için uzman bilgisini depolayabilir ve mantıksal sonuçları takip etmek suretiyle problemleri çözebilir. Uzman sistemler, genellikle ihtisas konularında danışılan ve karar vericiye görüş belirten bir uzman gibi çalışırlar.

Uzman sistem, uzmanların problem çözme tekniklerine öykünen bir yönetim bilişim sistemidir [72]. Bilişim sistemi özelliklerini üst düzeyde kullanan sistemlerdir. Uzman sistemler bir veya daha fazla uzmanın bir alandaki bilgisini alan ve bunları bilgisayar ortamında kullanımını sağlayan bilgisayar programıdır. Bir baksa tanıma göre, Uzman sistemler, çözümleri için önemli uzmanlık

---

[70] Hicks, **a.g.e.** pp.45

[71] E. Öztemel, "Bilgi Toplumunda Yönetim Bilişim Sistemlerinin Gelişimi ve Yapay Zeka", **Otomasyon Dergisi**, Mart Sayısı, 1998, s.73.

[72] Ulrich J. Gelinas, Stave G.Sutton ve Jane Fedorowicz; **Business Processes and Information Technology**, USA: Thomson South-Westen press, 2004, s.152.

gerektirecek kadar zor olan problemleri çözmek için uzmanın bilgi ve çıkarım yordamlarını kullanan bilgisayar programlarıdır[73].

Uzman sistemler, uzmanların muhakeme yeteneklerini ve kurumun belirli bir alanındaki çalışmalarını çoğaltmak için çalışırlar. Bu sistemler öncelikle bilgi isçilerini desteklemek için tasarlanırlar[74].

Bu sistemlerin önemli karakteristikleri şunlardır [75]:

- Uzman sistem uzmanların bilgilerini ve problem çözme yeteneklerini tutan bir yazılım programıdır.
- Uzman sistemler herhangi bir yönetim düzeyine odaklanmamışlardır.
- Uzman sistemler ideal olarak bilgi, sezgi ve yargı gerektiren problemlere uygundur.
- Uzman sistemler, KDS ve ÜDYS' den farklı olarak karar vericilerin yerini alabilir.
- Uzman sistemin üç ana bileşeni; bilgi tabanı, çıkarım mekanizması ve kullanıcı ara yüzüdür.

Örgütlerde uzman sistemler kullanmanın temel amacı rekabet üstünlüğü elde etmektir. Aynı uzmanlık bilgisinin defalarca gerekli olduğu durumlar da, yüksek ücret ödenen uzmanlara olan gereksinimi azaltır veya en azından bu uzmanların daha verimli bir şekilde çalışmalarını olanaklı kılar. Uzman sistemler; uzman bilgisinin elde edilmesinin, kopyalanmasının ve dağıtımının bir yoludur. Uygulandıkları özel alanlardaki kararların doğruluğu ve tutarlılığını artırırlar[76]. Belirli bir kararın gerekçesi hakkında kapsamlı ve nitelikli belgelerin hazırlanmasını sağlarlar. Uzman sistemlerin önemli unsurlarından birisi de, ulaşılan kararlara ilişkin rasyonel açıklamalar yapabilmeleridir. Çünkü gerekçeler açıklanmadıkça büyük bir olasılıkla insanlar bir bilgisayarın önerisini veya kararını kabul etmeye gönüllü olmayacaklardır. Bu nedenle nitelikli uzman sistemler alınan kararı etkileyecek tüm faktörleri açıklayabilme gücüne sahiptirler.

---

[73] Gökçen, **a.g.e**, s.62.

[74] Rainer, **a.g.e.**, p.12.

[75] Uma G. Gupta, **Information Systems Success in the 21'st Century**, New Jersey: Prentice Hall, 2000, p.285.

[76] A. Şükrü Çetinkaya, "Bilişim Teknolojilerinin Konaklama İşletmeleri Performansına Etkileri", **Selçuk Üniversitesi**, d. tez, 2007, s.9.

1.6. Bilişim Teknolojilerinin Yarattığı Değişim

Değişmenin nedenleri, gerek örgütsel unsurlarda gerekse çevresel unsurlarda meydana gelen değişmelerdir. Bir örgütteki örgütsel unsurlar yapı, insan unsuru, teknoloji ve ürün/hizmet olarak düşünülebilir. Örgütün yapı ve amaçlarında, politikalarında, ödül ceza sistemlerinde, iş görenin tutum, davranış, becerileri ve beklentilerinde, kullanılan makine ve teçhizatın teknolojisinde ve nihayet mal ve hizmet unsurlarında meydana gelebilecek bir farklılık, değişimi gerekli kılabileceği gibi kültür, endüstri, insan kaynakları, pazar, finansal kaynaklar, ekonomik koşullar, hükümet gibi çevresel koşullarda meydana gelebilecek herhangi bir farklılıkta değişimin nedeni olabilir.

Bu çevre içinde bilimsel ve teknolojik öğeler sürekli olarak faaliyettedirler. Bilimsel araştırmaların sonucu olarak getirilen her yenilik toplumda ve örgütlerde diğer birçok yeniliğin kaynağı olmakta ve değişikliklerin yapılmasına yol açmaktadır. Dolayısıyla bugünün büyük ve karmaşık örgütlerinin içinde bulundukları çevre hızlı bir şekilde değişmekte ve gittikçe daha canlı bir hal almaktadır. Çevrenin bu hareketliliği örgütler üzerinde yeni gelişmelere kendini uydurmak, yaratıcı ve yenilikçi olmak için büyük bir baskı yaratmaktadır. Kısaca örgüt çevresinde oluşacak herhangi bir değişiklik örgütün ilk dengesini bozacak ve yeni bir dengeyi gerekli kılacaktır. Örgütün değişmesinde bir dengeden başka bir dengeye geçiş söz konusudur. Bu nedenle örgütsel değişmesinin konusu; çevre koşullarına uygun yeni stratejilerin belirlenmesi, uygulanması, yürütülmesi ve uyumla ilgilidir.

Değişim ihtiyacı çoğu zaman örgütün büyümesi biçiminde sonuçlanmaktadır. Bununla birlikte, ister büyüme, isterse başka biçimlerde olsun her değişim ihtiyacı örgütteki denge ve karlılığı etkileyen, bireysel ilişkilerden başlayarak örgüt sistemindeki bütün ilişkileri değiştiren sonuçlar ortaya çıkmaktadır. Değişimin ortaya koyduğu bu karmaşık yapıysa, çözülmesi gereken pek çok sorunu da beraberinde getirir. Bu sorunlar ve çözüm biçimlerini incelemek, çağımız yöneticilerinin sürekli yerine getirilmesi gereken görevlerden birisi olduğu söylenebilir.

Bilişim teknolojilerinin yarattığı değişim örgütsel çerçevede en stratejik açıda yöneticileri etkilemektedirler. Değişime uyum çerçevesinde yöneticiler bir yandan verimliliği artırırken bir yanda da karmaşık durumlarla baş edebilmekle karşı karşıya kalmaktadırlar. Değişimi yönetmek değişme uyumda en gerekli yaklaşımdır. Değişim başarılı bir şekilde yönetilmesi için bazı özelliklerinin iyi bilinmesi ve dikkate alınmasında fayda vardır. Dikkat edilmesi gereken bir başka nokta da amaçlar ulaşabilecek bir ortamın sağlanmasıdır[77].

---

[77] Ö. Dinçer ve Y. Fidan, **İşletme Yönetimine Giriş**, Beta Basım Yayım Dağıtım A.Ş., İstanbul, 1999, s.56.

Bu özellikler kısaca şu şekilde sıralanabilir[78].

- Etkin değişim çok yönlü gelişmeyi iyileşmeyi ifade eder.
- Değişim doğrusal değildir.
- Değişim örgüt içinde yukarıdan aşağıya ve aşağıdan yukarıya gerçekleşir.
- Değişim liderlik gerektirir
- Sürdürülebilir ve başarılı bir değişim için örgüt hedefleri somut hale getirilmeli ve bu hedeflere ilerleme bireysel performansla ilişkilendirilmelidir.
- Değişimde bilişim teknolojileri ve öğrenme kilit öneme sahiptir ve bu işlevler örgütlere belirsizlikleri içeren ve hızla değişen çevresel şartlara uyum sağlama ve cevap verme yeteneği kazandırmaktadır.
- Çevreyi izleme bilgi yönetimini, bilgini önemin ve kullanımı öne çıkartmaktadır.
- Yöneticilerin esas rolü sadece değişimi planlamak ve uygulamak olmalı, fakat deneyi ve risk almayı cesaretlendiren bir örgüt yapısı ve iklimi meydana getirmek, çalışanların sorumluluk almasını ve uygulamaya katılmalarını sağlamak olmalıdır.
- Değişim genellikle zaman içinde çok sayıda küçük değişimlerden oluşmasına rağmen bu değişimler köklü ve dönüştürücü de olabilir.

Modern gelişmelerin ışığı altında, bürokrasiler eleştirilebilir ve organizasyonu değiştirmekle ilgili belirli önerilerde bulunabilir. Buna göre organizasyonların modern yaşantısının sorunlarını çözümleyebilmek için bilişim teknolojisinin gelişiyle birlikte faaliyet ortamında değişimi yapmalarını gerektiren altı önemli maddenin varlığından söz etmek mümkündür.

1. Genel olarak zamanımızda değişmenin süratinde meydana gelen artış. Bu hızlı değişme nedeniyle organizasyonların da çevrelerine süratle uymaları gerekmektedir.
2. Teknolojik yapının değişmenin süratlenmesine yol açacak şekilde daha karmaşık bir hale gelmesi.

   Bilişim teknolojisinin yarattığı değişim sürecinde örgütler, her türlü teknolojik yeniliği yakından takip ederek bu gelişmeleri rekabet gücü

[78] J.W. Moran, B.K. Brightman, "Leading Organizational Change", **Career Development International**, vol 2, 2000, p.111-119.

kazanacak şekilde bünyelerine adapte etmek mecburiyetini yaşamaktadırlar. Teknolojik gelişmeler öyle hızlı değişmektedir ki, örgütler sürdürülebilir bir rekabetçi avantaja sahip olduğunda bile kısa sürede bu avantajların kaybolduğunu ya da azaldığını görmektedirler[79].

3. Organizasyonların daha kompleks bir nitelik kazanması; bu süreç kısmen teknolojinin gelişmesinin, kısmen de organizasyonların büyümesinin sonucu olarak ortaya çıkmaktadır.
4. İşgücünün özelliklerinin değişmesi; organizasyonlara giren kişilerin öğrenim seviyesinin devamlı olarak yükselmesi.
5. Çalışanların yaptıkları işte eskiye oranla devamlı olarak daha fazla bağımsızlık ve karar serbestliği ister hale gelmeleri.
6. Geleneksel otorite biçimlerinin artık tatmin edici olmaktan çıkışı; hiyerarşik emir komuta zincirine dayanan otoritenin yerini ehliyet ve bilgiye dayanan fonksiyonel otoritenin almaya başlaması.

Değişme büyük ölçüde insana bağlıdır. Özellikle planlı değişme yöntemi ile değişimin gerçekleştirilmek istenmesi durumunda örgüt içindeki insanın önemi daha da artmaktadır. İçinde bulundukları toplumsal çevrenin bir ürünü olan örgütler, Bu çevrenin sürekli değişmesi karşısında kendilerini çevreden gelen bu değişmeye uydurmak zorunluluğu ile karşı karşıyadırlar. Örgütler, toplumsal bir fonksiyonu yerine getirdikleri ölçüde hayatiyetlerini devam ettireceklerine göre ekonomik, siyasal, kültürel ve sosyal olan kuruluş amaçlarını çevrenin isteklerine göre yeniden düzenlemek ya da değiştirmek durumundadırlar[80]. Ayrıca örgütler; çevreye bir kurum olarak kendi saygınlıklarını kabul ettirdiklerinde, bir yenilik kaynağı ve değişme aracı olarak kendi çevrelerini etkileme ve kontrol etme olanağına kavuşmaları, çevredeki değişme ile kendi değişimlerini amaçlarına uygun bir dengede tutabilmelerine bağlıdır. Toplumsal yapının alt sistemi olması nedeniyle örgüt, toplumsal yapıdan kendini tamamen soyutlayarak bir değişme ve gelişme sürecini başarıyla sürdüremez.

Teknolojik, ekonomik ve sosyal değişim ve gelişme durdurulması imkansız olduğuna göre bilişim teknolojisinin yarattığı değişimin durdurulması da mümkün değildir. Başka bir ifade ile örgüt içse ve dışsal zorlamalar altındadır. Bu zorlamalar örgütleri değişmeye yani sürekli iyileştirmeye ve yenileşmeye zorlamaktadır.

---

[79] Cahit Günaydın, "Teknoloji Yönetiminin Önemi", **Dünya Gazetesi, Girişim Dergisi,** 2000, s.1

[80] Ross A. Malaga, **Information Systems Technology**, New Jersey: Pearson Education,, 2005, s. 33.

İKİNCİ BÖLÜM

BİLİŞİM TEKNOLOJİLERİ VE ÖRGÜTSEL PERFORMANSA ETKİLERİ

Çağımızda küreselleşme ile birlikte yüzyıla damgasını vuran bilişim teknolojileri örgütlerin değişimini oluşturan ana etmen olarak, gerekli performansı yakalamanın ana faktörü olmuştur.

Birinci bölümde bilişim teknolojisi kavramı, tarihsel gelişim üzerinde durulmuştur. Bahsedilen konular ile örgütsel performans arasındaki bağlantı kurulmadan önce, performans ve örgütsel performans kavramlarının irdelenmesi gerekmektedir. Bu bağlamda, şimdi aktaracağım bölümde performans ve örgütsel performans kavramları ayrıntılı olarak ortaya konulacak, bilişim teknolojilerinin örgütsel performansa olan etkileri üzerinde durulacak, bilişim teknolojisi ve örgütsel performansla ilgili yapılmış çalışmalardan bahsedilecektir.

2. BİLİŞİM TEKNOLOJİLERİ VE ÖRGÜTSEL PERFORMANSA ETKİLERİ

İşletmeler, günümüz yoğun rekabet ortamında ayakta kalabilmek için kendi gelişimlerini destekleyecek iç ve dış değişim ve gelişmelere adapte olmak durumundadırlar. Bu çerçevede işletmeler ve örgütler için bilişim teknolojileri başarıya giden yolda önemli bir araç durumundadır. İleriki Konularda Bilişim teknolojisinin örgütsel performans ile ilişkisi detaylıca incelenecektir.

2.1. Örgütsel Performans ve Performans Ölçümü

Performans kavramının ve işletmelerde performansı geliştirme çabalarının önemi, performans ya da verimlilik artışlarının, maliyetlerin düşürülmesinde, kârlılık düzeylerinin arttırılmasında, ekonomik yaşamda ve istihdamın arttırılmasında en hızlı sonuç veren araç olduğu göz önüne alındığında açıkça ortaya çıkmaktadır.

2.1.1. Performans Tanımı

Performans, bir işi yapan bir bireyin, bir grubun ya da bir örgütün o işle gerçekleştirilmek istenen hedefe yönelik olarak neye ulaşabildiğinin ve neyi sağlayabildiğinin nitel ya da nicel bir ifadesidir olarak tanımlanmaktadır[81].

Birey ya da grubun yetenek ve becerileriyle birlikte uygun zihinsel teknolojiler kullanarak amaçlarına ulaşmak için harcadıkları çaba ve gösterdikleri uyumun sonucunda performans ortaya çıkmaktadır.

Performans, herhangi bir görevin gereği olarak önceden belirlenmiş olan standartlara uygun davranışların gösterilmesi ve hedeflenen amaçlara yaklaşma derecesi olarak da tanımlanabilir[82]. Performans, genel anlamda amaçlı ve planlanmış bir etkinlik sonucunda elde edileni, nicel ya da nitel olarak belirleyen bir kavramdır. Bu sonuç; bir atletin yüksek atlamadaki bireysel derecesi ya da sıralamadaki sırası, bir üretim birimindeki üretim miktarı ya da gerçekleşen üretimin planlanan üretime oranı gibi açıklanabilir. Bir iş sisteminin performansı, o sistemin belirli bir zaman sonucundaki çıktısı ya da çalışma sonucudur[83].

---

81 Bülent Karakaş, R. Ak, "Kamu Yönetiminde Performans Yönetimi Önemli midir?", **Kamu Yönetiminde Kalite 3. Ulusal Kongresi Bildirileri**, TODAİE Yayınları, Ankara, 2003, s. 338.

82 Halil Can, A. Akgün ve Ş. Kavuncubaşı, **Kamu ve Özel Kesimde İnsan Kaynakları Yönetimi,** Siyasal Kitabevi, Ankara, 2001, s. 170.

83 Zühal Akal, **İşletmelerde Performans Ölçüm ve Denetimi**, 4.Baskı, Milli Prodüktivite Merkezi Yayınları, Ankara, 2000, s. 1.

Performans kavramı, kelime anlamı itibariyle yapılması gereken belli bir iş veya görev bakımından gösterilen başarı derecesi şeklinde tanımlanmaktadır[84].

Çağdaş yönetim anlayışında performans, bir işletmenin başarısını, diğer bir deyişle, işletmenin amaçlarına ulaşma düzeyini tanımlayan çok boyutlu bir kavramdır. Performans genel anlamda amaçlanmış ve planlanmış bir etkinlik sonucunda elde edileni nicel ya da nitel olarak belirleyen bir kavramdır[85].

İşletme alanında performans da yukarıdaki açıklamalardan farklı bir anlam taşımamaktadır. Bir iş sisteminin performansı, belirli bir zaman sonucundaki çıktısı ya da çalışmasının sonucudur. Bu sonuç işletme amacının ya da görevinin yerine getirilme derecesi olarak algılanmalıdır. Buna göre performans, işletmenin amaçlarına varmak için gösterilen tüm çabaların değerlendirilmesi olarak da tanımlanabilmektedir. Toplamdaki performansın belirlenebilmesi için örgütün girdileriyle çıktıları arasındaki ilişkilerin ve sonuçların ölçülüp değerlendirilmesi gerekmektedir[86].

İşletmeler, ürettikleri mal ya da hizmetin alanı ne kadar farklı olursa olsun, belirli hedeflere ulaşmak ve görevleri gerçekleştirmek için kurulmaktadır. İşletme yöneticilerinin temel görevlerinden biri de; içinde bulundukları örgütün stratejik amaç ve hedeflerini en iyi şekilde gerçekleştirmektir. İşletmelerin temel amaçları ya da misyonları ile stratejik plan ve politikaların gerçekleştirebilmesi ise genel olarak performanslarının belirlenmesiyle ilgilidir. Bununla birlikte, işletme birimlerinin ya da çalışanlarının içinde bulundukları örgütün amaçlarına katkıları da doğrudan birim ya da çalışan performanslarının belirlenmesi ile ortaya konulabilmektedir.

Günümüzde ekonomik, teknolojik ve sosyal alanlarda yaşanan hızlı ve sürekli değişim işletmeleri önemli ölçüde etkilemektedir. Bu değişime uyum sağlama çabası, işletmelerin, performanslarını ölçme ve geliştirme çalışmaları yapmalarını zorunlu kılmaktadır[87].

Performans kavramının ve işletmelerde performansı geliştirme çabalarının önemi, performans ya da verimlilik artışlarının, maliyetlerin düşürülmesinde, kârlılık düzeylerinin arttırılmasında, ekonomik yaşamda ve istihdamın

---

84 **Büyük Larousse Sözlük ve Ansiklopedisi**, Interpress Basın ve Yayıncılık, İstanbul, 1992, s. 549.

85 Sayıştay, "Performans Bilgisine Yönelik İyi Uygulama Prensipleri", **Sayıştay Araştırma, İnceleme, Çeviri Dizisi** (Çev. KAYA Safye, ARAL Can Suat), Ankara, 2000, www.sayistay.gov.tr, 15 Şubat 2010.

86 Zuhal Akal, **Performans Kavramları Ve Performans Yönetimi,** MPM, Ankara 2003, s.24.

87 Muammer Zerenler, Kriz Dönemlerinde İşletmelerde Üretim Süreci Esnekliğinin Şirketlerin Performans ve Yaşam Sürelerine Etkileri, Yayınlanmamış Doktora Tezi, Konya, 2003, s. 192.

arttırılmasında en hızlı sonuç veren araç olduğu göz önüne alındığında açıkça ortaya çıkmaktadır.

Günümüzde performansın önemi; performans artışlarının işletmeler açısından sağladığı mikro düzeydeki katkılar ve ulusal çıkarlara sağladığı makro düzeydeki katkılar açısından çok daha belirgin hale gelmiştir. Küreselleşme süreciyle birlikte oluşan yeni ekonominin koşulları özellikle küçük ve orta ölçekli işletmelere esnek organizasyon olma zorunluluğu ve bireylere de yaşam kalitelerini artırma isteği şeklinde yansımalarda bulunmuştur. Artan performans, işletme açısından daha iyi kalite, daha düşük maliyet, daha çok üretim, daha çok gelir ve daha çok kâr gibi boyutlarıyla ön plana çıkarken, ulusal açıdan da o ülkede yaşayan insanların hayat standartlarını geliştirme boyutuyla kendini göstermektedir[88].

İşletme performansı denildiğinde işletmeye ilişkin başlıca üç ana konudaki sorulara yanıt verebilecek bir kavram söz konusu olmaktadır. Bu sorular şunlardır[89]:

a. Şimdi neredeyiz?

Bu sorunun sorulmasındaki amaç örgütün mevcut durumunu ve mevcut kaynakları örgütsel düzen içinde inceleyerek performansını irdelemektir.

b. Daha ne kadar iyi olabilirdik?

Bu soru ile işletmenin mevcut koşullardaki potansiyel gücünden yararlanma düzeyinin değerlendirilmesi amaçlanmaktadır.

c. Nerede olmalıyız?

Bu soru uzun dönemli işletme potansiyeline yönelik olarak sorulmaktadır. Amaç, işletmenin iç ve dış sınırlılıklarının kalktığını varsayarak ideal potansiyele göre davranışlarını değerlendirebilmektir.

Yukarıda sözü edilen sorular işletme performansının ne anlama geldiğini yaklaşık olarak açıklamaktadır. Ancak bu soruların doğru ve tam olarak yanıtlanabilmesi için performans kavramının altında nelerin inceleneceğinin, başka bir deyişle performans boyutlarının neler olduğunun irdelenmesi gerekmektedir.

Performans değerleme kavramı işletme başarısının ortaya konulmasında bir süreç olarak bireysel performans değerlerinden örgütsel performans değerlerine kadar geniş bir kapsama sahiptir.

---

[88] Nihat Aydeniz, **Verimlilik Boyutları ve Diyarbakır Sanayi Bölgesi Verimlilik Araştırması**, Dicle Üniversitesi Yayınları, Diyarbakır, 1999, s 10-11.

[89] Akal, **a.g.e.**, s.32.

2.1.2. Performans Ölçümü ve Önemi

Performans yönetiminde çalışanların; organizasyonun amaçları ile önceliklerinin neler olduğu, bu konuda neler yapılması gerektiği ve yapılan işlerin bölümlerine ve organizasyonun amaçlarına yaptığı katkının belirlenmesi gerekir. Bu amaçla, entegre edilmiş ve etkin bir performans ölçümüne ihtiyaç duyulur. Kuşkusuz; çalışanların işlerine, bölümlerine ve dolayısıyla organizasyona yaptıkları katkılarını objektif olarak ölçmek mümkün olduğu halde, söz konusu ölçütler yine de insan yargısına ve dolayısıyla hatalı ölçüme neden olabilmektedir.

Performans ölçümü 1970-1980'li yıllarda birim seviyesinde performansın ölçülmesiyle başlamıştır. Araştırmalar bütün işletme birimlerinin performanslarını incelemeye yöneltilmiştir[90]. Bu dönem kar, yatırımların geri dönüşümü, verimlilik gibi finansal ölçütlerin ağırlık kazandığı dönemdir. İkinci dönem ise dünya pazarlamadaki dönemlere paralel olarak 1980'li yılların sonunda başlayan dönemdir. Bu ikinci dönemle birlikte araştırmacılar muhasebe temelli performans değerleme sistemlerinin eksikliklerini belirlemiş ve çok boyutlu performans gerekliliklerini ortaya çıkarmıştır. Bu yeni yaklaşım performans değerleme boyutlarını yeniden ele alınmasına, yeni yönetim süreçlerinin geliştirilmesine olanak sağlamıştır[91].

Ölçümler toplumun her kesiminde olduğu gibi işletmeler için de vazgeçilemez konumdadır. Büyük-küçük, özel-kamusal, kâr amaçlı-kâr amaçsız her işletmede ölçümler yapılır, veriler toplanır, işlenir ve bilgi olarak kullanılır. Ölçümler modern yönetim anlayışında çok daha önem kazanmıştır. Özellikle "ölçülen yapılmıştır" ve "ölçemediğinizi yönetemezsiniz" şeklindeki iki deyiş ölçümlerin işletmeler için ne kadar önemli olduğunu vurgulamaktadır[92].

İşletmelerde başarılı bir ortama ve yüksek performansa ulaşmanın çok çeşitli yöntemlerinin bulunduğu açıktır. Çağdaş yönetim ve üretim tekniklerinin ve yeni teknolojilerin uygulanması, eğitim ve öğretim, daha iyi çalışma koşullarının sağlanması gibi performans ölçümleri de bu yollardan biri olarak işletmenin başarısına katkıda bulunmaktadır. Bu nedenle dünyada pek çok alanda performans ölçümlerine yaygın olarak gereksinim duyulmaktadır.

---

[90] Ebru T. Kabadayı, "İşletmelerdeki Üretim Performans Ölçütlerinin Gelişimi, Özellikleri Ve Sürekli İyileştirme İle İlişkisi", **Doğuş Üniversitesi Dergisi**, 2002/6, s. 61-75.

[91] Ömer Turunc, Ahmet Erkus ve Mustafa Polat, "İşletmelerde Örgütsel Performansın Değerlemesinde Nicel- Nitel Kriterler: Savunma Sanayinde Bir Araştırma", **XV. Ulusal Yönetim ve Organizasyon Kongresi,** Sakarya Üniversitesi, Mayıs 2007, s. 43.

[92] Akal, **a.g.e.**, s. 64.

Bu uygulama alanları aşağıdaki şekilde sıralanabilir[93]:

- Banka şubelerinin performans ölçümü,
- Yatırım fonlarının performans ölçümü,
- Hastanelerin performans ölçümü,
- Eğitim kurumlarının performans ölçümü,
- Sanayi şirketlerinin performans ölçümü,
- Askeri birimlerin performans ölçümü,
- Petrol şirketlerinin performans ölçümü,
- Sigorta şirketlerinin performans ölçümü,
- Otellerin performans ölçümü,
- Projelerin performans ölçümü,

Bir işletmenin başarısı ve sürekliliği onun performansına bağlıdır. İyi bir yönetici içinde bulunduğu işletmenin performansını etkin bir performans ölçme sisteminden edindiği bilgiler aracılığıyla takip edecektir[94]. Ölçümlerle sağlanan bilgiler yöneticilerin ve tüm çalışanların davranışlarını yönlendiren ve yöneten araçlardır.

Yapılan araştırmalar, düzenli olarak gerçekleştirilen performans ölçümlerinin sürdürülebilir rekabet üstünlüğü elde etmede çok önemli bir role sahip olduğunu göstermektedir. Bunun yanında, stratejik planları ve performans ölçümleri arasında eşgüdüm bulunan işletmelerin içinde bulundukları sektörde rakiplerine oranla çok daha başarılı oldukları gözlemlenmektedir[95]. Performans ölçümünde elde edilen bilgiler başta üst düzey yöneticiler olmak üzere her seviyedeki çalışanların karar ve davranışlarını yönlendiren hatta belirleyen araçlardır.

Elbette bir kurumda başarının artırılmasında performans ölçümü dışında da birtakım araçlar (yeni teknoloji, eğitim vb.) vardır. Ama performans ölçümü tüm bu araçların sonuçlarını belirlemenin temel yoludur. Bu yolla elde edilen bilgilerin kullanımı ile nihai hedef olan optimum performans seviyesine ulaşmak mümkündür. Tablo 2.1'de performans ölçüm kriterleri ve verimlilik ölçütleri toplu olarak yer almaktadır.

---

93 "İşletmelerde Performans Ölçme ve Değerlendirme", www.hufam.hacettepe.edu.tr/performans.html, (22.11.2009).

94 Bilge Bilgen, "Performans Ölçme Sistemlerinin İncelenmesi", **II. Ulusal Üretim Araştırmaları Sempozyumu Bildirileri**, İ.T.Ü., İstanbul, 2001, s. 124.

95 Ümit S. Bititçi, A. S. Carrie ve L. McDevitt, "Integrated Performance Measurement Systems: An Audit and Development Guide", **The TQM Magazine**, 9, 1, 1997, s. 46.

Tablo 2.1. Performans Ölçüm Sistemi

Farklı Performans Ölçüm Kriterleri	
1. Maliyet, maliyeti olmayan	
2. Kalite, hız, bağımlılık, esneklik, maliyet, yaratıcılık	
3. Veri kaynağı, veri türü, referans, süreç odaklı olma	
4. Sonuçlar, belirleyiciler	
5. Karar türü, yığılmaların düzeyi, ölçüm değişkenleri	
6. Çıkar gruplarının görüşleri: Müşteri, çalışan, hissedar, tedarikçi, toplum	
7. Farklı hiyerarşik düzeyler	
Verimlilik Ölçüleri	
Geleneksel	***Yeni Yaklaşımlar:***
1. Kısmi verimlilik (işgücü, sermaye, materyal, enerji)	1. Zamana dayalı verimlilik
2. Toplam faktör verimliliği	2. Bütün ekipman etkililiği
3. Toplam verimlilik	3. Manuel birleştirme etkinliği

Kaynak: S. Tangen, Evaluation and Revision of Performance Measurement Systems. Doktora Tezi, Woxén Centrum, Department of Production Engineering, Royal Institute of Technology, Stockholm, Sweden, 2004.

Bir işletmede ya da örgütte performans ölçüm ve denetimlerinin sonuç olarak; örgütün varlığını sürdürebilmeleri için örgüt içinde performans ve verimlilik anlayışı oluşturup devam ettirmek; performans yönetiminde kontrolü geliştirmek; yönetimin planlama yeteneğini artırmak; örgütlerin mevcut ve muhtemel sonuçlarını önceden tespit ederek gerekli tedbirleri almak; gerçekleştirilen faaliyetlerin sonuçlarını değerlendirmek ve elde edilen bilgilerin her seviyeye iletilmesini sağlamak; yöneticileri ve çalışanları amaçlara motive etmek şeklinde sıralayabileceğimiz rolleri yerine getirmesi beklenmektedir.

2.1.2.1. Bireysel Performans

Bireysel performans ölçümü işletmeler için iş gören performansı hakkında bilgi edinilerek yönetsel kararlar alınılarak kullanılmaktadır[96]. Bir personelin bir pozisyondaki performansı gelecekte göstereceği performans hakkında da genel bir fikir verecektir. Bundan dolayı, personelin transferi, ücret artışı, ödüllendirme ve takdir edilme gibi kararların alınmasında performans değerleme sonuçları önemli bir karar destek sistemi olacaktır[97].

---

[96] Sayıştay, **Performans Ölçüm Rehberi**, (Çev. Hülya DEMİRKAYA), Araştırma İnceleme Çeviri Dizisi 7, Ankara 2000, s.2-5.

[97] Wayne R. Mondy, Robert M. Noe, **Human Resource Management- Sixth Edition**, Pritice Hall, Inc., London, 1996, pp.327-328.

Tarihsel açıdan bakıldığında resmi performans değerlemesinin ortaya çıkışı yönetim kavramı kadar eskiye dayanırken, gayri resmi performans değerlemesi insanlık tarihi kadar eskiye götürülebilmektedir.

Bireysel performans yönetimi, bir örgütte görevi ne olursa olsun bütün bireylerin çalışmalarının, etkinliklerinin, eksikliklerinin, yeterliliklerinin, fazlalıklarının ve yetersizliklerinin, kısacası bir bütün olarak tüm yönlerinin gözden geçirilmesi sürecini ifade eden bir kavramdır[98]. Başka bir deyişle, bireysel performans yönetimi, işgören performansını geliştirmek için örgüt tarafından gerçekleştirilen bir faaliyetler dizisi olarak tanımlanmaktadır[99].

Pinnington ve Edwards'a göre bireysel performans yönetimi, örgütlerin stratejik amaçlarına ulaşmak için kullandıkları ve işgören performanslarının güdülenmesi, gözlemlenmesi, değerlendirilmesi ve ödüllendirilmesi yoluyla gerçekleştirdikleri bir yaklaşımı ifade etmektedir[100].

Performans, ilgilenilen konuda bir olçumu gerektirir. Performans ölçümü, performansı tanımlayacak ve analiz edecek veri toplama ve göstergelerin geliştirilmesi olarak tanımlanmaktadır. Yine başka bir tanımda performans ölçümü, eylemlerin etkinliğinin ve verimliliğinin rakamlarla gösterilme sureci olarak açıklanmaktadır. Performans ölçümü "bir kurumun önceden belirlenen amaçlara ve hedeflere göre ortaya çıkan ürünleri, hizmetleri ve/veya sonuçları birlikte değerlendirmesine yönelik analitik bir süreçtir. Bir kurumun kullandığı kaynakları ürettiği ürünleri ve hizmetleri, elde ettiği sonuçları takip etmesi için düzenli ve sistematik biçimde veri toplaması, bunları analiz etmesi ve raporlaması süreci" olarak tanımlanabilir[101].

Performans ölçümünün ilk olarak 1900'lerin başlarında, Dupont ve General Motors tarafından geliştirilmiş olunan finansal rasyolar ve bütçe kontrol yöntemleri uygulamaları ile ortaya çıktığı söylenebilir[102].

---

[98] İlhami Fındıkçı, **İnsan Kaynakları Yönetimi**, 3.Baskı, Alfa Yayınları, İstanbul, 2001, s. 297.

[99] Angelo S. DeNisi ve R. W. Griffin, **Human Resource Management**, Houghton Mifflin Company, Boston, 2001, p. 257.

[100] Ashly Pinnington, T. Edwards, **Introduction to Human Resource Management**, Oxford University Press, Oxford, 2000, p. 160.

[101] Sayıştay, **Sayıştay'ın Performansının Ölçümüne İlişkin Önaraştırma Raporu**, Ankara: Sayıştay Yayını, 2002, s.6.

[102] S. Tangen, "Evaluation and Revision of Performance Measurement Systems". WoxénCentrum, Department of Production Engineering, **Royal Institute of Technology**, Stockholm, Sweden, 2004.

Bu yıldan sonraki 80 yıl süresince bu ölçüler örgütler tarafından yoğun olarak kullanılmıştır [103].

Performans ölçümüyle ilgi literatürde iki dönem bulunmakta olup ilk dönem kar, verimlilik, yatırımların geri dönüşümü gibi finansal ölçütlere odaklanılan 1880 – 1980 yılları arasındaki dönem, ikinci dönem ise 1980'li yılların sonunda başlayan dönemdir. Bu dönemle birlikte araştırmacıların muhasebe temelli performans değerleme sistemlerinin eksikliklerini belirlemeleri 1990'li yıllarla birlikte çok boyutlu performans gerekliliklerini ortaya çıkarmıştır[104]. Bu yeni yaklaşım performans değerleme boyutlarını yeniden ele alacak yeni yöntem süreçlerinin geliştirilmesine olanak sağlamıştır[105].

Bireysel performans değerleme, çalışanların performanslarını değerlendirip sonuçları belirleyen ve bu sonuçlardan hareketle geri besleme sağlayan bir süreçtir. Performans değerlemesi, akademisyen ve yöneticiler tarafından etkili bir insan kaynakları yönetim sisteminin önemli bir unsuru olarak gösterilmektedir[106].

Performans değerlemenin en önemli avantajı performansı artırmasıdır. Performansın artırılmasına olanak sağlayan performans değerlemenin amaçlarını özetlemekte yarar vardır.

2.1.2.2. Bölüm Performansı

İşletmeler, iç faaliyet birimlerini tanımlamak için çok farklı isimler kullanmaktadırlar. Bunlara örnek olarak kısım, bölüm, şube, ürün hattı veya satış bölgesi gibi isimler sayılabilir. Her bir bölümün faaliyetlerinin yürütülmesinden sorumlu bir yöneticisi vardır. Bu yüzden, bir işletmenin bölümlerinin her birini sorumluluk merkezi olarak nitelendirmek mümkündür.

Bireysel performans ve örgüt performansı arasındaki bir kavram olarak bölüm performansı bulunmaktadır.

İşletme yöneticilerinin daha sağlıklı karar alabilmesi için işletmelerin hemen her fonksiyon alanı üzerinde bilgi sahibi olmaları gerekmektedir. Örneğin,

---

[103] A. Neely, M. Bourne, "Why measurement initiatives fail", **Measuring Business Excellence**, Vol. 4 No. 4, 2000, pp. 3-6.

[104] A. M. Ghalayını, J.S. Noble, "The Changing Basis Of Performance Measurement", International **Journal of Oparations & Production Management**, Vol.16, No:8, 1996, p.63.

[105] M. Bourne, J. Milss, M. Wilcox, A. Neely, K. Platts, "Designing Implementing IndUpdating Performance Measurement Systems", **International Journal Of Operations &Production Management,** Vol 20, No:7, 2000, pp.754-755.

[106] L. Melisa Waite, Susan Steades Doe, "Removing Performance Apraisal And Merit Pay In The Name Of Quality An Ampirical Study Of Employees Reactions", **Journal of Quality Managemen**t, Volume: 5, 2000, p.188.

bir pazarlama yöneticisinin karar almasında finansman ile ilgili bilgilerin önemi büyüktür. Aynı şekilde üretim bölümü yöneticisi gerek ilk madde ve malzeme ve gerekse mamül stoklarını takip ederek üretim planlamasını daha gerçekçi olarak yapması gerekmektedir. Üst yönetim, işletme politika ve stratejilerin belirlenmesinde finansal tablolar, bütçeler, yatırım projeleri gibi finansal bilgileri sık sık kullanmaktadır. Bu amaçla öncelikle her bir işletme bölümünün performansını ayrı ayrı daha sonra da bir bütün olarak işletmeyi değerlendirmek gerekmektedir.

Yöneticiler aynı zamanda işletmenin her bir bölümünün performansının ne olduğunu ölçmek, değerlendirmek için muhasebe bilgisine ihtiyaç duyar. Bir bölüm hakkındaki bu bilgiler yöneticilere[107];

- Kaynakların planlanması ve tahsis edilmesinde,
- Faaliyetlerin kontrol edilmesinde,
- Bölüm yöneticilerinin performansının değerlendirilmesinde yardımcı olur.

Yukarıda sayılan nedenlerden dolayı, her bir bölümün performansının ölçülmesi, ancak çok iyi çalışan bir bilişim sistemi sayesinde yerine getirilebilir.

Bu bölümlerin ayrı ayrı faaliyet sonuçlarının ölçülmesi ve değerlendirilmesi çok önemlidir. Çünkü, bu değerlendirme sonuçları işletmenin bir bütün olarak alacağı kararların seyrini ve geleceğini doğrudan etkilemektedir. Bir bölüm veya bir bölüm yöneticisinin performansı değerlendirilirken birtakım kriterler kullanılmaktadır.

Bu kriterler şunlardır [108]:

- Mevcut bütçe,
- Şirket içerisindeki diğer bölümler veya diğer bölüm yöneticileri,
- O bölümün veya yöneticinin geçmiş performansı,
- Diğer işletmelerdeki benzer bölümlerin veya yöneticilerinin performansı.

Bu değerlendirmelerin yanı sıra, genel ekonomik durum, piyasa şartları ve buna benzer çeşitli genel şartlarında yapılacak performans değerlendirmesinde gözden uzak tutulmaması gerekir. Ayrıca performans değerlendirmesinde

---

[107] Veli Akel, "İşletme Bölümlerinin Performansının Ölçülmesi Ve Değerlendirilmesi", **Bozok Üniversitesi Sosyal Bilimler Dergisi**, 2010, s. 15

[108] Meigs, Bettner, Whittington, **a.g.e.**, s.1019.

kullanılan performans ölçüsünün de bazı özelliklere sahip olması gerekmektedir. Bu özellikler aşağıda sıralanmıştır[109]:

- İşletmenin amacı ile ilgili olmalıdır.
- Uzun dönem ve kısa dönem kararlar arasında bir denge kurmalıdır.
- Yöneticilerin ve çalışanların faaliyetlerinden doğrudan etkilenmelidir.
- Çalışanlar tarafından anlaşılabilir olmalıdır.
- Yöneticilerin ve çalışanların değerlendirilmesinde ve ödüllendirilmesinde kullanılmalıdır.
- Ulaşılabilir hedeflere sahip olmalı ve kolay ölçülebilir olmalıdır.

Bölüm performansının ölçülmesi ve değerlendirilmesi, aslında işletmenin muhasebe bilgi sistemi ile finansal bilgi sistemi ve bunların üst kavramı olarak yönetim bilgi sistemi kapsamında değerlendirilecek stratejik bir konudur.

BT'nin bölüm performansını etkilemesi "yönetim bilgi sistemi" aracılığıyla gerçekleşmektedir. Yönetim faaliyetlerinde yöneticinin doğru kararlar alabilmesi ve etkin bir değerlendirme yapması, kendisine iletilen bilginin doğru, anlaşılır ve tam olmasıyla ilişkilidir.[110]

2004 yılında, Kurulgan tarafından yapılan "Bilgi Teknolojisinin Üniversite Kütüphanelerinde Yönetim İşlevleri Üzerine Etkileri Ve Türkiye'deki Uygulamaya İlişkin Bir Araştırma" başlıklı doktora tez çalışmasında, Türkiye'deki 75 üniversite kütüphanesinden 7'sinin işlevlerini yerine getirirken BT olanaklarından yararlanmadıkları, geriye kalan 68 üniversite kütüphanesinden, anket sorularını yanıtlayan, 49'unun tamamının "yönetim işlevleri"nde BT olanakları (yönetim bilgi sistemi) kullanıldığı tespiti yapıldığını belirtmektedir. Araştırma bulgularının, BT'nin yönetsel performansı artırdığını gösterdiği sonucuna ulaşmıştır[111]. Bu yayına göre bilişim teknolojisinin yönetsel performans üzerinde olumlu etkisi olduğu görülmektedir.

Bireysel performans ve bölüm performansından sonraki kavram olarak örgüt performansı kavramı karşımıza çıkmaktadır. Örgüt performansı aşağıda detaylıca anlatılacaktır.

---

[109] Akel, **a.g.e.**, s. 17.

[110] S. Bayrak, " Bilişim Teknolojilerinin Yarattığı Devrim: Toplumsal Ve Örgütsel Etkileri", **Bilgi Teknolojileri Kongresi-II: Bildiriler**, Pamukkale Üniversitesi, Denizli, 01-04 Mayıs 2003, s. 170-172.

[111] M. Kurulgan, "Bilgi Teknolojisinin Üniversite Kütüphanelerinde Yönetim İşlevleri Üzerine Etkileri Ve Türkiye'deki Uygulamaya İlişkin Bir Araştırma", **Anadolu Üniversitesi**, Eskişehir, 2004, s.222.

2.1.2.3. Örgütsel Performans

Örgütsel performans, örgüt kültürü çalışmalarında da sıkça incelenen bir değişkendir. Konuyla ilgili yazınlar incelendiğinde akademisyenler tarafından örgütsel etkililik ile örgütsel performans kavramlarının genellikle birbirinin yerine kullanıldığı görülmektedir[112]. Bireysel performansın ölçülüp değerlenmesinde ana hedeflerden biri olan örgütsel başarının yalnız bireysel performansa bağlı olmadığı, bireysel performanstan öte çok farklı boyutları olan örgütsel performansı ölçmenin ve değerlemenin daha karmaşık bir olgu olduğu ve daha ayrıntılı ve çok boyutlu bir çalışma gerektirdiği anlaşılmıştır. Bunun üzerine örgütsel performans değerleme konusunda çalışmalar yapılmıştır.

İlk olarak 1950'li yıllarda tartışılmaya başlayan örgütsel performans "belirli kaynak ve araçlara sahip örgütlerin bunları uygun kapasiteyle kullanarak ve çalışanlarına ek yük yüklemeden amaçlarını gerçekleştirme derecesi" olarak tanımlanmıştır[113]. Örgütsel performans, belirli bir dönem sonunda elde edilen çıktı / sonuca göre işletme amacının ya da görevinin yerine getirilme derecesidir olarak tanımlanabilir[114].

Örgütsel performans değerleme, bir işletme faaliyetlerinin etkenliğini ve etkinliğinin niceliksel olarak belirlenmesinde kullanılan göstergeler, performans değerleme sistemi ise işletme faaliyetlerinin etkinliğini, etkenliğini ölçmede kullanılan göstergeler seti olarak açıklanmaktadır[115].

İşletme yöneticileri performans değerleme sayesinde aşağıdaki maddelerin gerçekleşebileceğini düşünmüşlerdir[116].

Performansı Ölçülebilir Örgüt:

- Sürekli inceleme yapar,
- Gerçekçi raporlar üretir,
- Etki gücüyle planlama yapar,

---

112 Sally Coleman Selden, ve Jessica E.Sowa, "Testing A Multi- Dimensional Model Of Organizational Performance: Prospects And Problems", **Journal Of Public Administration Research And Theory,** 14 (3), 2004, pp. 395-416.

113 Basil S. Georgopoulos, Arnold S. Tannenbaum, "A Study Of Organizational Effectiveness," **American Sociological Review,** 22 (5),1997, pp. 534-540.

114 A. Neely, Gregory M., Platts K., "Performance Measurement System Design: A Literature Review And Research Agenda" **International Journal Of Operations & Production Management**, Vol:15, No:4, 1995, pp. 80.

115 Zühal Akal, "**Performans Kavramları Ve Performans Yönetimi**", Beta yayın, Ankara, 2003.

116 Neely, **a.g.e.**, p. 78.

- Rakamların arkasındaki gerçeği bulur,
- Doğru beklentiler içindedir,
- İstenildiği anda bilgiye erişim mümkündür,
- Kesin kararlar ile uygular,
- Sürekli değişim ve gelişime odaklanır,
- Hatalardan öğrenir ve zamanında düzeltir.

2.1.3. Örgütsel Performans Boyutları

Performans kavramının anlaşılmasında, performansı ölçütlerinin neler olduğunun bilinmesi önem taşır.

Performans kriterlerinin neler olduğuna geçmeden öncelikle performans kriterlerinin belirlenmesinde dikkate alınması gereken faktörlere değinilmesi gerekir. Performans kriterlerinin belirlenmesi sırasında dikkat edilmesi gereken faktörler şu şekilde sıralanabilir[117].

- Kriterlerin işletme stratejisi ile bağlantısı kurulmalıdır.
- Finansal olmayan kriterlere ağırlık verilmelidir.
- Kriterlerin anlaşılması ve kullanılması kolay olmalıdır.
- Kriterlerin bölümler arasında farklılıklar gösterebileceği dikkate alınmalıdır.
- Kriterler hızlı geri bildirim sağlamalıdır.
- Kriterler basit bir kontrol aracı olarak değil sürekli gelişimi sağlayıcı biçimde tasarlanmalıdır.
- Kriterler işletme performans boyutlarının değerlenmesine olanak sağlamalıdır.
- Gerekli olan veriler ölçülebilir olmalıdır.
- Kriterler işletme amaçları ile tutarlı olmalıdır.
- Kriterler işletme stratejisi doğrultusunda tasarlanmalıdır.
- Her bir kriterin amacı açık olarak belirlenmelidir.
- Kriterlerle ilgili veri toplama yöntemleri açık olarak belirlenmelidir.
- Kriterlerin belirlenmesinde müşteri, çalışan ve yöneticilerin katkısı sağlanmalıdır.

---

[117] Turunç, **a.g.e.**, s. 43.

- Süreç gözden geçirmeye olanak sağlamalı, kriterler koşullar değiştiğinde yeniden değerlendirilmelidir.
- Nesnel performans kriterleri, öznel performans kriterlerine tercih edilmelidir.
- Oranlara dayalı performans kriterleri, mutlaka sayılara dayalı performans kriterlerine tercih edilmelidir.

Performans boyutları işletmeler bazında önemli farklılıklar gösterebilmektedir. Bu farklılığın ana nedeni ise performans kriterlerinin direkt olarak işletme stratejilerine bağlılık göstermesi ve işletme stratejilerinin çoğunlukla birbirinden farklılık göstermesidir.

Sanayi devriminin başlangıcından yakın tarihlere kadar performans boyutları denilince akla gelen kavramlar yalnızca kâr ve maliyetti. Daha sonra ise performans boyutları kâr-maliyet-verimlilik üçgeninde ele alınmaya başlanmıştır. Daha sonraki dönemlerde bu boyutlara, girdilerden yararlanma, kalite, yenilik ve çalışma yaşamının kalitesi gibi yeni boyutlar eklenmiş ve performans kavramı çok daha geniş bir biçimde ele alınmaya başlanmıştır[118]. Günümüzde ise bu sınıflandırmaya çalışanların davranışı, pazar durumu, ürün liderliği ve kamu sorumluluğu gibi daha yeni boyutlar eklenmiştir.

Örgütsel performans kriterlerini farklı araştırmacılar farklı şekillerde değerlendirmişlerdir. Schmitz ve platz isimli araştırmacılar örgüt performansını mantık, toplam kalite yöntemi ve karlılık çerçevesinde edinilen bir süreç olarak değerlendirmiştir[119].

Rolstadas'a göre örgütsel performans boyutları etkinlik, kalite, verimlilik, çalışma yaşamının kalitesi, karlılık ve uyumluluk şeklinde belirlenmiştir[120].

Tutar ve Altınöz'e göre; İşgören performansını oluşturan örgütsel bağlılık, yüksek motivasyon, kurumsal destek, örgütsel iklim, örgütsel kültür gibi psikolojik unsurların yanında, örgütsel iş ve faaliyetlerde kullanılan fiziksel araçların da yeterli olması önemlidir[121]. Örneğin kaynakların çok sınırlı olduğu

---

[118] Kathryn M. Bartol ve D. C. Martin, **Management**, McGraw-Hill, Inc., New York, 1991, p. 20.

[119] J. Shimitz Ve K.W Platts, " Supplier Logistics Performance Measurement: Indications From A Study In The Otomotive Industry", **International Journal Of Production Economics,** Elsevier Ltd., 2004, pp. 231-243.

[120] Asbjarn Rolstadas, "Enterprise Performance Measurement", **International Journal Of Oparations & Production Manamegent,** Vol 18, No:9/10, 2000, pp. 990- 992.

[121] Hasan Tutar, Mehmet Altınöz, "Örgütsel İklimin İşgören Performansı Üzerine Etkisi", **Ankara Üniversitesi Sosyal Bilimler Enstitüsü Dergisi**, 65-2, 2007, s.198.

dönemlerde "tutumluluk" ve "verimlilik" önemli bir performans ölçütü iken, kriz dönemlerinde "etkinlik" daha önemli bir performans ölçütüdür. İnsan haklarıyla ilgili yaklaşımların önemli görüldüğü örgütlerde ise "kurumsal demokrasi algısı", "açıklık", "kurumsal güven", "yasallık" veya "insan merkezli yönetim" önemli performans ölçütleri olarak kabul edilebilir.

Örgütsel performans Lee ve arkadaşlarına göre, finansal ve finansal olmayan olmak üzere iki farklı alan olarak incelenir. Finansal olmayan performansın ölçümleri esas olarak bilgi sistemlerinin stratejik değerleri üzerine odaklanır ve fiziksel olmayan faydaları içeren bir tanımdır[122].

Kaynak, firma performansları ile alakalı yapmış olduğu çalışmada, Flynn isimli yazarın örgütsel performansı; pazar kalitesi, karşılaştırmalı avantajlar (birim maliyet, dağıtım hızı, esneklik, dönüş zamanı, envanter miktarı olarak belirtmektedir[123].

Kaynak araştırmasında Mohrman ve arkadaşlarının yayınlarında örgütsel performansı kazanç, kalite ve hız, fiyat, maliyet, maliyet – verimlilik, Müşteri memnuniyeti olarak ifade ettiklerini belirtmektedir[124].

Cragg, King ve Hussin ise örgütsel performans boyutlarını aşağıdaki gibi belirlemeye çalışmışlardır[125].

- Hizmet kalitesi
- Etkili üretim
- Yeni ürün
- Ürün farklılaştırma
- Maliyet düşüşü
- Satış büyümesi
- İmaj ve müşteri sadakati
- Ürün kalitesi
- Yeni Pazar
- Ürün çeşitlendirme
- pazarlama
- Uzun vade karlılığı
- Finansal kaynaklar

122 Sang M. Lee, vd., "Impact Of Data Warehousing On Organizational Performance Of Retailing Firms", **International Journal Information Technology & Decision Making**, 2004, Vol.3, No.1, pp.61-79 (Aktaran: Hale Kaynak, **a.g.e.** s.8).

123 Hale Kaynak, "The Relatioship Between TQM Practice And Their Effects On Firm Performance", **Journal Of Operation Management,** Elsevier Inc, 342, 2003, pp.6-7.

124 Hale Kaynak, **a.g.e.**, s.7.

125 Paul Cragg, Malcolm King, Hussin Husnayaati, "IT Aligment And Firm Performance In Small Manufacturing Firms " **Stratagic Information Systems**, 2002, pp. 109-132.

Tablo 2.2. Literatürdeki Performans Kriterleri

Araştırmacılar	Performans Kriterleri
Lai ve cheng	Pazar Performansı, Verimlilik Performansı, Sosyal Performans
Short ve Halmer	Örgütsel Kimlik ve Örgütsel İmaj
Lee ve Arkadaşları	Finansal ve Finansal Olmayan Performans. (Bilgi Sistemlerinin Stratejik Değerleri)
Rolstadas	Etkililik, Etkinlik, Verimlilik, Kalite, Çalışma Yaşamının Kalitesi, Karlılık, Uyumluluk
Gilley ve Arkadasları	Mal Dönüşü, Para dönüşü, Her türlü finansal performas, Ar-ge Gideri, Süreç Yenilikleri, Ürün Yenilikleri, Personel gelişimi/ Değişmezliği, Personel Morali, Müşteri ilişkileri, Tedarikçi ilişkisi.
Bond	Müşteri Memnuniyeti, Kalite, Personel Dönüşümü, Fiyat indirimi, Müşteri ile Bütünleşme, Dağıtım Güvenilirliği, Müşteri Memnuniyeti, Fiyat/Maliyet, Emniyet, Moral
Toni ve Tonchia	Maliyet/Verimlilik, Süre, Esneklik ve Kalite
Hudson	Kalite, Süre, Esneklik, Finans, Müşteri Tatmini ve insan Kaynakları, Satış Büyümesi ve Karlılık gibi Finansal Kriterler
Rungtusanatham	Müşteri memnuniyeti
Flynn vd.	Pazar kalitesi, karşılaştırmalı avantajlar (birim maliyet, dağıtım hızı, esneklik, dönüş zamanı, envanter miktarı) Kazançlılık, imalat, fiyat, maliyet, müşteri memnuniyeti, kalite ve hız
Mohrman vd.	Verimlilik, ürün kalitesi, müşteri memnuniyeti, Verimlilik dağıtım performansı
Dow, Samson Terhousm	Moral, Pazar payı, Müşteri
Das vd.	Memnuniyeti, Pazar pay artışı, Pazar payı
Wilson and Collier	Müşteri memnuniyeti, Pazar pay büyümesi, Kar büyümesi, Uzun vadeli kar artışı, Pazar payında değişim
Douglas and Judge	Endüstri ihracat artışı
Ho vd.	Ürün kalitesi

Kaynak: Ömer Turunç, Bilgi Teknolojileri Kullanımının İşletmelerin Performansına Etkisi, 2006'dan uyarlanarak yapılmıştır.

Kalkan araştırmasında performansın altı ana boyutundan söz etmiştir. Bu performans boyutları; rekabetçilik, finans, kalite, esneklik, kaynak kullanımı, teknoloji, yeniliktir. Bu ana performans boyutları içinde yer alan ölçütler iç ve dış performans ölçümü kadar finansla ve finansal olmayan performans ölçümlerini de içermektedir[126].

Örgütsel performansla ilgili farklı yaklaşımlar ve tanımlar olmasına rağmen, yapılan çalışmalar incelendiğinde aşağıdaki noktalarda fikir birliğinin

---

[126] Adnan Kalkan, "Kobilere Sağlanan Desteklerin Örgütsel Performansına Etkileri", Doktora Tezi, **GYTE Sosyal Bilimler Enstitüsü**, Gebze, 2005.

sağlandığı görülmektedir [127]:

1. Ne kadar belirsiz ve karmaşık olursa olsun örgütsel performans konusu örgüt biliminde önemli bir konudur.
2. Örgütün tam anlamıyla kavramsallaştırılması mümkün olmadığından, etkili örgütün kavramsallaştırılması da o kadar zor olmaktadır.
3. En iyi ve uygun performans göstergelerini elde etmek imkansızdır. Ölçütler kişilerin bireysel değer ve tercihlerine bağlı olmaktadır.
4. Her bir örgütsel performans yaklaşımı örgütsel performans araştırmasının amacına, zorunluluklarına ve kısıtlamalarına bağlı olarak farklı durumlar için uygun olabilmektedir.
5. Örgütsel performans konusunda başlıca sorun teorik değil, ölçüt sorunudur.

Sonuç olarak, örgütsel performans konusunun günümüze değin farklı yaklaşımlar çerçevesinde tanımlanmaya çalışıldığı görülmektedir. Bunun kaynağı yazarların konuya farklı perspektiflerden yaklaşmalarıdır.

Bütün bu yayınlar incelendiğinde, toplamda birçok Örgütsel performans değişkeninin olduğu göze çarpmaktadır. Tablo 2.3'de bu değişkenler görülmektedir.

Tablo 2.3. Örgütsel Performans Değişkenleri

1 Toplam Etkililik	16 Planlama ve amaç belirleme
2 Üretkenlik	17 Amaç birliği
3 Verimlilik	18 Rol ve norm uygunluğu
4 Kâr	19 Örgüt amaçlarının içselleştirilmesi
5 Kalite	20 Yöneticinin sosyal becerileri
6 İş kazaları	21 Yöneticinin teknik becerileri
7 Büyüme	22 Bilgi yönetimi ve İletişim
8 İşe gelmeme (devamsızlık)	23 Hazırlıklı olma
9 Personel devir hızı	24 Çevrenin kullanılması
10 İşten sağlanan verim	25 Örgüt dışındakilerin değerlendirmeleri
11 Motivasyon	26 İstikrar/kararlılık
12 Moral	27 İnsan kaynaklarının değeri
13 Denetim	28 Katılım ve yetkinin paylaşılması
14 Çatışma	29 Eğitim ve gelişmeye önem verme
15 Esneklik/uyum	30 Başarıya önem verme

Kaynak: Robbins ve Barnwell, 2002; 67

[127] Kim S. Cameron, "Effectiveness As Paradox: Consensus And Conflict Conceptions Of Organizational Effectiveness", **Management Science**, 32 (5), 1996, pp. 539 -553.

Tablo 2.3 incelendiğinde örgütsel performans ölçütlerinin fazlalığı, bunun yanı sıra kalite, moral gibi genel ölçütlerle, devamsızlık, iş kazası oranları gibi daha özel ölçütlerin bir arada bulunduğu görülmektedir. Bu, örgütsel etkililik kavramının herkes için farklı şeyleri ifade ettiğinin bir göstergesidir. Bir örgüt bazı ölçütler açısından etkili durumdayken, diğer bazı ölçütler söz konusu olduğunda o derece etkili olmayabilir. Dolayısıyla örgütsel performansın tek bir tanımının olmadığı ileri sürülebilir. Burada, hangi ölçütlerin performans göstergesi olarak belirleneceği yönündeki örgütlerin tercihleri belirleyici konumda olmaktadır.

Tüm bu örgütsel performans boyutları incelendiğinde bazı farklılıkların ötesinde aslında benzer kriterler olduğu anlaşılmaktadır. Bu sınıflandırmalardaki benzerliklere göre örgütsel performans kavramı iki boyutta nicel ve nitel örgütsel performans kriterleri olarak ele alınacaktır.

2.1.3.1. Nicel Örgütsel Performans Boyutları

Performans boyutları işletmeler bazında önemli farklılıklar gösterebilmektedir. Bu farklılığın ana nedeni ise performans boyutlarının direkt olarak işletme stratejilerine bağlılık göstermesi ve işletme stratejilerinin çoğunlukla birbirinden farklılık göstermesidir.

Sanayi devriminin başlangıcından yakın tarihlere kadar performans boyutları denilince akla gelen kavramlar yalnızca kâr ve maliyetti. Daha sonra ise performans boyutları kâr-maliyet-verimlilik üçgeninde ele alınmaya başlanmıştır. Daha sonraki dönemlerde bu boyutlara, girdilerden yararlanma, kalite, yenilik ve çalışma yaşamının kalitesi gibi yeni boyutlar eklenmiş ve performans kavramı çok daha geniş bir biçimde ele alınmaya başlanmıştır[128]. Günümüzde ise bu sınıflandırmaya çalışanların davranışı, pazar durumu, ürün liderliği ve kamu sorumluluğu gibi daha yeni boyutlar eklenmiştir.

Örgütsel performans kriterlerini farklı araştırmacılar farklı şekillerde değerlendirmişlerdir. Schmitz ve platz isimli araştırmacılar örgüt performansını mantık, toplam kalite yöntemi ve karlılık çerçevesinde edinilen bir süreç olarak değerlendirmiştir[129].

Rolstadas'a göre örgütsel performans boyutları etkinlik, kalite, verimlilik, çalışma yaşamının kalitesi, karlılık ve uyumluluk şeklinde belirlenmiştir[130].

---

[128] Kathryn M. Bartol ve D. C. Martin, **Management**, McGraw-Hill, Inc., New York, 1991, p. 20.

[129] J. Shimitz Ve K.W Platts, " Supplier Logistics Performance Measurement: Indications From A Study In The Otomotive Industry", **International Journal Of Production Economics,** Elsevier Ltd., 2004, pp. 231-243.

[130] Asbjarn Rolstadas, "Enterprise Performance Measurement", **International Journal Of Oparations & Production Manamegent,** Vol 18, No:9/10, 2000, pp. 990- 992.

2.1.3.1.1. Etkinlik

Etkinlik, organizasyonların amaçlarını gerçekleştirebilmek için kaynaklarını ve sinerjik güçlerini değerlendirmesi, dış çevre ile olan ilişkilerini dikkate alması ve kurumsal yapılarını bu doğrultuda biçimlendirmesi anlamına gelmektedir. Daha basit bir şekilde ifade edilecek olursa, planlanan organizasyon amaçları ile uygulama sonuçları arasındaki oransal ilişkidir. Dolayısıyla etkinlik, organizasyon amaçlarının en az maliyetle en yüksek derecede gerçekleştirilmesini ifade etmektedir[131].

2.1.3.1.2. Verimlilik

Verimlilik kavramı, üretime giren bütün faktörlerin işletme sonuçlarına göre nispî etkenlik derecelerini ve bu faktörlerin birbirleriyle olan ilişkilerini açıklayan bir kavramdır[132]. Daha teknik bir biçimde ifade etmek gerekirse verimlilik, belli bir dönemde elde edilen ürün ve hizmet (çıktı) miktarı ile aynı dönemdeki kaynak (girdi) kullanım miktarı arasındaki oransal ilişkidir.

Verimlilik aynı zamanda, sonuçlarla bu sonucu elde etmek için harcanan zaman arasındaki ilişki olarak da tanımlanabilir[133]. Başka bir tanımla verimlilik; temelde örgütlerin iç dünyasına ve yaşamına ilişkin bir ölçüttür ve örgütün teknik ve ekonomik özellikleriyle yakından ilişkilidir[134]. Verimlilik, çabaların boşa harcanmaması ve çaba, enerji ve kaynakların karşılığını en iyi şekilde almak manalarında kullanılmaktadır[135].Verimlilik ölçümünde; işgücü verimliliği, malzeme verimliliği, sermaye verimliliği, enerji verimliliği ve toplam faktör verimliliği gibi pek çok oran kullanılmaktadır[136].

2.1.3.1.3. Kalite

Kalite, genel kabul görmüş bir tanıma göre, müşterilerin, mal ve hizmetlerden beklediklerinin karşılanması ve hatta daha fazlasının verilmesidir. Bir performans boyutu olarak kalite, kaynakların verimli kullanımını sağlayan, ürün ve hizmetlere kullanım uygunluğunu kazandıran, müşteri gereksinimlerine uygun üretim ve hizmet anlayışını egemen kılan ve böylece işletmelerin sosyal

---

[131] Adem Öğüt, **Bilgi Çağında Yönetim**, Nobel Yayın Dağıtım, Ankara, 2001, s.225.

[132] Tamer Koçel, **İşletme Yöneticiliği**, 9. Baskı, Beta Basım Yayım Dağıtım, İstanbul, 2003, s. 379.

[133] Joseph Prokopenko, **Verimlilik Yönetimi Uygulamalı El Kitabı**, Çev: O. Baykal vd., 4.Baskı, MPM Yayınları, Ankara, 2001, s. 3.

[134] B. Bumin, **Çağdaş İşletme Teknikleri**, Gazi Kitapevi, Ankara, 2003, s. 84.

[135] E. De Bond, **Rekabet Üstü**, Remzi Kitapevi, (Çev: Oya ÖZEL), İstanbul, 2001, s. 25.

[136] Tamer Koçel, **a.g.e.,** s.382.

sorumluluklarını da olumlu olarak gerçekleştirmelerini sağlayan bir kavramdır[137].

2.1.31.4. Yenilik

Genel anlamda yenilik, meydana getirilen yeni bir şeyi uygulama alanına aktarmak şeklinde tanımlanmaktadır. Yenilikle yakından ilgilenen yazarlardan biri olan Drucker yeniliği, "bir örgütte birlikte çalışan farklı bilgi ve yetenekteki insanları verimli hale getirmek için onlara ilk defa olanak sağlayan yararlı bilgi" şeklinde tanımlamıştır. Yeniliğin ölçüsü çevre üzerindeki etkinliğindedir. Yani örgüt içerisindeki yeni bir uygulama eğer ticari hale getirilebilirse yenilik bir anlam ifade edecektir. Porter'a göre, işletmeler yenilik eylemleri aracılığıyla rekabet avantajı kazanabilirler. İşletmeler yeniliğe, hem yeni teknolojiler hem de yeni iş yapma yöntemleri olarak en geniş anlamıyla yaklaşmalıdırlar[138].

2.1.3.1.5. Kârlılık ve Bütçeye Uygunluk

Kâr kavramı, satışlarla maliyetler yani çıktılarla girdiler arasındaki artı farkı, kârlılık kavramı ise işletmenin belirli bir dönemde elde ettiği kârın o dönemde işletmede kullanılan sermayeye oranını ifade etmektedir[139]. Kârlılık gibi maliyet ve gelir ilişkisini gösteren bir başka kavram da bütçeye uygunluktur. Bu kavram, kâr amacı olmayan ve sadece bir maliyet merkezi olan kamu örgütlerinde kârlılığın yerine kullanılmaktadır. Bütçeye uygunluk değerlendirmeleri performans ölçümünde kullanıldığı gibi, hem performansın geliştirilmesi için düzeltici önlemler alınmasına hem de gelecek dönemlerin performans planlamasına katkı sağlamaktadır[140].

2.1.3.1.6. Rekabet Avantajı

Rekabet avantajı sağlamada kurumsal imaj, müşteri memnuniyeti, kurumsal itibarın önemli yeri bulunmaktadır. Özellikle kurumsal itibar yeterince iyiyse ürün veya hizmet kalitesi nedeniyle olumlu bir artış, işletmenin ekstra gelir elde etmesine yardımcı olur.[141]

- Hizmet artışı
- Müşteri memnuniyeti artışı
- Rakip ürün ve hizmete oranla gelirde artış oluşması

---

[137] M. Şerif Şimşek, **Yönetim ve Organizasyon**, 8. Baskı, Damla Matbaacılık, Konya, 2002, s. 290.

[138] Ufuk Durna, **Yenilik Yönetimi**, Nobel Yayın Dağıtım, Ankara, 2002, s. 5-6.

[139] M. Şerif Şimşek, **İşletme Bilimlerine Giriş**, 10. Baskı, Adım Matbaacılık, Konya, 2003, s. 168.

[140] Benligiray, **a.g.e.**, s. 15.

[141] Fombrun, **a.g.e**, s.6.

gibi faktörler rekabet avantajı sağlanmasında ana etkendir.

Yükseköğretim kurumlarında ise rekabet avantajı yaratacak olan kurumun olanakları, öğretim elemanı kalitesi, kullanılan teknolojinin kalitesi gibi faktörlerdir. Rekabet avantajı sağlama kurumsal itibar ile iç içe olan kavramlardır. Birbirinden ayrı düşünülemez.

Genel olarak maddi olmayan varlıkların mal üreten kurumlara oranla, hizmet sektöründe yer alan kurumlar açısından daha fazla önem arz ettikleri söylenebilir. Çünkü hizmet üreten kurumların ekonomik performansa yaptıkları katkı oranı diğerlerine oranla nisbi olarak fazladır. Hammaddesi yetenek, bilgi, know-how olan çalışma alanları, müşteri ve yatırımcıları çekmek için kurumsal itibara daha fazla bağımlıdır. Eğitim sektöründe bunlardan biridir. Yüksek öğretim kurumlarının sayısı her geçen gün artmakta dolayısıyla diğer yükseköğretim kurumlarıyla rekabet edebilmek de zorlaşmaktadır. Yüksek öğretim kurumlarının sundukları eğitim hizmetinin kalitesinin önemli göstergelerinden biri de sahip oldukları olumlu kurumsal itibar olarak düşünülebilir.

Kurumlarda birbiri ile rekabet edebilmek için farklılaşma stratejisi izlemeye başladılar kurumsal itibarda bu stratejinin temel taşlarından biridir.[142] Akademik açıdan bakıldığında kurumsal itibar daha fazla seçiciliği, daha yüksek getiriyi, daha başarılı öğrencileri temsil etmektedir.

Yönetimsel bakış açısıyla incelendiğinde öğretim elemanlarını diğer paydaşlardan ayıran özellik birden fazla role birden sahip olmalarından kaynaklanmaktadır. Öğretim elemanları iç paydaş oldukları gibi, aynı zamanda mal ve hizmet tüketicisi, ekonomik kaynak sağlayan tedarikçi görevi de görmektedir[143]. Dolayısıyla bu kadar farklı rollerin hepsine birden sahip olan paydaş grubunun kurumdan çeşitli beklentileri olacaktır. Kurum bu beklentilere cevap vermek zorunda kalacaktır.

Özellikle bilişim teknolojisinin öğretim üyelerinin faaliyetlerinde etkin kullanıma olanak sağlıyor olması ya da olmaması, bu kişilerin bilişim teknolojisinin örgütsel performans algısında bir boyut olan rekabet avantajı sağlaması yönündeki algılarında, değişikliklere sebep olacaktır.

2.1.3.2. Nitel Örgütsel Performans Boyutları

İşletmelerin varlıklarını sürdürerek gelişebilmeleri, operasyonel, finansal

---

[142] Brian K. Boyd, Donal Berg, "Reconsidering Reputation- Performance Relationship: a Resource-Based View", **Journal of Management**, No:10, 2009, p. 591-592.

[143] Pete Naude, Jonhatan Ivy, " the marketing strategies of universitiesi in the United Kigdom, İnternational journal of educational Management, 1999, s.12p. 5

ve çevresel performanslarına ilişkin yaptıkları inceleme ve bu incelemeden elde ettikleri geri bildirimlere bağlıdır.

Karmaşık ve çok boyutlu bir yapı olan örgütsel performansın ölçülmesi zordur ve her durumda geçerli olan bir sistematik oluşturmak mümkün olmamıştır. Bu nedenle örgütsel düzeyde yapılan performans araştırmalarında gerek örgütsel kayıtlardan elde edilen nesnel ölçütler gerekse örgüt üyelerinden elde edilen algıya dayalı öznel ölçütler kullanılmıştır.

Kalkan araştırmasında performansın altı ana boyutundan söz etmiştir. Bu performans boyutları; rekabetçilik, finans, kalite, esneklik, kaynak kullanımı, teknoloji, yeniliktir. Bu ana performans boyutları içinde yer alan ölçütler iç ve dış performans olçumu kadar finansla ve finansal olmayan performans ölçümlerini de içermektedir[144].

Bilişim teknolojileri örgütsel yararları genel olarak "soyut" ve "somut" yararlar olarak değerlendirilmektedir. Somut yararlar, kurulum ile birlikte kazanılan etkinlikteki iyileşmeler olarak tanımlanabilir ve çoğu durumda ölçümlenmesi kolaydır[145]. Diğer taraftan, soyut faydaların ölçümlenmesi zordur.

Bilişim teknolojilerinin çoğunlukla değişimi yönetmek gibi stratejik nedenleri olduğu göze alınırsa birçok çıktının nicel olarak ölçümlenmesinin zor olduğu söylenebilir[146].

Örgütsel performans Lee ve arkadaşlarına göre, finansal ve finansal olmayan olmak üzere iki farklı alan olarak incelenir. Finansal olmayan performansın ölçümleri esas olarak bilgi sistemlerinin stratejik değerleri üzerine odaklanır ve fiziksel olmayan faydaları içeren bir tanımdır[147].

Tutar ve Altınöz'e göre; İşgören performansını oluşturan örgütsel bağlılık, yüksek motivasyon, kurumsal destek, örgütsel iklim, örgütsel kültür gibi psikolojik unsurların yanında, örgütsel iş ve faaliyetlerde kullanılan fiziksel araçların da yeterli olması önemlidir[148]. Örneğin kaynakların çok sınırlı olduğu dönemlerde "tutumluluk" ve "verimlilik" önemli bir performans ölçütü iken, kriz

---

144 Adnan Kalkan, "Kobilere Sağlanan Desteklerin Örgütsel Performansına Etkileri", Doktora Tezi, **GYTE Sosyal Bilimler Enstitüsü**, Gebze, 2005.

145 Celep, **a.g.e.**, p. 148

146 T. Pisello, It Value Chain Management – Maximizing The ROI From It Investments, **Alinean llc**, USA, 2001, p.23.

147 Sang M. Lee, v.d., "Impact Of Data Warehousing On Organizational Performance Of Retailing Firms", **International Journal Information Technology & Decision Making**, 2004, Vol.3, No.1, pp.61-79.(Aktaran:Hale Kaynak, **a.g.e.** s.8)

148 Hasan Tutar, Mehmet Altınöz, "Örgütsel İklimin İşgören Performansı Üzerine Etkisi", **Ankara Üniversitesi Sosyal Bilimler Enstitüsü Dergisi**, 65-2, 2007, s.198.

dönemlerinde "etkinlik" daha önemli bir performans ölçütüdür. İnsan haklarıyla ilgili yaklaşımların önemli görüldüğü örgütlerde ise "kurumsal demokrasi algısı", "açıklık", "kurumsal güven", "yasallık" veya "insan merkezli yönetim" önemli performans ölçütleri olarak kabul edilebilir.

Öznel örgütsel performans ölçütleri ağırlıklı olarak örgüt üyelerinin performansa ilişkin algılarına dayanır ve algılarla amaçlar arasında bir tutarlılık söz konusudur.

Performansı değerlendirmek amacıyla kullanılan finansal ölçütler yararlı olmasına karşın örgütü tanımlayan ve gerçekleştirdiği farklı faaliyetlerine anlam kazandıran bazı yönetsel eylem ve yeniliklerin finansal kazançlar sağlamaması nedeniyle yeterli değildir. Bundan dolayı bilişim teknolojisinin örgütsel performans üzerindeki etkisini araştırıldığı bu çalışma öznel ölçütler olarak öğretim elemanı memnuniyeti, kurumsal itibar, sektörde tanınma, rekabet avantajı, etkinlik, verimlilik gibi ölçütlere ilişkin algıları içermektedir

2.1.3.2.1. Kurumsal İtibar

Kişiler toplunda saygı görmek, takdir edilmek ve farklı konuma sahip olmak isterler. Toplum içerisinde farklı bir statüye ulaşmanın yolu, diğer kişilerin gözünde iyi bir itibara sahip olmaktan geçer. Kurumlar açısından da durum bu şekildedir. Bundan dolayı son yıllarda maddi olmayan varlıkların ve bu varlıkların içinde değerlendirilen kurumsal itibarın öneminin arttığı görülmektedir. Örgütler yüksek rekabetle başa çıkmaya çalıştıkları bir ortamda, olumlu itibarı, rekabet avantajı sağlamaya yönelik araçlardan biri olarak görmektedirler.

Kurumsal itibarın hem akademisyenler, hem de pratik iş hayatı açısından önem arz eden bir konu olduğu yadsınamaz bir gerçektir. Birçok araştırmacı bu alanda çalışmalar yapmıştır. Bu araştırmacılardan Charles Fombrun'un kurumsal itibar tanımlaması: 1990'lı yılların ortalarından itibaren iş çevrelerinde ve işletmelerde en çok kullanılan tanım olmuştur. Fombrun'a göre kurumsal itibar, "işletmenin diğer önemli rakiplerine kıyasla, paydaşlar açısından çekiciliğini tanımlayan geçmiş faaliyetleri ve gelecek ile ilgili başarı beklentilerinin algısal bir ifadesidir."[149] Görüldüğü üzere kurumsal itibar algısal bir ifade olmaktadır.

Barnett, Jenier ve Lafferty ise, Kurumsal itibarın Bilinilirlik veya farkındalık kavramına denk geldiği yönünde birleşmişlerdir. Bu araştırmacılara göre, Kurumsal itibarı tanımlamak için en çok kullanılan terim algılamadır.

---

[149] Charles J. Fombrun, **Reputation: Realizing Value From Corporate Image**, Boston, Harvard, Business school press, 1996, s. 72.

Kurumsal itibar: net algılamalar, müşterek algılamalar, genel algılamalar ve bunların toplamı olarak ifade edilmiştir[150].

Birçok paydaş vardır. İşletmeyle ilgili olarak farklı paydaşlar farklı farklı görüşlere sahiplerdir. Kısacası Paydaş grubunun kilit unsur paydaşların farklı beklentileri ve öncelikleridir.

Yükseköğretim kurumları açısından bakıldığında paydaşların öğretim üyeleri ve öğrenciler olduğu görülmektedir. Biz araştırmamızda öğretim elemanlarının bilişim teknolojisinin kurumsal itibar gibi örgütsel performans kavramlarını nasıl algıladıkları konusunu irdeleyeceğiz.

2.1.3.2.2. Sektörde Tanınma

Sektörde tanınma, çeşitli kaynaklardan elde edilen bilgilerin birtakım süzgeçlerden geçirilerek, kişiyi belirli bir tutuma yönlendirmesi sonucu ortaya çıkan kavramdır. Kişilerin zihinsel haritalarından yararlanarak vardıkları algılar, algılama sürecindeki esas belirleyicilerdir. Algılama süreci inanç, değer, tutum ve davranış oluşumu ile ifade edilebilir.

Başka bir ifade ile tanım verecek olursak kurumların kişi ve diğer kurumlar üzerinde bırakmış oldukları izlenimler olarak sektörde tanınmayı açıklayabiliriz.[151]

Kişiler bir kuruluşu ismi sayesinde veya faaliyetlerini, planlarını tasvir etmek amacıyla ortaya koyduğu çeşitli sunumları sayesinde tanıma imkanı bulurlar. Sektörde tanınmanın yolu iyi bir kurumsal imajın olmasından geçmektedir. Kurumsal imaj, kurumun mimarisi, ürün hizmet çeşitliliği, kurum çalışanlarının kaliteye ilişkin intibaları gibi kurumun fiziksel ve davranışsal vasıfları ile bağlantılıdır.[152]

2.1.4. Örgütlerde Performans Ölçümü

Performans ölçümü, örgütün hedeflerinin tanımlanması ve bu sürecin çalışanlara neler sağlayabileceğini göstermesi açısından son derece önemlidir. Örgütün üyeleri dikkatli iş analizleri yaparak sistemin dinamiklerini ve temel

---

[150] Michael L. Barnett, John Jermier, Barbara A. Lafferty, "Copporate Reputation: Definicial landscape, **Corporate Reputation Review**, 2006, p. 8-9.

[151] Zafer Erdoğan, Kazım Develioğlu ve Diğerleri, "Kurumsal İmajın Şirketin Farklı Paydaşları Tarafından Algılanışı Üzerine Bir Araştırma", **Dumlupınar Ünv. Sosyal Bilimler Dergisi**, 2006, s. 56.

[152] Russel Abrat, Thabiso N. Mofokeng, "Development And Management Of Corporate Image", **European Journal Of Marketing"**, No3-4, 2001, s. 368.

hedeflerini belirlemelidir. Bu durum örgütsel hedeflerin açık olarak ortaya konulmasını sağlamakla kalmaz, çeşitli örgütsel kademeler arasındaki iletişimi de kolaylaştırır[153].

İşletme performansının ölçülmesiyle, bir işletmede genel olarak; "işler ne kadar iyi yapılıyor?, beklenen sonuçlara ne düzeyde ulaşılmıştır?, gerçekleştirilen işlerin amaçlara katkısı olmuş mudur?" gibi temel soruların cevaplandırmaktadır.

Örgütlerin stratejik amaç ve politikalarının gerçekleştirilmesinde önemli rol oynamaktadır. Ölçümlerle sağlanan bu bilgiler işletme yöneticilerinin, çalışanlarının davranışlarını ve faaliyetlerini yönlendiren ve yöneten araçlardır[154]. Bu bağlamda, performans ölçme güçlü bir davranışsal araçtır. Eğer performans ölçme sistemi örgütün stratejisiyle bağlantılı olarak doğru ölçütlere sahipse, çalışanların örgütsel amaçlara uyumlu davranışlar göstermesi için rehberlik yapmış olacaktır[155]. Böylece hem bireysel hem de örgütsel performansın artması sağlanacaktır.

Örgüt performansını ölçme nedenleri 6 maddede belirtilebilir[156]:

1. **Müşteri İhtiyaç ve İsteklerinin Belirlenmesi:** Yöneticiler, müşterilerin istek ve gereksinimlerindeki değişimi sürekli analiz ederek, bunları karşılayacak ürün ve hizmetlerin belirlenmesini performans ölçümleri yardımıyla sağlayabilmektedirler.
2. **Başarıyı Belirleme:** Yöneticiler, işletmelerinin genel stratejik amaç ve politikalarına ulaşma derecesini ve çalışanların katkılarının tespit edilmesini sağlarken, şirketlerin tedarikçileri, müşterileri ve hatta rakipleri ile olan ilişkilerini belirleyebilmekte,
3. **Kıyaslama Olanağı:** Performansın ölçülme nedenlerinden biri de kıyaslama uygulamalarıdır. Faaliyet gösterilen alanlardaki diğer işletmelerin performans göstergelerindeki farklılıkların nedenleri araştırılarak işletmenin kendi yapısını sürekli gözden geçirmesi sağlanmaktadır
4. **Teknolojik Gelişmelere ve Değişen Koşullara Uyum Sağlamak:** Gelişen teknoloji ve değişen pazar koşullarında rekabetçi üstünlük sağlanması, işletmelerin tüm kaynaklarının etkin bir şekilde değerlendirilmesini gerektirmektedir.

---

[153] M. Tahir Demirsel, "İhracata Yönelik Üretim Yapan Kobi'lerde Kullanılan Bilişim Teknolojilerinin Örgütsel Performansa Etkileri: Konya Organize Sanayi Bölgelerinde Bir Uygulama", **Selçuk Üniversitesi Sosyal Bilimler Enstitüsü**, y. Lisans tez, 2006, s.92.

[154] Zerenler, **a.g.e.**, s. 198.

[155] Bonnie P. Stivers ve T. Joyce, "Building a Balanced Performance Management System", **S.A.M. Advanced Management Journal**, 65, 2, 2000, p. 22.

[156] Zerenler, **a.g.e.**, s. 200.

5. **Şirket Stratejilerinin Belirlenmesini ve Uygulanmasını Sağlamak:** Performans ölçüm faaliyetleri sırasında, şirketlerin mevcut performansının değerlendirilmesinin yanı sıra geleceğe ilişkin strateji oluşturma çalışmalarına da başlanmaktadır. İşletmelerin genel plan ve programlarının uygulanma sürecine geçildiğinde, stratejilere uygunluğu sağlamak için neler yapıldığının ve neler yapılması gerektiğinin belirlenmesi için de ölçümler ve değerlendirmeler yapılmaktadır.
6. **Kaynakların Etkin Kullanılması:** Performans ölçme işlemi, kısıtlı kaynaklardan en verimli şekilde yararlanılmasını amaçlamaktadır.

Örgütler performans ölçümlerini; başarıyı, müşteri gereksinimlerinin karşılanıp karşılanmadığını belirleme, işlemlerin anlaşılmasına yardımcı olma; problemlerin, sorunlu noktaların ve kayıpların nerede olduğunu belirlemek ve nihayet kararların varsayımlara, duygulara veya sezgilere değil de gerçeklere dayandırma amaçlarıyla yapmaktadırlar [157].

2.1.4.1. Örgütlerde Nicel Performans Ölçümü

Örgütlerde performans ölçümünün kullanımının üç ana nedene dayalı olarak yapıldığı görülmektedir[158]. Bunlar; faaliyetlerin planlaması, kontrolü ve koordinasyonu, insan kaynaklarının kontrolü, değerlendirilmesi ve katılımı ve bunların kıyaslanmasıdır. Performans ölçümünün yapılıp yapılmamasına veya nasıl yapılacağına karar verirken, bu ölçümlerin hangi amaçla kullanılacağının kararlaştırılmış olması gerekmektedir. Çünkü, performans ölçümü önemli maliyet ve çabayı gerektirmektedir.

Uygun performans standartlarını geliştirmek, veri toplamak, bu verileri işlemek, tahlil etmek ve toplanan bilgiyi hazırlanan standartlar içerisine yerleştirmek, ölçüm raporlarını hazırlayıp ilgili yerlere göndermek ve bu raporları okuyup yorumlamak hep bu maliyeti artırıcı aşamalardır.

Ölçüm yapılırken bazı soruların açıklığa kavuşturulması gerekmektedir. Ölçüm ile ilgili sorulardan biri, ölçümün kimin için yapılacak olmasıyla ilgilidir. Yönetim açısından bakıldığında ölçüm hem bir kontrol aracı ve hem de planlanmış amaçlar, geçmiş politikalar ve alınmış kararların bir değerlendirmesidir. Sahip ve hissedarları açısından bakıldığında ise ölçüm, yatırılan sermayeyi firmada tutmaya devam edip etmeme kararına hizmet etmektedir.

---

157 C. Parker, "Performance measurement", **Work Study**, Vol. 49, No. 2, 2000, pp. 63-66.

158 A.D. Toni, S. Tonchia, "Performance Measurement Systems: Models, Characteristics and Measures", **International Journal of Operations & Production Management**, Vol:21, No:1/2, 2001, pp.59.

Örgütün farklı hiyerarşik düzeyleri için farklı performans ölçütleri kullanılmaktadır.

Stratejik düzey performans ölçütleri uzun yıllara yönelik stratejik konulara ve kararlara ilişkin veri içermektedir[159]. Taktik düzey performans ölçütleri bir aydan bir yıla kadar olan konulara ve kararlara ilişkin veri içermektedir. Bu ölçütler örgütteki gerçek operasyonların sınırlarını belirlemede önemlidir. Operasyonel düzey performans ölçütleri ise örgütün günlük, haftalık ve aylık operasyon, iş süreçleri ile ilgili olmaktadır. Bu üç düzey arasında bölünüp ilişkilendirilmesinin önemine değinilmektedir[160].

Performans ölçüm sistemi oluşturma aşamasında üst yönetim örgütün stratejisini en iyi temsil eden bir dizi ölçüt seçmektedir. Ölçütlere ulaşıldığında şirket stratejisi uygulanmış kabul edilmektedir. Diğer bir ifadeyle, performans ölçüm sistemi örgütün muhtemel bir stratejisini başarıyla uygulayıp geliştiren bir mekanizmadır[161].

Performans ölçümünün; örgütlere ilerlemeyi destekleyip geliştirme, yöneticilere uzun dönem bakış açısı kazandırma, daha hatasız iletişim, etkili kaynak dağılımı, bireylerin motivasyonu, doğru örgütsel davranışları teşvik etme, yönetsel yaratıcı girişimleri destekleme ve değişimi yönetme boyutları sağladığını ileri sürmüşlerdir.

Performans göstergelerini iki grup olarak düşünmek mümkündür. Birinci grupta karlılık, verimlilik, borsa karlılığı ve büyüme gibi işletmelerin doğrudan amaçları sayılabilecek göstergeler, ikinci grupta ise işletmelerin birinci gruptaki amaçlarını etkileyebilecek kalite, yenilik, işletmenin finansal yapısı gibi göstergeler yer alır. İkinci gruba şans, yönetim tarzı, çevre gibi gözlenemeyen etkenler de eklendiğinde firmanın hedeflerini etkileyebilecek çok sayıda faktörün varlığından söz edilebilir. Finansal ölçümler, firmaların karlılık açısından performanslarını değerlendirmede çok geniş kullanılırlar.[162] Mali tablolardan elde edilen bu ölçümler firmaların ekonomik hedeflerine ne derece ulaştıklarının göstergesi olarak kabul edilmektedir. Finansal ölçümlere yönelik çeşitli eleştiriler mevcuttur. Bunlar,

---

159 Tangent, **a.g.e.**, p. 47.

160 M. Jackson, "**An Analysis of Flexible and Reconfigurable Production Systems** – An Approach to a Holistic Method for the Development of Flexibility and Reconfigurability", **Linköping Studies in Science and Technology**, Department of Mechanical Engineering, Linköping University, 2000, p. 38.

161 R.N. Anthony, V. Govindarajan, **Management Control Systems,** Ninth Edition, International Edition, Irwin McGrawHill, 1998, pp.231.

162 Yurdakul, **a.g.e.**, s.51.

yalnız finansal verilerle bir firmanın doğru değerlendirilmiş sayılamayacağı ve finansal ölçümlerin, geçmiş verilerden hareketle firmayı geçmişe dönük değerlendirmesi, geleceğe ait fazla bilgi vermemesi düşüncesine dayanmaktadır.

Örgütsel sistemlerde performans alanlarını, performans boyutlarını belirleyici yönetim görüşleri sürekli bir değişim göstermektedir. Dönem, dönem performansı belirleyici olarak farklı boyutlar ortaya konulmaktadır. Endüstri devriminin başlangıcında bu boyutlar kâr-maliyet olarak belirginleşirken, daha sonraki dönemlerde kâr-maliyet-verimlilik üçgeni biçimine dönüşmüş, giderek bu üçgene kalite ve müşteri doyumu eklenmiştir. [163]

Etkinlik: Örgütlerin tanımlanmış amaçlarına ve stratejik hedeflerine ulaşmak amacıyla gerçekleştirdikleri etkinliklerin sonucunda, bu amaçlara ulaşmak amacıyla gerçekleştirdikleri etkinliklerin sonucunda bu amaçlara ulaşma derecesini belirleyen bir performans boyutudur. İşletmelerde amaç çeşitliliğini göz önüne aldığımızda etkinlik ölçü olarak alınabilecek çok çeşitli göstergelerin kullanılabileceği görülmektedir[164]. Etkinliğin başka bir tanımı, doğru şeylerin yapılmasıdır. Buradaki şeyler, hedefler, amaçlar, etkinlikler anlamında kullanılmaktadır. Bu tanıma göre etkinlik, işletmede seçilen amaçların ve yapılan işlerin uygun ve doğru olup olmadığının, bu işlerin zamanında, doğru kalitede ve istenilen miktarda gerçekleştirilip gerçekleştirilmediğinin bir göstergesi olarak kabul edilmektedir.

Etkinlik, işletmenin kısa ve uzun dönemli amaçlarına ulaşmak için yerine getirdiği görevlerin sonuçlarının dolaylı göstergesidir. Amaçlara ulaşma ve görevleri yerine getirmek için kullanılan araçlar etkinliklerdir. Etkinliklerin sonucu çıktı olarak tanımlanan ürün ve hizmetlerdir. Sonuçlar, çıktılarla elde edilen nitel ve nicel değerlerin ifadesidir. Amaçlar ise işletmenin kısa ve uzun dönemli varlığının gereği olarak kabul ettiği ilkeler, hedefler, stratejiler çerçevesinde belirlenenlerdir. Etkinlik kavramında önemli noktalardan biri çıktı ve sonuç tanımlarıdır. Etkinlik kavramında çıktı, gerçekleşen etkinliklerin sonucu olarak tanımlanmaktadır. Burada sonuç ise, amaçları nitel ve nicel boyutları ile ifade eden bir terimdir. Etkinlik ölçümleri en basit açıklama ile işletmenin gerçekleştirmeyi amaçladıkları ile elde ettikleri arasında yapılan bir karşılaştırmadır.

Verimlilik: Bir işletmenin, ürün ya da hizmet üretme süreci içinde üretim kaynaklarından ne düzeyde yararlandığını yada bu üretim kaynaklarını nasıl kullandığını gösteren bir performans boyutu olarak tanımlanmaktadır. Verim ve girdilerden yararlanma göstergeleri performans geliştirme sürecinde "şimdi

---

[163] Tangent, **a.g.e.**, p. 49.

[164] Toni, **a.g.e.**, s. 60.

neredeyiz?" ve "daha nasıl iyi olabiliriz?" sorularına yanıt verme işlevi üstlenirler. Bir işletmede mevcut iç ve dış olanaklar ve kısıtlamalar altında işgücünden, makine kapasitesinden yararlanma oranları gibi potansiyel kaynaklardan nasıl ve ne düzeyde, yararlanıldığını gösterirler. Verim etkinlikte olduğu gibi işletmenin çıktıları ile değil girdileri ile yani tüketimi ile ilgilidir, amaçlara değil araçlara yöneliktir. Bir örgüt etkin olduğu halde verimli olmayabilir, verimli olduğu halde etken olmayabilir, etkin olmadığı gibi verimli de olmayabilir. [165]

Verim ve verimlilik arasında daha açık ve doğrusal bir ilişki vardır. Verim artırıldıkça verimlilik de artar. Verim işletmenin mevcut kaynak potansiyeli ile bu potansiyelin kullanılan bölümü arasındaki ilişkiyi irdeler, verimlilik ise sadece kullanılan kaynakların üretim gücünü değerlendirir[166]. Bu durumda verim, işletmenin tüm kaynak potansiyelinden mümkün olan en yüksek düzeyde yararlanma olanağını araştırmakta önemli bir rol oynamaktadır.

En başarılı işletmelerde bile mevcut kaynak potansiyelinden nicel ve nitel anlamda tam olarak yararlanılamaz. İşletme dışı etmenlerin yanında işletme içindeki teknik ve yönetsel nedenlerle kullanılan kaynak düzeyi, potansiyel kaynak düzeyinden daha düşük olduğu gibi tüketilen kaynakların gerçek üretim güçleri de potansiyel üretim güçlerinden daha düşük gerçekleşir.[167] Ancak buna karşın optimum bir düzey söz konusudur. Bu düzey işletmelerin mevcut girdilerinde önlenemeyen nedenlerle ortaya çıkabilecek kayıpları göz önüne alarak hesaplanan bir performans düzeyidir (standart performans düzeyi). Verim oranı, kaynak kullanımını bu düzeyi temel alarak irdeler, bu düzeyde tüketilmesi beklenen kaynaklarla, gerçekte tüketilen kaynaklar arasındaki ilişkiyi ve nedenlerini ortaya koyar.

Kalite: Kaynakların verimli kullanımını sağlayan, ürün ve hizmetlere kullanım uygunluğu sağlayan, müşteri ihtiyaçlarına uygun üretim ve hizmet anlayışını egemen kılan ve böylece işletmelerin kamusal sorumluluklarını da olumlu olarak gerçekleştirmelerine olanak hazırlayan bir performans boyutudur. Kalitenin boyutları ise işlevsellik, uygunluk, güvenirlik, dayanıklılık, hizmet görürlük, estetik ve itibardır.[168]

Çalışma yaşamının kalitesi: Örgüt çalışanlarının ücret, fiziksel çalışma koşulları, örgüt kültürü, liderlik, işbirliği ortamı, iletişim, bağımsızlık, bilgi ve

---

[165] Şimşek, **a.g.e.**, s. 45

[166] Selen DOĞAN, "Çalışanların Verimliliğinin Arttırılmasında Ergonomi ve Önemi", **Standard**, Yıl:4-2, Sayı:496, 2003, s.33-39.

[167] Metin EROL, "Sosyal Entropi'nin Verimlilik Üzerindeki Etkileri", **Cumhuriyet Üniversitesi İktisadi ve İdari Bilimler Fakültesi Dergisi**, Cilt:2, Sayı:1, 2001, s.127-143.

[168] Şimşek, **a.g.e.**, s. 56.

beceri geliştirme, işle bütünleşme, tanınma-takdir ve planlama, sorun çözme, karar almaya katılım gibi çok çeşitli sistem olgularına karşı oluşan davranış biçimlerini ve düşüncelerini açıklayan bir kavramdır.

Yenilik: Yönetim performansı iki yönden incelenmelidir. Yönetim işletmede var olan kaynakları yönetmek ve onlardan en yüksek düzeyde yarar sağlamaktan sorumludur. Bunun yanında geleceği yaratmak zorundadır. Yarının işletmesi bugünde saklı olan gereksinimlerden çıkararak dizgesel (sistematik) bir çözümleme ve uygulama çabaları ile yaratılacaktır. Bunun için gereken yenilik, risk alma ve girişimciliktir. İşletme düzeyinde türsel olarak yenilikler; ürün ve hizmet yenilikleri, üretim süreci ya da üretim yöntemlerinde yenilik, kullanım yenilikleridir. [169]

Kârlılık ve bütçeye uygunluk: Kâr ve kârlılık işletmede toplam gelirler ve toplam maliyetler arasında kurulan bir sonuç ilişkisidir. Basit bir tanıma göre kâr, satışlarla maliyetler arasındaki artı farktır. Bu fark eksi olduğu zaman zarar oluşur. Kârlılık ise gelir ve gider ağırlıklı bir ilişki içinde tanımlanırsa, dönemsel kârın satışlara bölünmesiyle bulunan bir oranın ifadesidir.[170] Kâr ve kârlılık en kolay ölçülebilen performans boyutudur. Bu konuda oldukça gelişmiş ve çok sayıda gösterge bulunmaktadır. Bu durum geleneksel yönetim anlayışında egemen olan yüksek kâr ve düşük maliyet dürtüsü ve dolayısıyla işletmelerde çok iyi işleyen mali bilgi sistemine sahip olmaktan kaynaklanmaktadır. Ayrıca bu konularda yılların birikimi ile geliştirilmiş performans standartlarının ve endüstri düzeyine kadar çıkan istatistiklerin bulunabilmesi uygulamanın yaygınlaştırılmasında ve gelişmesinde çok önemli olmuştur.

2.1.4.2. Örgütlerde Algıya Dayalı Performans Ölçümü

Birey, birim ve örgüt düzeyinde performansın nesnel/somut sonuçlara ilişkin verilere dayalı olarak belirlenmesi veya ölçülmesi, şüphesiz daha etkin bir yoldur. Bununla birlikte, bazı durumlarda performans ölçümü, nitel değerlerle ya da başka bir değişle kişilerin bir durumu(performans sonuçlarını) nasıl algıladıklarının ölçümü yoluyla da yapılabilir. Bilişim teknolojisi uygulamasının örgüt performansına etkisini bütün olarak ölçmede geleneksel performans ölçülerinin yetersiz kaldığı durumlar ortaya çıkabilmektedir. Özellikle, performansa ilişkin somut ve nicel verilerin yokluğu veya bu verileri elde etmenin güç ya da imkânsız olması gibi durumlarda performansın belirlenmesi veya ölçümünde nitel ifadelerin kullanıldığı algıya dayalı ölçekler de kullanılmaktadır.

---

[169] Durna, **a.g.e.**, s. 18.

[170] Erol, **a.g.e.**, s. 129.

Nitekim, bilişim teknolojisi ve örgütsel performans üzerindeki etkisinin algılanması konusunda birçok çalışmaya rastlanılmıştır.

Baharadwaj ve Konsynski, çalışmasında Finansal ölçülerin müşteri ilişkileri, hizmetler, kalite, personel tatmini, verimlilik veya stratejik konumlanma hususlarını ölçmede çoğunlukla yetersiz kaldığını bu yüzden finansal olmayan algıya dayalı ölçütlerin daha tutarlı sonuç vereceğinden bahsetmişler ve çalışmalarını algısal ölçek kullanarak tamamlamışlardır.[171]

Performans yapısını oluşturan doluluk, gelir ve karlılık bilişim teknolojileri dışında, indirimler, reklam ve tanıtım, konuk tatmini, hava durumu, bulunulan yöredeki farklı kültürel veya sosyal etkinlikler gibi birçok dış faktörden etkilenmektedir. Çetinkaya, bilişim teknolojilerinin sağladığı yararların iş yapış hızının artması, doğruluk, etkin bilgi paylaşımı vb. genelde gözle görülmeyen yararlar olduğu görüldüğünü ve bunların ölçülmesi gerektiğini belirtmiştir.[172]

Kwon ve Collopy çalışmasında, performans çıktıları işletme bütününe ilişkin sonuçları daha nesnel bir şekilde yansıtmaktadır[173]. Yazarlar bilişim teknolojileri ile işletme performansı arasında doğrudan ilişki olmaması durumunu, nesnel olmayan bilişim teknoloji yararları ile nesnel olan işletme performansı çıktıları arasında analiz yapmanın sonucu olabilir sözleriyle dile getirmişlerdir. Diğer bir ifadeyle, bilişim teknolojilerine yönelik algılar işletme performansı ile doğrudan ilişkilendirilmektedir.

Araştırmayı destekleyen çalışmalarda farklı boyutların bulunması ana çerçevenin oluşturulmasında önemli sınırlılıklar oluşturmuş olsa da bu çalışmalardan sağlanan veriler temel yapıya zemin hazırlamıştır. Nitekim literatürde yer alan çalışmalarda kabul edilen kriterler çalışma açısından önemli birer kaynak oluşturmuştur.

Çetinkaya, bilişim teknolojisinin örgütsel performansa etkisini hizmet sektöründe üzerinde incelediği araştırmada örgütsel performans ölçümünde nicel kavramların yanında nitel kavramların da olduğunu ve bunların örgütsel performans üzerinde daha etkili olduğunu belirmektedir[174]. Çetinkaya araştırmasında diğer sektörlerde olduğu gibi konaklama sektörü, konaklama ürünü ile ilişkilendi-

---

[171] Bharadwaj, A. ve Konsynski, B.R., "Capturing the intangibles", **Information Week**, 1997, p.71-73

[172] Çetinkaya, **a.g.e.**, s. 45.

[173] D.Kwon ve F. Collopy, " The Variety in Information Technology's Impacts on Firm Performance", 2004, **MIS Quarterly**, 2004, s. 123-126.

[174] A. Şükrü Çetinkaya, "Konaklama ve Seyahat İşletmelerinde İnternet Kullanımı", **Hafta Sonu Semineri**-Turizmde Bilgi Teknolojileri, Nevşehir, 2002, s. 41.

rilmiş kendi karakteristik özelliklerine sahip olduğunu belirtmektedir. Dolayısıyla, konaklama performansında kullanılan ölçütlerin konaklama işletmeciliği ile ilgili özel aktiviteler, ürün çeşitleri ve sunulan hizmetleri yansıtması gerekir düşüncesini ortaya koymaktadır.

2.2. Bilişim Teknolojileri ve Örgüt Üzerindeki Etkileri

Bilişim teknolojilerinin stratejik kullanımları çok sayıda vaka çalışmasında açıklanmıştır. Bilişim teknolojileri kullanımı örgütlerin hem iş yapma biçimlerini hem de bu işlerin insanlarla koordine edilme biçimlerini değiştirmektedir[175].

Bilişim teknolojileri alanında yaşanan gelişmeler, işletmeler için yüksek düzeyde yeteneğe sahip çalışanları gerekli kılmıştır. Bu eğilim ileriki yıllarda da işletmelerde görülecek olan iş yapma süreçleriyle beraber işin niteliğini ve iş için gerekli yetenek türlerini değiştirmeye devam edecektir[176]. Bununla birlikte, bilgi teknolojilerine ilişkin yeteneklerin zaman geçtikçe daha önce çalışma hayatında var olan yeteneklerden daha fazla öneme sahip olması kaçınılmazdır.

Rekabetçi teori ve Bilişim Teknolojisi arasında ilişki kuran teori literatürde sıklıkla görülmektedir. Buna göre Bilişim Teknolojisi, bir firmanın rakipleri üzerinde avantaj yaratmasını ve bu avantajını sürdürmesini olanaklı kılan yaşamsal stratejik seçenekler için olanak sağlar. Bir firma müşterilerine iyi hizmet verebilmek için, maliyetlerini düşürmek için veya pazar seçimi için Bilişim Teknolojisini kullanabilir.

Ayrıca işletmeler kendi iş içeriklerini ve endüstri sınırlarını değiştirmek için de bilişim teknolojisini kullanırlar[177].

Neredeyse son yirmi yıldır bilişim teknolojilerinin çeşitli ekonomik etkileri araştırılmıştır. Bu ekonomik etkilerden en önemlileri firma verimliliği, firma karlılığı, müşteri gelir fazlası, ürün kalitesi ve çıktı seviyeleri gibi ekonomik ve sosyal verilerin bilişim teknolojilerinden etkilenme derecesi olmuştur. Tüm çalışmalar genel olarak bilişim teknolojilerine yapılan yatırımların verimliliği arttırdığını ve karlılığı ve müşterinin gelir yapısını olumlu etkilediğini bulmuştur[178]

---

[175] Fred Luthans, **Organizational Behavior** (Seventh Edition), Mc Graw Hill, 1995, pp.27-30.

[176] İraz, **a.g.e.**, p. 413.

[177] Steven F. Floyd,, A. Zahra Shaker, " The Effect Of Fit Between Competitive Strategy And IT Adoption On Organizational Performance In Small Banks", **Technology Analysis & Strategic Management**, Vol.2, No.4, 1990, p.357-372.

[178] M. Thatcher ve D. Pingry, "Understanding the Business Value of Information Technology Investments: Theoretical Evidence from Alternative Market and Cost Structures", **Journal of Management Information Systems**, 2004, c. 21, p. 81.

Bilişim Teknolojilerinin gelişimi, yönetimin onu nasıl kullanacağını öğrenmeden daha hızlı ilerlemektedir. Bilgi elde etme araçları, yöntemleri ve tekniklerindeki ilerlemelerin başarılı bir şekilde yerine getirilmesi uzun zaman almaktadır. Bilgi toplumunun büyümesiyle de, bilişim teknolojileri, ileriyi düşünen örgütler için çok önemli hale gelmiştir. Günümüzde bilgisayarların örgütlerde gerçekten çok önemli işlevler yerine getirdiğini ve günümüz yöneticilerinin en önemli yardımcılarından biri olduğunu artık herkes kabul etmektedir[179]. Bilişim teknolojileri'nin fırsatlarından yararlanmak, hemen hemen her modern örgüt için önemli konulardan biridir. İs çevresinde de bilişim teknolojileri'nin önemi son yıllarda artmıştır. İş ilişkileri ve bilişim teknolojileri birbirinden izole edilmiş elemanlar değildir. Bilişim teknolojileri yatırımı ve örgütün diğer sahip oldukları arasında direkt bir ilişki vardır[180]. Bu durum bilgisayarların olağanüstü sayılabilecek hesap yapma kabiliyetlerinden gelmeyip, yönetim sistemlerinin bir parçası haline gelmesinden kaynaklanmaktadır.

Yöneticiler örgütlerdeki her türlü faaliyeti artık günlük olarak takip etmek ve örgütleri bu bilgilere dayanarak yönetmek gereğini duymaktadırlar. Yönetim Bilişim Sistemleriyle yöneticiler her türlü bilgiyi istenen düzeyde takip etmek ve bilgisayar ekranlarından bu bilgileri görebilmek imkânına kavuşmuşlardır[181]. Bu sayede yöneticiler, yönetiminden sorumlu oldukları örgütlerin nabzını her an ellerinde tutabilmektedirler. Bilişim teknolojileri'nin son avantajları (örneğin bilgisayar donanım, yazılım ve iletişim araçları) verinin çok hızlı, doğru, mükemmel, ekonomik ve esnek bir şekilde toplanılmasını, iletilmesini, kaydedilmesini, islenmesini, geri getirilmesini ve gösterilmesini sağlamaktadır.

Bilgisayar ve iletişim teknolojilerindeki gelişmeler bilgisayar ağlarının geleceğini belirleyen en önemli faktördür. Bu gelişmeler yerel alan ağlarından çok uluslu işletmelerde küresel AR-GE ağlarının mühendisler, ürün yöneticileri ve pazarlama uzmanlarının ürün geliştirme amaçlı koordinasyonda kullanılmasına kadar geniş bir alana yayılmaktadır.

Faks, elektronik posta, elektronik veri değişimi, video konferans ve çoklu ortam kullanımı bilişim ve iletişim teknolojilerinin üretim ve dağıtımın farklı coğrafi bölgelerden koordinasyon ve kontrolünde anahtar rol oynamalarına imkân sağlamaktadır[182].

---

179 A. Soysal, **Bilgisayar Destekli Yönetim Sistemleri**, MESS Yayınları, İstanbul, 1989, s.8.

180 Soysal, **a.g.e.**, s.24.

181 Keri, **a.g.e.**, s. 163.

182 Bahadır Akın,, **Yeni Ekonomi: Strateji, Rekabet ve Teknoloji Yönetimi**, Çizgi Kitabevi, 2001, s.14.

Bilişim teknolojileri'nin örgüte gelişi bir yenilik olarak düşünülebilir. Tüm örgütler; bir görüş olarak, teknik, yapısal, psikolojik, hedefler/değerler ve yönetim olarak beş bölümden oluşur. Bunlardan birinin değişmesi diğerlerinin değişmesine neden olur. Artan küresel rekabetle, yöneticiler bilişim teknolojilerinin iş değerini yükseltmede, işlerin tekrar tasarlanmasında etken bir araç olarak görmektedirler.

Bu nedenle bilişim teknolojileri; örgütün işlevlerini, çalışma biçimini ve gerek müşterileri ile gerek rakipleri ile ilişkilerini ve mevcut konumunu aktif bir şekilde etkilediği için örgüt stratejisi oluşturmada önemli bir faktör olarak karşımıza çıkmaktadır. Şekil 2.1'de de görüldüğü gibi bilişim teknolojileri, örgüt stratejisi ve iş süreçleri karşılıklı etkileşim içerisinde bulunmaktadırlar.

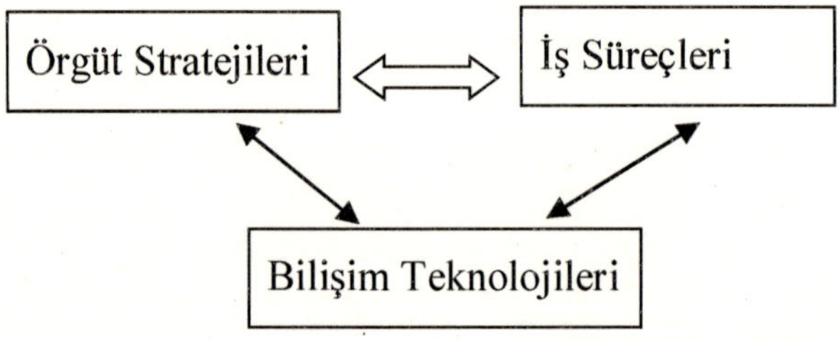

Şekil 2.1. Bilişim Teknolojisi ve Örgüt Stratejisi İlişkisi

Kaynak: Davis B GORDON ve scott HAMILTON S. Managing Information: How Information Impact Organizational Strategy, IRWIN, Richard D., Professional Pub. New York, 1993, p.3.

Bilişim teknolojileri genel olarak örgüt stratejilerini aşağıdaki yollar ile desteklemektedirler[183]:

- Mal ve hizmet farklılaşması,
- Düşük maliyetli üretici olarak,
- İş hacminde artış sağlayarak,
- Ürün ve iş süreçlerinde yenilik sağlayarak,
- •Müşteriler ve tedarikçilerle etkili iletişim olanağı sağlayarak,
- Potansiyel pazarlara odaklaşma olanağı sağlayarak.

2.2.1. Bilişim Teknolojileri ve Örgütsel Etkileri

Dünyamızda bir çığ gibi çoğalan ve hemen hemen her yerde yaygın bir şekilde kullanılan bilgisayarlar, günümüzde her çeşit örgütte önemli bir görev üstlenmiştir. Bilgisayarların sayılamayacak kadar çok özelliği ile örgütlerin

---

[183] Davis B. Gordon, Scott Hamilton, **Managing Information: How Information Impact Organizational Strategy,** IRWIN, Richard D., Professional Pub. New York, 1993, p.5.

yapısında daha etkin ve çabuk karar almak vazgeçilmez bir araç haline gelmiştir. Örgütler de "etkin ve hızlı karar alma" süreçlerinin her kademesinde bilgisayarları kullanmaya başlamışlar, bilgisayarlar örgütlerin bu anlamda bir parçası olmuştur. Modern örgüt teorileri, örgütleri açık birer sistem olarak ele almakta ve bunların sürekli olarak çevre ile etkileşim halinde olduğunu kabul etmektedir.

Değişim, kaynağı ister bilgi teknolojileri alanında yaşanan gelişmeler, ister sosyo- ekonomik gelişmeler, isterse politik oluşumlar olsun bunların örgüt ile bütünleşmesinde ve uyumunda atılması gereken stratejik adım öncelikle örgütsel değişimi bir "yeniden düzenleme" olarak değil değişim mühendisliğini uygulama olarak kabul etmektir.[184] Günümüz çağdaş ticari işletmelerinde yatay ve esnek bir yapı, daha az hiyerarşik örgütlenme, insan merkezli yönetim, özel pazarlarda müşteriye göre uyarlanmış mal ve hizmetleri eşanlı olarak müşteriye ulaştırabilecek şekilde uzmanlaşmış bir yapı söz konusudur.[185] Bilgi sistemlerinin örgüt yapısı ve iş süreçleri üzerindeki etkilerine karşılık, örgüt yapısı ve iş süreçlerinin de bilgi sistemleri üzerinde etkisi bulunmaktadır. Dolayısıyla, bilişim sistemleri örgütün yapısına uyacak şekilde tasarlanmalıdır.[186] Bilgi sistemlerinin iş süreçleri üzerinde hızlandırma, kolaylaştırma, yeniden yapılandırma ve kuruluşların çalışma biçimlerini bütünüyle değiştirme etkileri vardır.

Hızlandırma etkisi, iş sürecini hiç değiştirmeden, elle yapılan işlerin "makineleştirilmesi" veya otomatik hale getirilmesini ifade etmektedir. Hızlandırma işlevi olan otomasyon süreçlerinde de yöntemler, tutulan bilgiler, yapılan işler hep aynıdır. Farklı olan, bilgisayar desteğiyle sürat ve güvenilirliğin sağlanmasıdır. *Kolaylaştırma etkisi*, iş sürecinde bazı aşamaların birleştirilmesi ya da ayrılması, bilgi tekrarının ortadan kaldırılması gibi yollarla işe "akılcı" bir nitelik kazandırılmasını ifade etmektedir. Her birimin ayrı defter tutması yerine, ortak veri tabanından bilgi çekilmesi, işin yöntemini değiştirmemekte ancak etkinliğini ve verimliliği artırmaktadır. *Yeniden yapılandırma etkisi* ise, işin yapılma tarzının değiştirilmesi anlamına gelmektedir. Bu, kimi zaman personel sayısının azaltılması anlamına da gelmektedir. Gereksiz işlemlerin ortadan kaldırılmasıyla hem işin niteliği yükseltilmekte hem de verim artmaktadır.[187]

Bilişim teknolojileri üretilen mal ve hizmetlerin türünü, bireylerin örgütsel davranışlara olan beklentilerini, örgütte yerine getirilen işleri ve hatta örgüt

---

[184] Bengshir, **a.g.e.**, p. 43.

[185] Laudon ve Laudon, **a.g.e.**, p.55.

[186] Hicks**, a.g.e**, p.40.

[187] G. Nassimbeni, "**Technology, Innovation Capacity, and the Export Attitude of Small Manufacturing Firms:** A Logitrtobit Model", **Research Policy**, 2001, s. 30

yapılarını değiştirebilecektir. Bilişim teknolojilerinin bu alandaki genel etkileri şu şekilde sıralanabilir[188]:

- Bilişim teknolojileri organizasyonların işlem süreçlerini değiştirmiş ve değiştirmeye de devam etmektedir. Bununla birlikte, Bilişim teknolojileri, organizasyonel performansa ilişkin kültürel beklentileri de değiştirmeye başlamıştır.
- Beyin gücü kas gücünden çok daha önemli duruma gelmiştir. Günümüzde ürün ve hizmetlerin çoğunluğu bilişim teknolojileri ve yeni bilgilerle donatılmış organizasyonlar tarafından üretilmeye başlamıştır. Günümüzde organizasyonların çoğunluğunda çalışanların performansı kas güçlerinden daha çok beyin güçlerine göre değerlendirilmeye başlanmıştır.
- Organizasyonlar hiyerarşik yapıdan daha yalın bir yapıya sahip olmaya başlamıştır. Organizasyon üyeleri bireysel olmaktan çok grup çalışmalarına yönelmişlerdir. Öte yandan, bilişim teknolojilerinin yaygınlaşmasıyla mavi yakalı işçilerin yerini alan, profesyonel ve teknik sınıftan oluşan "bilgi işçileri"ne uygulanan denetim daha zayıf bir hale gelmiştir.
- Toplum ve Kültür Üzerindeki Etkisi: Bilgi teknolojileri toplumları, uluslar arası ilişkileri de etkilemektedir. Bilgi teknolojilerinin kullanılmaya başlanmasıyla yepyeni ahlaki, politik, sosyal ve kültürel değerler ortaya çıkmaya başlamıştır.

Bilişim teknolojileri organizasyonların üretkenliğini etkilemektedir. Bilişim teknolojileri yatırımları pozitif ve değişimi destekleyen bir yapı gösterir ve böylece ülkenin ekonomik büyümesine de katkıda bulunur[189].

2.2.1.1. Bilişim Teknolojilerinin Örgüt Yapılarına Etkisi

Bilişim teknolojisi, işletmelerde örgüt yapısına, süreçlerdeki izlenen yol ve göreve ilişkin ve insan kaynaklarıyla alakalı olarak yeni iş tanımları, yeni beceriler, vb. değişiklikler yapılmasını gerekli kılabilmektedir. Çünkü bilişim teknolojisi stratejisinin örgütün işletme stratejisiyle uyumlu olması ve işletme stratejisinin

---

[188] R. İraz, "Organizasyonlarda Karar Verme ve İletişim Sürecinin Etkinliği Bakımından Bilgi Teknolojilerinin Rolü", Selçuk Üniversitesi Karaman İktisadi ve İdari Bilimler Fakültesi, 2008, s. 413. http://www.sosyalbil.selcuk.edu.tr/sos_mak/makaleler/Kararverme.pdf, 13 Mayıs 20011

[189] J. Dumagan ve G. Gıll, "Industry Level Effects Of Information Technology Use On Productvity And Inflation", **Digital Economy**, 2002, p.31- 40.

de bilişim teknolojisiyle uyumlu olması, birbirinden ayrılmaması gerekmektedir[190].

Bilişim teknolojileri ile birlikte örgüt yapıları değişmekte ve daha yatay duruma gelmektedir. Organizasyondaki güç, paylaşılır duruma gelmektedir[191].

Örgütsel yapı ile strateji arasında bir ilişki vardır. Strateji, örgüte istikamet vermek ve rekabet üstünlüğü sağlamak amacıyla örgütün geçmişteki başarıları, içinde bulunduğu durumu ve gelecekte yapmak istedikleri faaliyetleri planlama ve buna ilişkin gerekli araç ve kaynakların düzenlenmesine yönelik uzun dönemli bir süreçtir[192]. Strateji bir anlamda örgütün en genel anlamdaki planıdır ve orta ve alt düzeydeki planlar açısından bir genel çerçeve, temel alınması gereken bir yapı taşı niteliğindedir[193].

Strateji sayesinde, giderek farklılaşan, birbirinden ayrılan bölümler ortak bir hedef etrafında birleşmekte ve böylece örgüt içinde bir bütün olarak ortak amaca yönelme ve tutarlılık sağlanmış olmaktadır. [194]

Bir örgütün stratejik kararları bu örgütün yapısını etkilemektedir. Örgütsel yapı da örgütteki karar alma sürecini yansıtmaktadır [195]. Yapıyı değiştirmek, bunun arkasında yatan karar alma sürecini de değiştirmeyi zorunlu kılmaktadır. Karar alma süreci değiştirildiğinde belki de öncelikle örgütsel yapının değiştirilmesi gerekmektedir.

Yaklaşık 20 yıl kadar önce belirtildiği gibi günümüzde de bilişim sistemleri yazını incelendiğinde birçok bilişim sistemi, örgüt yapısı ve karar verme etkileşimi üzerine çalışmalar olsa da bu etkileşimin nasıl olduğuna yönelik genelleştirilmiş araştırma bulgularını ortaya koymak güçtür. Buna rağmen bazı yazarlar bu etkileşim için daha belirgin görüşler ileri sürmektedirler.

---

[190] D. Tapscott, A. Caston, **Paradigm Shift: The New Promise Of Information Technology,** New York: McGraw-Hill., 1993, p. 165.

[191] V. Mills, "The Effects of Information Technology on Intra-Human Communication in the Workplace", **DSTO Systems Sciences Laboratory**, 2002, p.11.

[192] J. Moncrieff, "Is Strategy Making a Difference?", **Journal Of Long Range Planning**, Vol. 32, No. 2,1999, pp.274.

[193] M. E. Porter, **Towards a Dynamic Theory of Strategy, Strategic Development Methods and Models**, Edited by: Robert G. Dyson, Frances A. O'Brien, John Wilay & Sons Ltd. England, 2001, p. 81.

[194] E. Eren, **İşletmelerde Stratejik Yönetim ve İşletme Politikası**, Der Yayıncılık, İstanbul, 2000, s.19.

[195] J.F Durocher, N.B. Niman, "Information Technology Management Effectiveness and Guest Services", **Hospitality Research Journal**, 17 (1),1993, p. 121-131.

Teknoloji ile örgütsel karar alma ve tasarım arasındaki bağlantı, örgütsel yapı araştırmalarınca birçok çalışmaya konu olmuştur. Teknolojinin görev tanımlarını etkilediği seklindeki mantıksal bir beklenti, sayısız çalışma için geçerlidir. Teknoloji kullanımı, is tasarımı, is karmaşıklığı ve bağımlılığı üzerinde önemli etkilerde bulunmaktadır [196].

Bilişim sistemleri; işletmeleri, geçmiştekinden daha fazla bilgi ye, öğrenmeye ve çalışanların bireysel karar almalarına bağımlı olacak şekilde değiştirmektedir. Geleneksel yönetim; genelde biçimsel planlara, yapılandırılmış iş bölümüne, biçimsel kurallara ve sadakat ve bağımlılığı teşvik eden bir nitelik göstermektedir. Buna karşılık, bilişim sistemlerine dayalı yeni yönetim anlayışı, hedefleri belirlerken biçimsel olmayan taahhütler ve ağlara, bireysel ve takım olma durumuna göre esnek iş gücü düzenlemesine, personeller arası koordinasyonu sağlamada müşteri odaklanmasına ve işletmelerde işlerin düzgün gitmesinde profesyonelliği ve bilişimi teşvik eden bir nitelik göstermektedir. Örgütlerdeki bu yeni yapılanma ve iş anlayışını gerçekleştirmek bilişim sistemleri olmaksızın neredeyse olanaksızdır[197].

Bilişim sisteminin; merkezi olması, dağıtımlı olması ya da bağımsız birimlerden oluşan nitelikte olması, iş süreçleri üzerindeki sıralanan bu etkiler çerçevesinde, doğrudan doğruya örgütsel yapı ve işleyiş üzerinde belirleyici olmaktadır. Birimler arasındaki iletişim ve bilgi paylaşımı, kuruluşun "dolaşım sistemi" olarak görülmektedir. Bu dolaşım, denetimli, sıradüzene bağımlı ve kesin kurallarla tanımlı ve aynı zamanda bütünüyle özgür ve açık nitelikte de olabilmektedir.

İş süreçlerinin bilişim sistemlerine etkisi açısından bakıldığında, örgütler için bilişim sistemlerinin amaç değil araç olduğu görülmektedir. Amaç, bilişim sisteminin içinde kurulduğu kuruluşun stratejilerinin en etkin ve verimli biçimde gerçekleştirilmesidir. Buradan anlaşılacağı üzere, önce kuruluşun stratejisi saptanmakta, sonra o stratejiye yönelik hedefler seçilmektedir. Bu hedeflere yönelik olarak gereken bilişim sistemleri de bu doğrultuda oluşturulmaktadır.

Örgütsel yapıların değişmesi, bilgi yönetimin ön plana çıkması, insanları ikna etmenin güçleşmesi, hem katılımcı demokrasinin gelişmesi artık karizmatik liderliğin yerini bilgi toplumu liderliğe bırakmasına neden olmaktadır. Artık örgütlerin etkinliğinin sağlanabilmesi için liderlerin bilgiyi yönetebilmeleri

---

196 Susan Y. Clemmons, "The Impact of Information Technology on Organizations: A Study of Enterprise Resource Planning System Influences on Job Design and Organization Culture", Business Administration, **Florida International University**, vol 3, Miami, FL, 2005, p.6.

197 Laudon ve laudon, **a.g.e**, s. 88.

çalışanları oranında bilgi teknolojilerini teşvik etmeleri ve örgütlerini öğrenen örgüt haline dönüştürebilmeleri gerekmektedir[198].

Bilişim teknolojileri kullanıldığı örgütlerde, yapısal değişimlere neden olmaktadır. Örgüt yapısındaki bu değişimler genellikle örgütün kontrol yapısında, düzey ve departman sayısında, denetim mekanizmasında ve otorite mekanizmasında görülmektedir. Bu alanlardaki değişimler üzerinde durulacaktır.

2.2.1.1.1. Bilişim Teknolojilerinin Faaliyetler Üzerindeki Etkileri

Bilişim teknolojilerinin Yöneticiler ve çalışanların yönetsel faaliyetleri üzerinde etkileri Tablo 2.4'te verilmektedir.

Tablo 2.4. Bilişim Teknolojilerinin Yöneticiler ve Yönetsel Faaliyetler Üzerindeki Etkileri

Bilişim Teknolojilerinin Yöneticiler ve Yönetsel Faaliyetler Üzerindeki Etkileri
Merkezi bilgi bankası, hızlı hesaplama yetenekleri ve hazır programlar sayesinde yöneticilerin bilgi talepleri daha hızlı karşılanabilmektedir.
BT sayesinde yöneticilerin geleceği yönelik öngörüleri ve kararlarının tutarlılığı ve doğruluk oranında artış olmaktadır.
BT sayesinde yöneticiler ihtiyaç duydukları bilgiler istedikleri biçimde ve zamanında elde edebilmektedirler.
BT personel takibini ve verimliliğini daha kolay kontrol olanağı sağlayarak personel giderlerinde düşüş sağlamaktadır
BT işletmelere piyasa etkinliği avantajı sağlamaktadır.
BT yöneticilere bölümler asarı işbirliği ve koordinasyonu arttırma olanağı sağlayarak daha düzenli bir yönetim anlayışına olanak sağlamaktadır
BT personel takibini ve verimliliğini daha kolay kontrol olanağı sağlayarak personel giderlerinde düşüş sağlamaktadır
BT yöneticilere zaman tasarrufu olanağı sağlamakta ve bu sayede yöneticilere diğer faaliyetlere daha fazla zaman ayırabilme olanağı sağlamaktadır.
BT Yöneticilere rakiplerini daha kolay takip olanağı sağlayarak rekabet avantajı sağlamaktadır.
BT işletmede sürekli veri toplama, analiz etme, istatistiksel yöntemleri kullanarak verileri yorumlama ile avantaj sağlayarak yöneticilere sistematik çözüm üretebilme olanağı sağlamaktadır.
BT yöneticilere bilgiyi hızlı ve etkin bir şekilde kullanma olanağı sağlamaktadır.
BT yöneticilere zaman tasarrufu olanağı sağlamakta ve bu sayede yöneticilere diğer faaliyetlere daha fazla zaman ayırabilme olanağı sağlamaktadır
BT yöneticilere sürekli pazar analizi yapabilme olanağı sağlamaktadır
BT yöneticilere yeni yaklaşımlar deneme olanağı sağlamaktadır.

Kaynak: Mahmut Tekin vd., Değişen Dünyada Teknoloji Yönetimi, Damla Ofset, Konya, 2000.

---

[198] Hasan Gül, "Bilgi Toplumu Karizmatik Liderliğin Sonu Olur Mu?" **2. Ulusal Bilgi Ekonomi Ve Yönetim Kongresi Bildiriler Kitabı**, Kocaeli Ü., İ.İ.B.F., İzmit, 2003, s.771.

2.2.1.1.2. Bilişim Teknolojilerinin Örgütsel Kontrol Üzerine Etkisi

Örgütler, özellikle etkin ve hızlı karar almak amacıyla bilgisayarları organizasyonel iletişim süreçlerinin her kademesinde kullanmaya başlamışlardır. Bu sayede bilgisayarlar organizasyonların önemli bir parçası haline gelmiştir[199].

Bilişim teknolojileri örgütlerde daha önce insan tarafından yapılan kontrol işlerini üstlenerek hata yapma olasılığını azalmaktadır. Kontrol işinin bilişin teknolojileri vasıtası ile yapılması sayesinde birey davranışları daha sıkı takip edilebilmekte ve personel daha yakından denetlenebilmektedir. Bilişim sistemleri aracılığıyla yapılan kontroller nedeni ile yetki ve kontrol arasındaki açıklığın kaybolması olarak görülmektedir.

Bilişim teknolojilerinin otorite ve kontrol üzerindeki etkisini özellikle örgütlerin operasyonel düzeyinde çalışan personelin davranışlarını olumlu etkilediği görülmektedir.

2.2.1.1.3. Bilişim Teknolojilerinin Yönetsel Süreçlere Etkisi

İşletme yönetimin de bilgisayar kullanımının söz konusu olmadığı dönemde yöneticilerin genel eğilimi daha çok yetkinin alt düzeye dağıtılması ya da merkez kaç bir yönetim yönündeydi. İşletmeler büyüdükçe yöneticiler şu üç seçenekten birini benimsemek zorunda kalıyorlardı.

- Gereken bilginin alt düzeylerden gelmesini beklemek,
- Tecrübe, içgüdü ve tahminlere dayanarak gerekli bilgiyi almaksızın karar alıyorlardı,
- Karar verme yetkisini daha çabuk ve bilgili biçimde hareket edebilecek olan orta ve alt düzeydeki yöneticilere devretmek zorunda kalıyorlardı.

İşletmeler karmaşıklaştıkça üçüncü seçeneğin seçilme olasılığı artmaktaydı. Bilgisayarların yeteneklerinin geliştirilmesi ve iyi bir bilişim sisteminin kurulmasıyla, yöneticilere bilgiler elektronik hızlarla iletilebilmekte, böylece olaylara tepki süresi büyük ölçüde azalmakta, merkezkaç ve yetki devri de önemini kaybetmektedir. Bilişim sistemleri önceden alt düzeylerde olan yetki ve denetimin üst düzeylerde toplanmasına olanak sağlıyorsa da bilgi çıktısının alt düzeylerdeki yöneticilere kararlarında yardımcı olması için verilmesine de olanak sağlamaktadır. Bundan dolayı hem merkezcil hem de merkez kaç örgütleme anlayışını destekleyebilir[200].

---

[199] N. Ada, "Örgütsel İletişim ve Yeni Bilgi Teknolojileri; Örgütsel İletişim Ağları", **Ege Akademik Bakış**, 7(2), 2007, s. 551.

[200] Hayri Ülgen, **İşletme Yönetiminde Bilgisayarlar,** İstanbul, 1990, s. 220-221.

Yönetim faaliyeti içerisinde çok önemli bir yeri olan koordinasyon faaliyeti bilgi teknolojisi sayesinde verimliliği arttırıcı bir rol oynamakta ve örgütler için sinerji kaynağı oluşturmaktadır[201].

Örgütlerde bilgi sistemlerinin geliştirilmesi ve verimli kullanılması işletmenin bütün kademelerinde bilişim teknolojileri kullanılması ile gerçekleşmektedir. Bilişim teknolojilerinin yöneticilere sunduğu en önemli olanaklardan olan yönetim bilişim sistemleri, örgütlerde işleri, yönetimi, analiz ve karar fonksiyonlarını desteklemek maksadıyla bilgi sağlayan bilgisayar ve kullanıcılardan oluşan bütünleşik bir sistemdir[202].

Basit bir şekilde ele alınacak olursa bilişim sistemlerinin örgüt yapılarına etkilerini aşağıdaki gibi belirtilebilir [203]:

- Üst ve alt bölümler arasındaki iletişimi daha verimli kılacaktır.
- Orta kademe yönetimin bilgiyi süzerek üst kademelere taşımasına olan ihtiyaç azalacaktır, örneğin orta kademe ile üst kademe yönetim isleri birleşebilir.
- Yönetim tarafından yapılan isler daha fazla yapılandırılmış hale gelecektir.
- BS, hem merkezi hem de merkezi olmayan örgütleri kendi içsel yapılarına bağlı olarak destekleyebilmektedir.
- Beyaz yakalı çalışanların islerinin eskiye kıyasla daha fazlası, bilgisayara ve iletişim araçlarına erişimi gerekecektir.
- Elektronik ve sözlü postalar, zaman ve mekan sınırlamalarını ortadan kaldırmaktadır.

2.2.1.1.4. Bilişim Teknolojilerinin Denetim Alanı ve Örgütsel Düzeyler Üzerindeki Etkisi

Bilişim teknolojilerinin örgütsel yapılara önceleri merkeziyetçi bir yapı kazandırdığı iddia edilmekteydi. Bilişim teknolojileri kullanımının aşağı kademeye bilgi akışını arttırması ve alt kademelerinde karar alma faaliyetlerine katılım sağlayacağı görüşü yaygın olarak öngörülmüştür[204]. Bu çerçevede bilgi teknolojileri kullanımı ile örgütlerin geleneksel bürokratik-hiyerarşik örgüt

---

201 Robert Schulties, Mary Summer, **Management Information Systems: The Manager's View**, McGraw-Hill, New York, 1998, p 87-97.

202 Uğur Yozgat, **Yönetim Bilişimleri**, Beta Basım Yayım, 1998, s.155.

203 S. A. Kelkar, **Management Information Systems: A Concise Study**, New Delhi: Prentice-Hall of India, 2006, p.9.

204 J. A. O'brien, **Management Information Systems**, Richard Darwin Inc., Boston, 1993, p.459.

yapıları, esnek üretim ve uzmanlaşmaya imkan veren yapılara dönüşeceği ve özellikle post-modern yapılar diye adlandırılabilecek örgüt yapıları olarak şebeke örgüt modellerinin yaygınlık kazanacağı değerlendirilmektedir[205].

Örgütlerde bilişim sistemlerinin orta düzey yöneticilerin sayılarını azalttığı veya arttırdığını belirlemek üzerine yapılan çalışmalar bu konuyla ilgili görüşleri destekler niteliktedir[206]. Bilişim teknolojilerinin orta kademe yöneticilerin sayısını düşürmekte olduğu görüsüne güçlü bir destek vardır. Son zamanlardaki küçülmelerin açıklaması şöyledir: Küçülme devam etmekte olan ekonomik durgunluğu ve büyümekte olan uluslar arası rekabeti karşılamak için personelde indirim yapmak yöneticilerin ihtiyacı tarafından harekete geçirilir. Organizasyonlardaki bilişim teknolojileri yayılımının su anki yüksek seviyesi bu tip küçülmenin sağlayıcısıdır; bazı üst düzey yöneticiler bu bağı görmüşlerledir ve bunun üzerine harekete geçmişlerdir. Bu açıklama ampirik çalışmalarla da desteklenmektedir. Ampirik araştırmalar oldukça iyi merkezileşmiş olan örgütlerdeki orta düzey yöneticilerin sayısını düşürmek için lider yöneticilerin bilişim teknolojisini kullanma eğilimini gösteriyor ve günümüzde bu küçülmeyi yasayan örgütler ise hiyerarşik olarak yapılanmış örgütlerdir. 1993 yılında yapılan örnek olay çalışmasında küçülme yaşanan işletmeyi inceleyerek bu etkiyi ortaya koymuşlardır[207]. Örnek olay çalışmasına konu olan işletme rekabetten kaynaklanan maliyet baskılarına yanıt vermek için orta kademe yöneticilerin sayısını azaltmıştır.

Çalışmalarında da yazarlar şundan bahsetmişlerdir: bilişim sistemlerinin etkisi esasen hesaplama kararlarını kontrol edenler tarafından ve hangi ilgiliye hizmet ettiği açısından ve orta sınıf yöneticilerinin rolleri tarafından karar verilir. Bilişim sistemleri merkezileşmiş karar otoritesi ile birlikte örgütteki orta kademe yönetici sayısının düşüşünde ve karar mekanizmasının merkeziyetçi olan örgütlerde de orta kademe yöneticilerin sayısına bağlıdır.

Bilişim teknolojilerinin örgütsel yapılara getirilerinden bir tanesi de önceleri ayrı ayrı olan bilgi işleme faaliyetlerini tek bir merkezde yani bilgi işlem departmanında yapılmasına olanak sağlamasıdır. Bu sayede özellikle büyük örgütlerde mevcut olan pek çok departmanın birleştirilmesine olanak sağlanmaktadır.

Görüldüğü gibi bilgi teknolojileri kullanımı örgütlerde gerek kademe, gerek departman ve dolayısı ile denetim alanı ve personel sayısında sağladığı azalmalar nedeni ile örgüt yapısını daha az karmaşık hale getirmektedir. Bu nedenle bilişim

---

[205] H. Can, **Organizasyon Yönetim**, Siyasal Kitabevi, Ankara 1997, s.136

[206] Alain Pinsonneault, Kenneth L. Kraemer, "The Impact of Information Technology on Middle Managers, **MIS Quarterly"**, Vol. 17, No. 3, September, 1993, pp. 271-292.

[207] Pinsonneault, Alain ve Kenneth L. Kraemer, **a.g.e.**, pp.292.

teknolojileri, örgütsel yapıda sağladığı etkilerle örgüt işleyişini kolaylaştırarak verimliliği ve dolayısı ile rekabet gücünün artmasına olanak sağlamaktadır.

2.2.2. Bilişim Teknolojisi Yatırımları ve Örgütsel Etkileri

Bilişim teknolojiler, son yıllarda organizasyonların hayatta kalabilmeleri için en önemli sıraya yerleşen faktör olmuştur. Bunun sonucunda gerek üretim, gerekse de diğer alanlarda faaliyet gösteren organizasyonlar bu faktörü takip etmektedir. Genel olarak bilgisayar donanım ve yazılımlarına yapılan önemli yatırımlar ve bilişim teknolojileri ağ yapılarının globalleştirilmesi şeklinde karşımıza çıkmaktadır[208].

Bilişim teknolojileri yatırımları ekonomik üretim fonksiyonu ile değerlendirilebilir çünkü bilişim teknolojileri sermaye ve işçilikten daha fazla yarar elde edilmesini sağlayarak organizasyona değer yaratırlar. Bilişim teknolojileri yatırımlarının geri dönüşleri hem organizasyon, hem endüstri hem de ülke seviyesinde değerlendirilebilir[209].

Yeni yapılacak bilişim teknolojisi yatırımlarının değerlendirilmesi, üst düzey yöneticiler için çok önemlidir, çünkü bilişim teknolojisine ayrılan maddi kaynaklar tüm kaynaklar içinde büyük bir yüzdeye sahiptir ve bu yüzde gün geçtikçe daha da büyümektedir. Ayrıca bu yatırımların işletme performansı üzerindeki stratejik etkisi de önemini artırmaktadır. İşletmeler bilişim teknolojisinden elde edebilecekleri en yüksek performansa ulaşmak istiyorlarsa, hangi uygulamanın işletme performansına en fazla katkıyı yapacağının değerlendirmesini muhakkak yapmak zorundadırlar[210].

Bilişim Teknolojileri Yönetimi beş aşamadan oluşur. Her aşama, kendi alt aşamalarından meydana gelir ve organizasyonun bilişim teknolojileri alanında alacağı kararların olgunlaşmasını sağlar. Bu beş aşama aşağıda belirtilmektedir[211].

---

[208] Ali Celep, Cemal Zehir, Büşra Müceldili, Bülent Akyüz, "The Impact Of Information Technology Investments On Firm Performance In National And Multinational Companies", **Journal of Global Strategic Management,** june 2010, p. 144

[209] Q. Hu, J. Quan, " Evaluating the Impact of IT Investments On Productivity: A Casual Analysis At Industry Level, **International Journal of Information Management**.", vol.25, 2004, p. 39-53.

[210] B. Beşkese ve M. Tanyaş, "Bilişim Teknolojisi Yatırımlarının Değerlendirilmesine yönelik uygun yöntemin seçilmesi modeli – ERP yazılımı seçimi uygulaması", **İTÜ Dergisi**, 5(1), 2006, s. 217-227.

[211] GAO, "Information Technology Investment Management – A Framework for Assessing and Improving Process Maturity", **United States General Accounting Office**, GAO/AIMD, 2000, p.12.

• *Aşama 1: bilinç oluşturma*

Birinci aşamanın en önemli özelikleri; değerlendirmenin en başında belirlenmesi, yapılandırılmamış süreçlerden oluşması ve sürekli olmayan çıktılar oluşturmasıdır[212].

Bu aşamada, genel olarak bilişim teknolojisi kararının başarısının projede yer alan takım üyelerinin bilinçlendirilmesine bağlı olduğu vurgulanmaktadır. Bilgi teknolojilerinin başarıya ulaşacağı tahmin edilse bile bu takım içerisindedir ve takım içerisindeki bilgi paylaşılmadığı sürece başarının tekrarlanması zorlaşabilir. Bu projelerdeki çıktıların sürekli olmayan bir özellik göstermesi, projenin sorun yaşadığı durumlarda problemlerin çözümüne ilişkin organizasyonun çok kısıtlı bir becerisi bulunmasından kaynaklanır. Ek olarak, bu aşamada genel olarak işe yararları bakımından proje sonuçları değerlendirilmemektedir ve bu problemlere yol açabilmektedir[213].

• *Aşama 2: ekip kurma*

Genel olarak tekrar edilebilir ve başarılı bir bilişim teknolojisine ulaşmak için gerekli seçim süreçlerine odaklanılır. Başarılı bir bilişim teknolojileri yatırımı için öncelikle yatırım kontrol altına alınabilmeli ve böylece tahmin edilen zaman planlamasında ve bütçesinde projeler tamamlanabilir. Gerekli yatırım kontrolleri süreci bulunmadığı durumlarda, tekrarlanabilir ve ciddi analizler içeren bilgi teknolojileri projelerine nazaran bu projelerin başarısızlıkla sonuçlanması riski oldukça büyüktür. Ayrıca, gerekli kontrol süreçlerinin bulunmaması değerlendirme süreçlerinin de etkinliğini düşürür[214].

• *Aşama 3: Tam bir portfolyo geliştirme*

Bu aşamadaki temel odak noktası iyi tanımlanmış, düzenli bir bilgi teknolojileri portfolyosu kurmaktır. Yeni bilişim teknolojileri teklifleri seçip zaman planlamasına ve bütçesine göre yönetilirken aşama 3'te de bilgi teknolojileri portfolyosunun nasıl hazırlanacağı dikkate alınmalıdır. Bilgi teknolojileri portfolyosu sadece bilişim teknolojileri projeleri topluluğu olarak düşünülmemelidir.

Organizasyonun kaynaklarını bu projelere nasıl dağıtacağı, bu yatırımların organizasyona nasıl faydalar getireceği ve organizasyonun misyonuna uygun sürekli yatırım arayışı da bu portfolyoya dahildir.

---

212 L Diamond, T. Ramirez, "Overview Information Technology Investment Management (ITIM) Guidance", **GAO Performance Institute** August 26, 2004, pp26.

213 Gao, **a.g.e.**, p.13.

214 Gao, **a.g.e**, p.14.

• *Aşama 4: süreci geliştirme*

Organizasyon, bilişim teknolojileri süreçlerini ve portfolyosunu geliştirmek için değerlendirme kriterlerine odaklanır. Başarılı bir değerlendirme için kullanılan metotlardan biri kurulum sonrası gözden geçirmedir. Kurulum sonrası gözden geçirme, yatırım tamamlandıktan sonra başlatılır ve yatırımın çıktılarını baştaki planlara ve beklentilere göre değerlendirir. Bu inceleme, yatırımdan çıkarılan dersleri vurgulayarak organizasyonel öğrenmeye katkıda bulunur[215].

• *Aşama 5: BT Stratejik çıktılarını yönetme*

Organizasyon, seçim, kontrol ve değerlendirme süreçlerini tamamladıktan sonra diğer organizasyonlardan öğrenerek ve iş çıktılarını sürekli olarak geliştirmeye yönelik yaklaşımı ile stratejik çıktılarını şekillendirir.

Bir organizasyon, bilişim teknolojileri yatırımlarını diğer organizasyonlarla ya da en iyi uygulamalarla kıyaslama yoluna giderek bilişim teknolojilerindeki başarılarını izleme fırsatı edinir[216].

Bilişim teknolojileri yatırımlarının örgütsel yararları genel olarak "soyut" ve "somut" yararlar olarak değerlendirilmektedir. Somut yararlar, kurulum ile birlikte kazanılan etkinlikteki iyileşmeler olarak tanımlanabilir ve çoğu durumda ölçümlenmesi kolaydır[217]. Diğer taraftan, soyut faydaların ölçümlenmesi zordur. Bu sebeple organizasyonların çoğu bilişim teknolojileri yatırımlarının gerçek faydalarını parasal olarak ölçemedikleri için değerlendirememektedirler. Soyut faydaların, çoğu zaman en önemli faydalar olduğu da belirtilmelidir.

Bilişim teknolojileri yatırımlarının çoğunlukla değişimi yönetmek gibi stratejik nedenleri olduğu göze alınırsa birçok çıktının nicel olarak ölçümlenmesinin zor olduğu söylenebilir[218].

Bilişim teknolojileri yatırımlarının etkilerini görebilmek için dört yol olduğu vurgulanmıştır[219]:

- Maliyetlerin düşmesi: Bilişim teknolojileri yatırımı yapılmadan önceki maliyetin kurulum sonrası ile birlikte düşüş göstermesi.
- Gelirin artması: Bilişim teknolojileri yatırımları sonrasındaki gelirin önceki gelire göre artış göstermesi.

---

[215] Ramirez, **a.g.e.**, p. 40.

[216] Gao, **a.g.e.**, p.18.

[217] Celep, **a.g.e.**, p. 148

[218] T. Pisello, It Value Chain Management – Maximizing The ROI From It Investments, **Alinean llc**, USA, 2001, p.23.

[219] Ramirez, **a.g.e.**, p.44.

- Nitel faydalar: İş süreçlerinde kullanılan müşteri tatmini, çalışan işten çıkış oranı, güvende hissetme gibi nitel göstergelerin iyileşme göstermesi.
- Bilişim teknolojileri faydaları: Değişim öncesindeki bilişim teknolojileri maliyetlerinin sonradan düşmesi.

Şahin'e göre bilişim teknolojileri yatırımlarında ortaya çıkması beklenen faydalar aşağıda belirtilmektedir[220]:

- Somut yararlar
- Verimliliğin artması
- İşlem maliyetlerinin azalması
- İşgücünün azalması
- Tesis maliyetlerinin azalması
- Bilgisayar harcamalarının azalması
- Sekreterya maliyetlerinin azalması
- Soyut yararlar
- Kaynak kontrolünün gelişmesi
- Örgüt esnekliğinin artması
- Bilgiye zamanında ulaşılması
- İş tasarımının artması
- Müşteri memnuniyetinin artması
- Çalışanların motivasyonunun artması.

Bilişim teknolojilerinin yararlarını, Pink şu şekilde maddeleştirmiştir[221]:

- Kaynak paylaşımını arttırması,
- Rekabet avantajı yaratması,
- Tekrar şekillendirme işlemlerini azaltması,
- Gereksiz işleri elimine etmesi,
- Proje çıktılarını ve zamanlamayı iyileştirmesi,
- Önemli bilgi teknolojisi işlemlerinin güvenilirliğini ve güvenliğini sağlaması,

---

[220] M. Şahin, "Bilgi Sistemi Projelerinin Değeri, Uygulama Süreci ve Yönetimi", Anadolu Üniversitesi, **Yönetim Bilgi Sistemi Ders Notları**, Eskişehir, 2008, s.9.

[221] H. Pink, "The Benefits of ITIL", **Pink Elephant** Inc., 2005, p.3. http://www.livetime.com/docs/wp_benefits_ITIL.pdf, 21 Mart 2009.

- Hizmet kalitesi maliyetlerini düzenlemesi,
- İş, müşteri ve kullanıcı taleplerini karşılayacak hizmetler sağlaması,
- Merkezi süreçleri birleştirmesi,
- Geçmiş deneyimlerin öğrenilmesini sağlaması olarak düşünülmektedir.

Bengtsson, M. & Wredenberg, D.'e göre maliyetlerin ve faydaların uzun dönemli kontrolü için yönetim süreçlerinde değişiklikler yapılmalı ve değerlendirme, izleme prosedürleri oluşturulmalıdır. Bu aşamada, maliyetlerin ve faydaların açıkça tanımlanması, maliyet ve faydaların nasıl ölçümleneceğinin yollarının belirlenmesi ve değerlendirme kriterlerinin tespiti oldukça önemlidir[222].

Yatırım değerlendirme tekniklerine ek olarak farklı yöntemlerden bahsedilmiştir. Bunlar, kalite, etkinlik ve müşteri değeridir[223].

Birçok araştırma belirtmektedir ki organizasyonlar, konu bilişim teknolojilerine geldiğinde maliyet ve faydaları anlamakta zorlanmaktadır. Ciddi bir değerlendirme için bu faktörlerin tam olarak anlaşılması oldukça önemlidir.

Bu aşamada bilişim teknolojileri yatırımlarını değerlendirirken aşağıdaki prensipler ön plana çıkmaktadır[224]:

- Bilişim teknolojilerinin tek başına kattığı bir değer yoktur: sadece teknolojiye sahip olmak fayda getirmez ve organizasyona değer yaratmaz. Birçok diğer organizasyon varlığının tersine teknoloji tek başına değil, organizasyon içerisinde bir değere kavuşur.
- Bilişim teknolojileri yararları insanlara işlerini farklı şekilde yaptırdığında ortaya çıkar: Faydaların ortaya çıkması sadece organizasyon içerisindeki bireylerin, grupların veya müşterilerin ya da tedarikçilerin işlerini daha etkin bir şekilde yaptıklarında ortaya çıkar.
- İş faydalarını sadece işteki müdürler ve kullanıcılar fark edebilir: Faydaların, işlerin farklı şekilde yapılmasını sağlayan değişikliklerden ve icatlardan kaynaklanmasından dolayı işteki müdürlerin ve kullanıcıların (müşteriler ve tedarikçiler dahil olmak üzere) fark etmesi gereklidir.
- Tüm bilişim teknolojileri projelerinin çıktıları vardır fakat her çıktı bir fayda değildir: Bilişim teknolojileri projelerinin çıktıları organizasyona

---

222 M. Bengtsson, D Wredenberg, "Evaluation of IT investments. A case study of the PENG model", Jönköping University, **Jönköping International Business School**. Bachelor's thesis, 2008, p.44.

223 S. Devaraj ve R. Kohli, "The IT Payoff", **Prentice Hall**, ABD, 2002, p. 8.

224 J. Peppard,, J. Ward, E. Daniel, "Managing the Realizationof Business Benefits from IT Investments", **MIS Quarterly Executive,** March, 2007, p.10.

negatif bir etkide de bulunabilir. Yönetim için bu aşamadaki zorluk negatif çıktıları önleyerek pozitif çıktıların gerekli iş faydalarını sağlamasını sağlamaktır.

- Faydalar aktif olarak yönetilmelidir: faydalar, otomatik olarak ortaya çıkan proje çıktıları değildir. Hatta çoğu zaman, faydaların anlaşılması yatırımdan bir süre sonra olur. Bu nedenle faydaların yönetimi, teknik olarak kurulum tamamladıktan sonra da devam etmelidir.

2.3. Bilişim Teknolojisinin Örgütsel Performansa Etkileri

Bilişim teknolojisi ve performans ölçüleri arasında bağlantıları gösteren az sayıda araştırma bulunmaktadır. Performansa ilişkin belirsizliğin çok olması nedeniyle bilgi teknolojileri ile işletme performansı arasında bir nedensel bağ oluşturmak zordur.

Araştırmacılar arasında uzun sureden beridir bilişim teknolojilerinin gerçekten verimliliğe etkili olup olmadığı tartışma konusu olmuştur. 1980'lerdeki çalışmalar, bilişim teknolojileri yatırımı ile verimlilik arasında bir ilişki bulamamıştır [225]. Bu duruma, bilişim sistemlerinde "verimlilik paradoksu" adı verilmektedir. Bilişim teknolojilerinin verimlilik paradoksu teknolojideki inanılmaz gelişmelere rağmen, bilişim teknolojilerine yapılan yatırımın faydalarının üretim istatistiklerinde görülememesidir [226].

Bilişim teknolojisi ile performans ölçüleri arasındaki bağlantıyı açıklarken ortaya çıkan yetersizlik yani "verimlilik paradoksu", bilişim teknolojisinin bir örgütün performansında gerçekten belli bir farklılık yaratıp yaratmadığı sorusunun bir problem olarak hala devam etmesine neden olmaktadır. Araştırmalara göre Bilişim teknolojisi ile performans ölçütleri arasındaki ilişkiyi inceleyen modellerin çoğunluğu teknoloji ile bazı performans ölçütleri arasında doğrudan bir bağlantı olduğunu varsaymaktadır [227].

Bazı araştırmacılar yeni bilgi teknolojileri ve bilişim teknolojilerinin kullanımı ile işletme performansı arasındaki ilişkiyi inceleyen çalışmalar

---

[225] E. Brynjolfsson, ve L. Hitt, "Paradox Lost? Firm Level Evidence on the Returns to Information Systems Spending", **Management Science**, c. 42, s.4, April 1996, pp. 541-558.

[226] J. Dedrick, V. Gurbaxani ve K. Kramer, "Information Technology and Economic Performance: A Critical Review of the Empirical Evidence", **ACM Computing Surveys**, Mart 2003,. 35,2003, s. 1

[227] E. M. Silva, "Information Technology Investment", **External Report**, Kungal Tekniska Högskolan (KTH), Department of Industrial Information and Control Systems, **Royal Institute of Technology**, Stockholm, Sweden, 2001, pp. 124-132.

yapmışlardır. Bu araştırmaya göre örgütün özellikleri, işletme performansı ile yeni bilişim teknolojisi kullanımı arasında yüksek düzeyli ilişki olduğunu ve yaratıcılığı, yenilikçiliği ve gelişimi destekleyen bir örgüt kültürüne sahip olmanın işletme performansında (yüksek pazar payı, karlılık ve satışlar) olumlu bir etki ettiğini tespit etmişlerdir.[228] Yazarlara göre, firmalar daha fazla pazar odaklı hale geldikçe çabalarını isteklerini geliştirmeye odaklama eğiliminde olmaktadırlar. Yüksek Pazar odaklı yenilikçi kültüre ve biçimsel yaratıcılık prosedürleri ile pazarlama performansı (gelişmiş marka bilinci, müşteri tatmini ve sadakat) hizmet işletmelerinde yakından ilişkili olmaktadır[229].

Bilişim teknolojisi yatırımının verimlilik, gelişmiş işletme karlılığı ve müşteri değeri ile ilişkili olması gerektiğini göstermiş olan araştırmalarda bulunmaktadır[230]. Bilgi teknolojisinin verimliliği artırabildiğini ama sağlanan ek fayda ve yüksek işletme karları arasında ampirik bir bağlantının olmadığını belirtmişlerdir[231].

Bilişim teknolojisinin yararları her zaman açık veya kesin olmamakta, yararların algılanması yıllar sürmektedir. Bilişim teknolojisinin işletme performansına etkileri üzerine çalışma yapmak; çok sayıda beklenmeyen değişkenin bulunması ve örgütsel yapı ve örgütsel süreçler gibi çok sayıda harici değişken içermesi nedeniyle karmaşık bir görev olmaktadır.

Bilişim teknolojilerinin özellikle yazılım desteğinin ve bilgisayar yazılımlarındaki ilerlemenin işgücü verimliliği üzerine çok olumlu etkisi vardır. Bilişim teknolojilerinin işgücü verimliliği üzerindeki etkisi gelecekte de yüksek ve etkili olacaktır[232]. Bilişim teknolojileri yapılan sürekli yatırımlar ve sürekli gelişmeler, yazılım sektöründeki baş döndürücü gelişmeler, gelecekte bilişim teknolojilerinin işgücü verimliliği üzerinde artan verimliliğinin habercisidir. Ancak, bu gelişmeler özellikle teknoloji üreten firmaların araştırma ve geliştirme

---

228 M. Hudson, A. Smart, ve M. Bourne, "Theory and Practice in SME Performance Measurement Systems", **International Journal of Operations & Production Management**, Vol:21, 2001, pp.1101-1102.

229 J. B. Gray, S.M. Matear, ve P.K. Matheson, "Improving the Performance of Hospitality Firms", **International Journal of Contemporary Hospitality Management**, 12/3, pp.149 – 155.

230 A.H. Abdul-Gader, K. A. Kozar, "The Impact Of Computer Alienation On Information Technology Investment Decisions: An Exploratory Cross-National Analysis", **MIS Quarterly**, V.19 N.4, 2000, pp. 535-559.

231 L. Hitt, ve E. Brynjolfsson, "Productivity, Business Profitability and Consumer Welfare: Three Different Measures of Information Technology Value", **Management Information Systems Quarterly**, Vol. 20 No. 2, 1996,2000, pp. 121-42.

232 S. Oliner, ve D. Sichel, "Information Technology and Productivity: Where Are We Now and Where Are We Going", **Journal of Policy Modeling**, c. 25, 2003, pp. 477-503.

harcamaları ve yeni teknolojik gelişmelerin ekonomi içerisinde özümlenmesi ile yakından ilgilidir. Üniversiteler bilişim teknolojilerini kullanarak öğrenme sürecini ve tecrübesini geliştirmişler ve öğrencilerine yeni öğrenme imkanları sağlamışlardır. Tüm bu örnekler, bilişim teknolojilerinin firma bazında çok önemli gelişmeler yaratabileceğini ortaya koyar niteliktedir. Bilişim teknolojilerinin tüm bu verimlilik üzerine olumlu etkileri sermaye derinleşmesi (capital deepening) adını almaktadır [233].

Eğer doğru iş süreçlerine doğru bilişim teknolojileri uygulanır ise, işletme performansı oluşur. Sekil 2.2'de yer alan Bilişim teknolojilerinin değer yaratması modeli Melville ve diğerlerinden (2004) uyarlanmıştır.

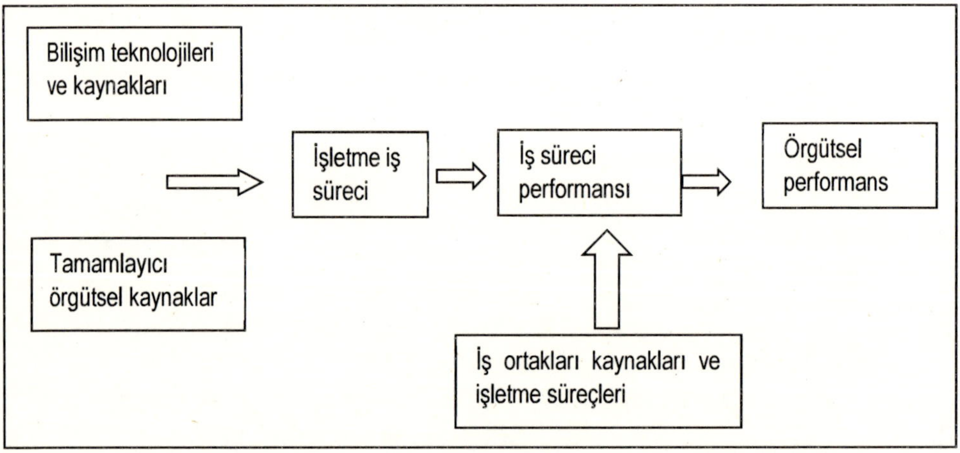

Şekil 2.2. Bilişim Teknolojilerinin Değer Yaratma Sureci

Kaynak: Melville, N., Kraemer, K. ve Gurbaxani, V. "Review: Information Technology and Organizational Performance: An Integrative Model of Business Value", MIS Quarterly, c. 28, 2004,s. 2, pp. 283-322.

2.3.1. Bilişim Teknolojilerinin Örgütsel Verimliliğe Etkileri

Bilişim teknolojilerinin 1990'lardan sonra ABD'de işgücü ve toplam faktör verimliliğindeki artışlarında temel faktör olduğu ampirik olarak birçok araştırmacı tarafından bulunmuş ve gösterilmiştir[234].

[233] J. Fernald, S. Ramnath, "The Acceleration in US Total Factor Productivity After 1995: The Role of Information Technology", **Economic Perspectives**, Federal Reserve Bank of Chicago, 1Q/2004, 2004, pp. 52-67.

[234] J. Fernald ve S. Ramnath, "The Acceleration in US Total Factor Productivity: The Role of Information Technology", **Economic Perspectives**, Federal Reserve Bank of Chicago, 2004, p. 53.

Bilişim teknolojilerinin verimliliğe etkisi firmadan, firmaya, endüstriden, endüstriye farklılık göstermektedir. Bilişim teknolojileri rekabetçi olmayan ve aşırı düzenlenmemiş endüstrilerde daha önemli verimlilik artışına yol açmaktadır. İşletmelerin iş yaparken yaptıkları yenilikler, işlerin akış şekilleri, çalışma alanlarının düzenlenmesi işletmelerin yapılarına göre farklılık göstermektedir bundan dolayı verimlikte bilişim teknolojileri önemli paya sahiptir[235].

Bilişim teknolojilerini uyguladıktan sonra işletmeler bu teknolojileri kullanacak nitelikli elemanları yetiştirmek için zaman harcamaktadırlar[236]. Aynı zamanda iş görenlerini yeniden organize ederek bu teknolojilerden en fazla faydayı sağlamaya çalışmaktadırlar.

Bilişim teknolojileri iletişimi, kararların etkinliğini ve doğruluğunu, işletme süreçlerinin esneklik ve verimliliğini, işletmenin ürettiği ürünlerin kalitesini arttırmakta, müşteriye en iyi şekilde tatmin imkanı vermekte ve işletmenin piyasadan gelen taleplere cevap vermesindeki hızı yükseltmektedir. İşletmelerde bilişim teknolojilerinin verimliliğe etkisi önemli boyutlarda olmuştur. Üretim teknolojileri örgütsel bilişim teknolojileri ile üretim işletmeleri için önemli sürdürülebilir rekabetçi avantaj sağlamışlardır[237].

Özellikle, yeni internet temelli teknolojiler endüstrilerdeki rekabetin niteliğini ve yapılan işin özelliğini ve işletme yapısını değiştirmiştir. Bunun en güzel örnek olarak, ABD'de birçok endüstri önemli avantaj sağlamış olmasını gösterebiliriz. Günümüzde tedarik zinciri boyunca üretim işletmelerinin bilişim teknolojileri ile kesintisiz ve etkin bir bilgi akışı sistemi kurmaları, üretim işletmelerinde verimlilik konusunda önemli faydalar sağlamıştır.

Günümüzde hızlı, daha güçlü ve daha ucuz bilgisayar sistemleri ve bilgisayar ağları günlük bireysel yaşantımız gibi, firmaların faaliyetlerini de değiştirmiştir ve gittikçe artan bir verimlilik getirmiştir. 1990'ların sonuna doğru ABD'de artan verimliliğinin %80'i bilişim teknolojisi sonucu oluşmuştur[238]. Yerinde kullanılan bilişim teknolojileri, üretim işletmelerine artan esneklik, gelişen rekabetçi avantaj ve daha etkin küresel faaliyetler için imkanlar sunmaktadır. Verimlilik ölçülmesi güç bir kavram olmasına rağmen, kişisel bilgisayarların bireysel verimlilik üzerine önemli etkileri olduğunu söylemek

---

[235] M. Baily,"Recent Productivity Growth: The Role of Information Technology and Other Innovations", **FRBSF Economic Review**, 2004, p.36.

[236] Baily, **a.g.e.**, p. 36.

[237] K. Kangas, Business Strategies for Information Technology Management, **IRM Press**, 2003, p.45.

[238] Kangas, **a.g.e.**, s. 45.

yanlış olmayacaktır[239].

Bilgisayar teknolojilerindeki hızlı gelişme, hızlarının sürekli artması buna karşın maliyetlerindeki önemli ucuzlamalar, kişisel bilgisayarların işletmelerde yaygınlaşması sonucunu doğurmuştur.

2.3.2. Bilişim Sistemlerinin Örgütsel Etkinlik Üzerine Etkileri

Bilişim sistemlerinin örgüt yapılarına etkileri konusunda öncelikle Batra'nın bilişim sistemlerinin örgütsel etkinliği nasıl sağladığı konusundaki görüşlerine yer verilecektir.

Batra, YBS etkileri ve bu etkilerle nasıl örgütsel etkinliğin sağladığını aşağıdaki gibi sıralamaktadır[240]:

a) BT'nin örgütler üzerine direkt etkisi ilgili kişilere zamanında ve ilgili konularda uygun bilgi sağlamak, iş akısı ve is tasarımı yordamlarının kolay ve adımlarına uygun yürütülmesi sağlamak ve örgütteki işlevsel esnekliği sağlamaktır.

b) BT'nin zamanında ve ilgili konularda bilgi sağlama yeteneği örgüt içi ve örgüt dışı birimlerle olan iletişimin artmasına yardımcı olur.

c) BT'nin örgüt içi iletişimi ve dış birimlerle olan iletişimi artırma yeteneği üst, orta ve alt kademe yönetim seviyelerinde karar verme kalitesini arttırma olanağı sağlar.

d) BT'nin yordamları kolay ve elverişli hale getirme, iş akışları ve is tasarımlarını düzenleme ve işlemsel esneklik sağlama yeteneği, örgüt içi ve örgüt dışı birimlerle iletişim olanaklarını arttırma imkanı ile birlikte izleme ve kontrol metotlarındaki olanakları geliştirir.

e) Çeşitli seviyelerdeki karar verme kalitesinin gelişmesi izleme ve kontrol metotlarındaki gelişme ile beraber katılımcı yönetimin edinilmesi, isgücünün rasyonelleştirilmesini ve örgütteki hiyerarşik seviyelerin sayılarını azaltmasına olanak tanır.

f) Yukarıda belirtilen yapısal değişimler karar vermede hem merkeziyetçi hem de merkeziyetçi ve örgüt için yenilikçi yapısal formların oluşturulmasına kolaylık sağlar.

---

239 U. Özen, "İşletme Faaliyetlerinde Kişisel Bilgisayar Kullanıcıların Verimliliğe Etkisi Üzerine Bir Ampirik Çalışma", **EKEV Akademi Dergisi**, Yaz 2003, c. 7, s. 16, ss. 231-245.

240 Surinder Batra, "Impact of Information Technology on Organizational Effectiveness: A Conceptual Framework Incorporating Organizational Flexibility, **Global Journal of Flexible Systems Management,** Jan-Jun 2006, Vol. 7, No. ½, 2006, pp. 15-25.

g) BT'nin yapısal etkileri örgütün coğrafi olarak genişlemesini kolaylaştırır, dış birimlerle iletişimi arttırır ve örgütün çeşitli birimleri arasındaki işlemlerin görevdeşliği yükseltir.

h) Bu etkiler böylece örgütün müşteri hizmetlerinin iyileştirilmesine ve rekabetçi bir avantaja dönüştürülmesine yardımcı olur.

i) Yukarıdaki etkiler örgütün amaçlarının başarılmasına katkıda bulunur, örgütün çevresine uyum sağlama yeteneğini arttırır ve örgütsel hedefler ile personelin kişisel hedefleri arasındaki uyumu artmasına yardımcı olur.

j) Böylece, BT'nin etkilerini göz önüne alındığında bütün etkiler örgütsel etkililikle sonuçlanır.

2.3.3. Örgütsel Performans ve Bilişim Teknolojisi İle İlgili Çalışmalar

Literatür taraması yapıldığında genel olarak Kobi'lerde bilişim teknolojileri kullanımının örgütsel performansa olan etkilerini ele alan çalışmalar bulunmaktadır.

Bu çalışmalarda genellikle bilişim teknolojisinin ekonomik etkilerini firma ya da endüstri düzeyinde incelemişler ve bu incelemeler sonucunda genel anlamda bilişim teknolojileri kullanımının örgütsel performansı olumlu yönde etkilediği sonucuna varmışlardır. Yanı sıra olumsuz sonuca ulaşan çalışmalarda mevcuttur. Bu bölümde önce bilişim teknolojileri ile örgütsel performans arasında ilişki bulunamayan çalışmalar daha sonra da bilişim teknolojileri ile örgütsel performansı arasında ilişki olduğunu belirten çalışmalardan elde edilen sonuçlara değinilecektir.

Literatürde bilişim teknolojisi ve örgütsel performans arasında ilişki olmadığı sonucuna varan bir kaç çalışma mevcuttur. Bunlar:

Strassmann (2002), çeşitli bilgi teknolojileri oranları ile performans ölçütleri arasında korelasyon yoktur. Bu durum son 20 yıldır değişmeyen bir durumdur.[241]

Kivijarvi ve Saarinen (1995), 200 firma üzerinde yapılan araştırmada; çok yüksek düzeylerde bilgi teknolojilerine harcama yapma ile işletme karları arasında hiçbir ilişkinin olmadığı saptanmıştır.[242]

---

[241] P.A. Strassman, "The persistence of the computer paradox. A critique of effort to disprove the computer paradox.", **The Information Economics Press**, New Canaan, CT, 2002, p. 132.

[242] H. Kivijarvi ve T. Saarinen," Investment in Information Systems and the Financial Performance of the Firm.", **Information & Management Journal**, vol:28., 1995, p.145

Literatür taraması yapılırken, daha çok bilişim teknolojisi ve örgütsel performans arasında ilişki olduğu sonucuna ortaya koyan çalışmalara ulaşılmıştır. Kısaca bu çalışmalardan bahsedecek olursak;

Northrop, Kraemer, Dunkle ve King (1990),devlet organizasyonlarında bilgisayarlı otomasyona geçiş sürecinde yapılan ödemeler üzerine yaptıkları araştırmada, en çok ödemenin Bilginin Kullanılabilirliği ve Operasyonel Performans Etkinliği üzerine yapıldığını görmüşlerdir[243].

Harris ve Katz (1991), yaptığı araştırmada firma performansı ve bilişim teknolojileri yatırımlarının yoğunluk seviyeleri arasında bir bağ olduğu saptanmıştır[244].

Bu doğrultuda devam ettiğimizde daha farklı birçok yazarın bu alandaki çalışmalarına ulaşabilmekteyiz.

Mahmood ve soon (1991), 500 farklı alanda faaliyet gösteren firma üzerinde yaptıkları araştırmada müşteri, tedarikçi, servis hizmetlerinin bilişim teknolojisi ile ilişkili olduğunu belirtmiştir[245].

Mahmood ve Mann (1993), Computerworld'ün 'ilk 100' listesinde olan 85 şirket üzerinde yaptıkları araştırmada BT yatırımlarının organizayon performansı üzerinde pozitif ve kayda değer bir etkisi olduğunu ölçmüşlerdir[246].

Bu çalışmalarda genellikle bilişim teknolojisinin ekonomik etkilerini firma ya da endüstri düzeyinde incelemişler ve bu incelemeler sonucunda genel anlamda bilişim teknolojileri kullanımının örgütsel performansı olumlu yönde etkilediği sonucuna varmışlardır.

Hitt ve Brynjolfsson (1996), bir bilişim teknolojisi yatırımının verimlilik, gelişmiş işletme karlılığı ve müşteri değeri ile ilişkili olması gerektiğini göstermiştir. Bilişim teknolojisinin verimliliği arttırdığını ve tüketiciler için firma değerini ve buna bağlı olarak karlılığı arttırdığını göstermiştir[247].

---

243 A. Narthrop,, K. L Kraemer, D.Dunkle, J. L Kıng, "Payoffs From Computerization: Lessons Over Time." **Public Administration Review**, 50(5),1990, P.505-514.

244 S. E. Harrıs ve J. L. Katz, "Organizational Performance And İnformation Technology İnvestment İntensity İn The İnsurance İndustry.", **Organization Science,** *2*(3),1991, P. 263-295.

245 M. A. Mahmood ve S. K. Soon, " Comprehensive Model for Measuring the Potential Impact of Information Technology on Organizational Strategic Variables", **Decision science**, 1991, pp. 869-897.

246 M. A. Mahmood ve G. J. Mann, "Measuring The Organizational İmpact Of İnformation Technology İnvestment: An Exploratory Study." **Journal Of Management Information Systems**, 10(1), 1993, p. 97-122.

247 Hitt, **a.g.e.**, p. 134.

Clegg ve arkadaşları (1997) Bilgi teknolojileri yatırımlarının % 80 – 90'ı performans hedeflerine ulaşmamaktadır[248].

Cragg ve Hussin (1997), 256 kobi üzerinde bilişim sistemlerinin örgütsel performansı nasıl etkilediği üzerine araştırma yapmıştır. Bilişim teknolojisi ile servis kalitesi, üretim verimliliği, ürün kalitesi gibi örgütsel performans değişkenleri üzerinde olumlu etki olduğu sonucuna ulaşmışlardır[249].

Hormozi, Harding ve Bose'nin (1998) internetin KOBİ'ler üzerindeki etkilerini belirlemeye yönelik olarak yaptıkları araştırmaya göre, KOBİ'ler etkin kullandıkları takdirde internetin sağlayacağı fırsatları kolaylıkla rekabet avantajına dönüştürebileceklerdir. Çünkü KOBİ'ler kendilerine bir web sayfası yapmak suretiyle internet ortamında rekabet edebileceklerdir[250].

Özellikle sink ve tutule isimli yazarların geliştirdikleri model ile birçok farklı ölçütün bir arada kullanılabileceği ortaya çıkmaktadır.

Sink ve Tuttle geliştirdikleri modelde (1989) örgüt performansını ölçmede; etkenlik, verimlilik, kalite, yenilik, çalışma yaşamının kalitesi, karlılık ve bütçeye uygunluk gibi yedi farklı ölçütün kullanılabileceğini belirtmişlerdir[251].

Rovere'nin (1998) telekomünikasyon sektöründe yaptığı araştırmaya göre işletmeler, bilişim teknolojilerini ihracata yönelik üretim yapan işletmelerde bilişim teknolojileri kullanma düzeyi diğerlerine oranla daha yüksektir[252].

Premkumar ve Roberts (1999), kırsal kesim KOBİ'leri üzerinde yaptıkları araştırmaya göre, bilişim teknolojileri kullanımı işletme büyüklüğü, sahip ve yöneticilerinin teknoloji kullanma yetkinlikleri gibi faktörlere göre değişmektedir[253].

Janson ve Wrycza'ın (1999) Polonya'da yaptıkları araştırmaya göre, girişimcilik faaliyetlerinin ve dolayısıyla işletmelerin başarısı, bilişim

---

[248] C. Clegg, C. Axtell, L. Damodaran, B. Farbey, R. Hull, R. Lloydjones, J. Nicholls, R.Sell, ve C. Tomlinson, " Information Technology: A Study of Performance and Role of Human and Organizational Factors.", **International journal of industrial Ergonomics**, Vol. 40, No:2, 1997, p.851-871.

[249] Cragg ve diğerleri, **a.g.e.**, s.180.

[250] Hormozi, **a.g.e.**, s. 28.

[251] C. Sink ve T.C. Tuttle, **Planning and measurement of in your organisation of the future**, Industrial Engineering and Management Press, Norcross, USA, 1989, p. 187.

[252] G. Nassimbeni, **a.g.e.**, s.261.

[253] G. Premkumar and M. Roberts, " Adoption of New Information Technologies in Rural Small Businesses." *Omega:* **The International Journal of Management Science**, 27 (4), 1999, p.467-484.

teknolojileri kullanımıyla artmaktadır[254].

Walczuch, Braven ve Lundgren (2000) Hollanda KOBİ'leri üzerinde yaptıkları araştırmada küçük işletmelerin orta büyüklükteki işletmelere göre interneti aynı hız ve oranda benimsemediklerini belirlemiştir[255].

Gray, Matear ve Matheson (2000), işletme performansı, örgütün özellikleri ve bilişim teknolojisi kullanımı arasında yüksek düzeyde ilişki olduğunu sonucuna varmışlardır. Yazarların yaptıkları çalışmalara göre firmalar daha fazla pazar odaklı hale geldikçe çabalarını müşteri isteklerini geliştirmeye odaklama eğiliminde olmaktadırlar. Yaratıcılığı, yenilikçiliği ve gelişimi destekleyen bir örgüt kültürüne sahip olma işletme performansında(yüksek pazar payı, karlılık ve satışlar) pozitif etkiye sahip olmaktadır.[256]

Palmer (2000), Bahreyn kentinde bulunan KOBİ'ler üzerinde yaptığı araştırmada da bilişim teknolojileri kullanımının operasyonel ve yönetsel süreçleri olumlu etkilediği belirlenmiştir.[257]

Kula ve Tatoğlu (2001), 237 KOBİ üzerinde yaptıkları çalışmaya göre, uluslararası deneyimi fazla olan ve daha çok ihracata yönelik üretim yapan işletmeler genel bilişim teknolojilerini daha çok kullanmakta ve bunun performanslarını olumlu olarak etkilediğini düşünmektedirler[258].

Silva (2001), örgütte performansı geliştirmek amacıyla bilgi teknolojisi kullanımına geçmeden önce, örgüt genelinde bilgi teknolojisinin uyumlu olarak kullanılmasını sağlayacak yönetişim biçimine karar verilmesi gerektiğini belirtmektedir. Bilgi teknolojisi ve bu ölçülerin herhangi biri arasında gösterilebilir güçlü bir bağ yoktur sonucuna varmıştır[259].

Yazarlarında yayınların da belirttiği gibi bu alanda pek çok farklı araştırma yapılmıştır fakat kesin sonuca ulaşan ve yargı ortaya koyan az sayıda çalışma

---

254 M. A. Janson ve S. Wrycza, "Information Technology and Entrepreneurship: three cases from poland ", **International Journal of Information Management**, vol.19, n.5, 1999, pp. 351-367.

255 R. Walczuch, G. Van Braven ve H. Lundgren, "Internet Adoption Barriers for Small Firms in The Netherlands", **European Management Journal**, Vol. 18, No. 5, 2000, pp. 561-572.

256 J. B Gray, S.M Matear ve P.K. Matheson, "Improving the Performance of Hospitality Firms". **International Journal of Contemporary Hospitality Management**, vol: 12/3,2000, p.149 – 155.

257 J. J. Palmer, " Internet Access In Bahrain: Business Patterns and Problems", **Technovation** Vol:20, 2000, p.451-458.

258 Veysel Kula ve E. Tatoğlu, "KOBİ'lerde İnternet Kullanımı: Tutum ve Beklentiler Üzerine Bir Değerlendirme", 2001, www.kobinet.org.tr/hizmetler/bilgibankasi/ekonomi/OAKDocs/OAK-T19.pdf, (23.09.2010).

259 Silva, **a.g.e.**, s. 250.

bulunmaktadır. Çalışmalar incelediğimizde aşağıdaki çalışmalarda güçlü ilişkiler bulunduğunu göreceğiz.

Doll ve Deng (2001), firmalar üzerinde yaptıkları araştırmada bilişim teknolojisini kullanımının kişiler ve bölümler arası koordinasyonu güçlendirdiğini, performansı olumlu etkilediğini ortaya koymuşlardır[260].

Çetinkaya (2002), konaklama ve seyahat işletmeleri üzerinde yaptığı araştırmada, bilişim teknolojileri kullanımının telefon, reklam, faks, broşür gibi giderlerde azalmaya neden olduğu ve müşteri memnuniyetini artırdığını belirlemiştir[261]. Dolayısıyla bilişim teknolojilerinin örgütsel performansı olumlu etkilediği sonucuna varılabilir.

Choi ve Lee (2002), 58 Kore firması üzerinde yapmış oldukları çalışmalarında bilgi yönetimi stratejileri ile bilgi yaratma süreci ve örgütsel performans ilişkisini incelemişlerdir. Bu çalışmada yazarlar, bilgi yönetimi stratejilerini örgütsel performans ile ilişkilendiren bir model önermişlerdir. Bilgi yönetimi stratejilerini dinamik, insan odaklı, sistem odaklı ve pasif olmak üzere dörde ayırmışlardır. Buna göre, en yüksek performansı dinamik strateji sağlamaktadır. En düşük performans pasif stratejiyle gerçekleşmektedir[262].

Kazan ve Savaş (2002), Aksaray'da faaliyet gösteren 52 KOBİ üzerinde yaptıkları araştırma sonuçlarına göre, bilişim teknolojilerinin kullanımının yönetim süreçlerine ve performansa olumlu etkileri olduğu sonucuna varmışlardır[263].

Tekin ve Zerenler (2005), Konya'da lojistik sektöründe faaliyet gösteren işletmeler üzerinde bir araştırma yapmışlardır. Araştırmaya katılan işletmelerin önemli bir çoğunluğunun üç yıl öncesi ve günümüz karşılaştırıldığında bilişim teknolojileri kullanımına daha fazla önem verdikleri ve bilişim teknolojilerini müşteri isteklerine daha hızlı cevap vermede, daha etkin hizmet vermede ve işlem maliyetlerini azaltmada bir araç olarak gördükleri anlaşılmaktadır[264].

---

260 W.J. Doll and X. Deng, 'The collaborative use of information technology: End-user participation and systems success", **Information Resources Management Journal**, 14(2), 2001, p. 6- 16.

261 A. Şükrü Çetinkaya, "Konaklama ve Seyahat İşletmelerinde İnternet Kullanımı", **Hafta Sonu Semineri**-Turizmde Bilgi Teknolojileri, Nevşehir, 2002, s. 41.

262 B. Choi and H. Lee,"An empirical investigation of KM styles and their effect on corporatePerformance", **Information & Management**, vol:40(5),2002, p.403-417.

263 Halim Kazan ve O. Savaş, "Bilişim Teknolojilerinin Yönetim Sürecine Etkileri: Aksaray'da Bir Araştırma", 2002, http://www.bilgiyonetimi.org/cm/pages/mkle gos.php?nt=155, (12.10.2009).

264 Mahmut Tekin, M. Zerenler ve F. A. Bilge, "Lojistik Sektöründe Faaliyet Gösteren İşletmeler", **İstanbul Ticaret Üniversitesi Fen Bilimleri Enstitüsü Dergisi**, Yıl:4, Sayı:8, Güz 2005/2, s. 126.

Tanoğlu ve Başoğlu (2006), 30 üretim firması üzerinde yaptıkları araştırmada, firmalarda kullanılan bilişim sistemlerinin yüksek yatırım ile geri dönüşler oluşturduğu ortaya konmuştur[265].

Bu bölümde konu ile alakalı yapılmış çalışmalardan bahsettik şimdi ise literatür taraması sonucu ulaşılan bilişim teknolojisinin algılanması ile ilgili araştırmalardan bahsedeceğiz.

2.3.4. Bilişim Teknolojisi ve Örgütsel Performans Üzerindeki Etkisinin Algılanması ile İlgili Çalışmalar

Bilişim teknolojisi ve örgütsel performans üzerindeki etkisinin algılanması konusunda birçok çalışmaya rastlanılmıştır.

Araştırmayı destekleyen çalışmalarda farklı boyutların bulunması ana çerçevenin oluşturulmasında önemli sınırlılıklar oluşturmuş olsa da bu çalışmalardan sağlanan veriler temel yapıya zemin hazırlamıştır. Nitekim literatürde yer alan çalışmalarda kabul edilen kriterler çalışma açısından önemli birer kaynak oluşturmuştur.

Çetinkaya, bilişim teknolojisinin örgütsel performansa etkisini hizmet sektöründe üzerinde incelediği araştırmada örgütsel performans ölçümünde nicel kavramların yanında nitel kavramlarında olduğunu ve bunların örgütsel performans üzerinde daha etkili olduğunu belirmektedir[266]. Çetinkaya araştırmasında diğer sektörlerde olduğu gibi konaklama sektörü, konaklama ürünü ile ilişkilendirilmiş kendi karakteristik özelliklerine sahip olduğunu belirtmektedir. Dolayısıyla, konaklama performansında kullanılan ölçütlerin konaklama işletmeciliği ile ilgili özel aktiviteler, ürün çeşitleri ve sunulan hizmetleri yansıtması gerekir düşüncesini ortaya koymaktadır.

Tek başına bilişim teknolojisi uygulamasının örgüt performansına etkisini bütün olarak ölçmede geleneksel performans ölçüleri yetersiz kalmaktadır. Performans yapısını oluşturan doluluk, gelir ve karlılık bilişim teknolojileri dışında, indirimler, reklam ve tanıtım, konuk tatmini, hava durumu, bulunulan yöredeki farklı kültürel veya sosyal etkinlikler gibi birçok dış faktörden etkilenmektedir. Çetinkaya bilişim teknolojilerinin sağladığı yararların iş yapış hızının artması, doğruluk, etkin bilgi paylaşımı vb. genelde gözle görülmeyen yararlar olduğu görüldüğünü ve bunların ölçülmesi gerektiğini belirtmiştir.

---

[265] I. Tanoğlu ve N. Başoğlu, "Exploring the relationship between information technology diffusion and managerial decision making", **Proceedings of PICMET'05**, July 2005, p.121.

[266] A. Şükrü Çetinkaya, “Konaklama ve Seyahat İşletmelerinde İnternet Kullanımı”, **Hafta Sonu Semineri**-Turizmde Bilgi Teknolojileri, Nevşehir, 2002, s. 41.

Bu çalışma, bilişim teknolojilerinin kullanışlı olma düzeyinin işgören ve yöneticiler tarafından nasıl algılandığını belirlemeye yöneliktir ve dört farklı sorudan oluşmaktadır. Bu bölümün ilk iki sorusu herhangi bir bilişim sistemi kullanıp kullanılmadığının tespiti ve kullanılması durumunda hangi tür bir sistemin kullanıldığının belirlenmesine yöneliktir. Üçüncü ve dördüncü sorularda bilişim sistemlerinin kullanışlı olma ve etkinlik durumu algısını ölçmeye yönelik "1. tam katılıyorum"dan "5. hiç katılmıyorum"a sıralanan 5'li Likert tipi ölçek kullanılmıştır.

Konaklama ve seyahat işletmeleri üzerinde yapılan bu araştırmada, bilişim teknolojileri kullanımının telefon, reklam, faks, broşür gibi giderlerde azalmaya neden olduğu ve müşteri memnuniyetini artırdığını belirlemiştir[267]. Dolayısıyla bilişim teknolojilerinin örgütsel performansı olumlu etkilediği sonucuna varılabilir.

Baharadwaj ve Konsynski, çalışmasında Finansal ölçülerin müşteri ilişkileri, hizmetler, kalite, personel tatmini, verimlilik veya stratejik konumlanma hususlarını ölçmede çoğunlukla yetersiz kaldığını bu yüzden finansal olmayan algıya dayalı ölçütlerin daha tutarlı sonuç vereceğinden bahsetmişler ve çalışmalarını algısal ölçek kullanarak tamamlamışlardır.[268]

Bilişim teknolojisi ve örgütsel performans arasındaki durumu Markus ve Soh[269] (1993) tarafından da incelenmiştir. Yazarlar, bilişim teknolojisi değerinin algılanıp algılanmadığını belirlemede yapısal ve iç yönetim süreçleri şeklinde iki grup arabulucu faktörü önermektedirler: Yapısal faktörler bilgi teknolojisi harcamalarından yarar elde etmelerinde firmalar arasında farklılık yaratmaktadır (örneğin firma büyüklüğü, sektör türü, sektördeki rekabetçi pozisyon ve genel ve sektöre özel ekonomik koşullar). Bunların da kişiler üzerindeki algısının da ölçülerek sonuca ulaşılması gerektiğini belitmişler ve araştırmalarını bu yönde ilerletmişlerdir.

Silva[270] Çoklu amaç – çoklu kriter yöntemini kullanmıştır. Bu yöntemin üstün yanı, kullanışlılığın genel bir ölçüsünü geliştirmeye çalışmasıdır. Kullanışlılık, bir kişinin tercihlerindeki tatmin olarak tanımlanmaktadır. Yöntem,

---

267 A. Şükrü Çetinkaya, "Konaklama ve Seyahat İşletmelerinde İnternet Kullanımı", **Hafta Sonu Semineri**-Turizmde Bilgi Teknolojileri, Nevşehir, 2002, s. 41.

268 Bharadwaj, A. ve Konsynski, B.R., " Capturing the intangibles", **InformationWeek**, 1997, p.71-73

269 Markus, M.L. ve Soh, C., Banking on Information Technology: Converting IT Spending Into Firm Performance, Middletown, PA: Idea Group Publishing, 1993 p. 364-392.

270 Silva, **a.g.e.**, p. 55.

kişilerin tercihlerinin beklentilerini yerine getirilme hissine göre davranışların belirlendiği inanışa dayanmaktadır. Çoklu amaç – çoklu kriter yöntemi en iyi karmaşık projelere uygulanmaktadır. Yöntem, bu projelerdeki görünmez yararların ve çok sayıda farklı kullanıcının ihtiyaçlarını karşılamaya çalışmaktadır. Yöntem ile farklı sistem özellikleri ve buna yönelik göreceli tercihlere ilişkin bir dizi sistem önerisinin değeri araştırılmaktadır.

İgbaria[271] bilişim teknolojisinin örgüt performansına etkisi üzerine yapmış olduğu araştırmada, sistem ile ilgili Algılanan kullanışlılığın doğrudan ve dolaylı olarak tutumları ve davranış eğilimlerini etkilemekte olduğunu belirtmiştir. Bu değişken ölçüsü, örgüt yapısı içinde belli bir sistemi kullanmanın muhtemel kullanıcının iş performansını artıracağına yönelik sübjektif algısını vermektedir.

Kwon ve Collopy çalışmasında, performans çıktıları işletme bütününe ilişkin sonuçları daha nesnel bir şekilde yansıtmaktadır[272]. Yazarlar bilişim teknolojileri ile işletme performansı arasında doğrudan ilişki olmaması durumunu, nesnel olmayan bilişim teknoloji yararları ile nesnel olan işletme performansı çıktıları arasında analiz yapmanın sonucu olabilir sözleriyle dile getirmişlerdir. Diğer bir ifadeyle, bilişim teknolojilerine yönelik algılar işletme performansı ile doğrudan ilişkilendirilmektedir.

Kaynak[273], Amerika'daki 214 sanayi işletmesi üzerinde yaptığı çalışmada uygulamaların örgütsel performans üzerindeki etkisini incelemiştir. Performans boyutları olarak ise, "kalite performansı, Pazar performansı, finansal performansı, finansal olmayan performans" olarak ele almıştır. Araştırma sonucunda pozitif etkilerin olduğu ortaya çıkmıştır.

Toplam kalite yönetimi uygulamalarının örgütsel performans üzerindeki etkisini araştıran Chong ve Rundus[274], Avustralya'da faaliyet gösteren 89 sanayi işletmesi üzerinde yaptıkları araştırmada, müşteri yönelimli TKY uygulamalarının örgütsel performans üzerinde pozitif etkisi olduğunu ortaya koymuştur.

---

271 M. Igbaria, S. Parasuraman ve M. Badawy, " Work experience, job involvement and quality of work life among information system personel", **MIS Quarterly**, 18 (2), 1994, p. 175.

272 D.Kwon ve F. Collopy, " The Variety in Information Technology's Impacts on Firm Performance", 2004, **MIS Quarterly**, 2004, s. 123-126.

273 Kaynak, **a.g.e.**, s. 45.

274 Chong ve Rundus, " SEM Being more Effective than Multiple Regression in Parsimonious Model Testing for Management Devolopment Research", **Journal of Management Development**,20 (7), 2001, p. 650-667.

Turunç[275] çalışmasında konaklama işletmelerinde bilgi teknolojileri kullanımının performanslarına etkisi araştırmıştır. Çalışmada performans kavramı sadece uzun vade karlılığı, üretim verimliliği, satış büyümesi gibi finansal boyutu ile değil aynı zamanda ürün kalitesi, imaj ve müşteri sadakati ve farklılaşma gibi finansal olmayan boyutuyla da ele alınmıştır. Bu çalışmada yargısal bir ölçüm yapılmıştır. Bu çeşit ölçme herkesçe üzerinde anlaşılmış, gözlenebilir standartların olmadığı göreceli özellikler gösteren ölçümlerdir. Yargısal ölçme genellikle tutumların ölçülmesinde kullanılmaktadır. Turizm işletmelerinin ve bu sektörde özellikle konaklama işletmelerinin açık işletmeler olmaları, müşteriyle sosyal ilişkilerinin mevcut olması nedeniyle bilgi teknolojilerinin örgütsel performansa etkisi araştırılırken finansal kriterlerin yanında finansal olmayan kriterlerinde dikkate alınması gerektiği öne çıkmıştır.

Bu nedenle çalışmada imaj ve müşteri sadakati, ürün kalitesi, kaliteli hizmet ve farklılaşma gibi finansal olmayan kriterlere de önem verilerek çalışmanın sürdürüldüğünü belirtmektedir. Kullanıcıların algılarına dayalı olarak finansal olmayan kriterler ölçülmüştür.

Zinatelli[276], bilişim sistemlerinin kullanımının algılanması ile ilgili olarak yürüttüğü araştırmada kullanılan değişken ölçüsü, örgüt yapısı içinde belli bir sistemi kullanmanın muhtemel kullanıcının iş performansını artıracağına yönelik sübjektif algısını vermekte olduğunu belirtmektedir.

Bu araştırmalarda dikkate alınarak oluşturulan çalışmamda akademik otomasyon sistemi kullanımının öğretim üyeleri üzerinde oluşturduğu algılar doğrultusunda örgütsel performansa etkisine bakılmıştır.

Bir bilişim sistemi olan akademik otomasyon sisteminin özellikleri, bilişim sisteminin kullanıcıların faaliyetlerine olan etkileri ve bunlarla örgütsel performans değişkenleri arasındaki etki incelenmiştir.

Örgütsel performans değişkenleri yukarıdaki çalışmalarda da belirtildiği gibi her kurum için tanımlanması zor olan değişkenlerdir. Özellikle kullanıcıların sistemi nasıl algıladığı çok önemlidir. Bu doğrultuca nicel kavramlardan çok kullanıcının algıladığı nitel kavramlar olan

- Etkinlik
- Verimlilik
- Kalite

275 Turunc, **a.g.e.**, s. 232.

276 N. Zinateili, "End User Computing Success Factors in Small Firms", **University of Canterbury**, 1994, p. 78-87.

- Öğretim Elemanı Memnuniyeti
- Kurumsal itibar
- Sektörde Tanınma
- Rekabet Avantajı

Kavramları kullanılarak öğretim üyelerinin akademik otomasyon sistemini nasıl algıladıkları üzerinde sonuca varılmıştır.

ÜÇÜNCÜ BÖLÜM

BİLİŞİM TEKNOLOJİLERİ VE ÜNİVERSİTELERDE BİLİŞİM SİSTEMLERİ

Birinci bölümde bilişim teknolojilerinin özelliklerinden, bilişim teknolojisinin gelişiminden ve bilişim teknolojisini oluşturan unsurlardan bahsedilmiştir. İkinci bölümde ise performans ve örgütsel performans kavramları, örgütsel performans ölçümünün nedenleri ve örgütsel performans boyutlarına değinilmiş, bilişim teknolojisi ile arasındaki etkiden bahsedilmiştir.

Bilişim teknolojilerinin hayatımızdaki yeri her geçen gün artmaktadır. Günümüz koşullarında bu değişime ayak uydurmak ve teknoloji boyuttaki gelişmeleri her alanda takip etmek gerekmektedir. Yükseköğretim kurumu olan üniversitelerde ilişim teknolojisi alanındaki gelişmeleri yakından takip etmek ve kendi bünyelerinde kullanmaktadırlar.

Yüksek öğretim kurumlarında bilişim teknolojileri kullanımının örgütsel performans üzerindeki etkilerini analiz etmeden önce üniversitelerde bilişim sistemlerine değinilmesi uygun olacaktır. Bu bölümde üniversitelerde bilişim sistemlerinin kullanımından ve akademik otomasyon sistemlerinden bahsedilecektir.

3. BİLİŞİM TEKNOLOJİLERİ VE ÜNİVERSİTELERDE BİLİŞİM SİSTEMLERİ

3.1. Yükseköğretim (Üniversite) Kavramı

Yükseköğretim kavramı, literatürde üniversiteyi de içine alan "çerçeve" bir kavram olarak ele alınmakla birlikte, "üniversite "ve" yükseköğretim" kavramları zaman zaman birbirlerinin yerine kullanılabilmektedir.

Üniversite kavramı sözlüklerde, "bilimsel özerkliğe ve kamu tüzel kişiliğine sahip, yüksek düzeyde eğitim, öğretim, bilimsel araştırma, yayın ve danışmanlık yapan fakülte, enstitü, yüksekokul ve benzeri kuruluş ve birimlerden oluşan bir öğretim kurumu" olarak tanımlanmaktadır[277].

"Yükseköğretim", eğitim sistemindeki bir eğitim kademesine işaret ettiği halde, San'ında belirttiği gibi, "üniversite, bilimsel bilgi üretme ve bu bilgiyi üretecek kadroları yetiştirme olarak ifade edilebilecek bir amaca yönelik olarak ortaya çıkmış olan, bu nedenle de ana işlevi inceleme-araştırma ve bilim insanı yetiştirme olan bir kurum olarak tanımlanır[278].

Üretilen bilimsel bilginin yayılması ve yaygınlaşması da sonra gelen işlevi olarak görülür. Üniversite meslek edindirme gibi bir işlevle tanımlanmaz. Üniversite öğrencilere belli bir mesleğin öğrenilmesi için temel nitelikteki bilimsel bilgileri (yani her bir özgül alandaki kuramları ve bu kuramları denetlemek için gerekli yöntemleri) aktararak, ilerde uygulayacakları meslekler için zorunlu olan bir alt yapı oluşturur. Kısaca, meslek üniversitede değil mezun olunduktan sonra doğrudan her bir meslek alanında öğrenilir.

Üniversite kavramının kökeninde yatan Latince "Üniversitas" terimi, kamuya açık olmayan bilgi öğretilmesi veya öğrenilmesi amacıyla bir araya gelen hoca ve öğrencilerin oluşturduğu birliklere verilen adı ifade etmekteydi ve kurumsal olarak tarihte ilk biçimine Eski Yunan ve Hindistan medeniyetlerinde rastlanmakla birlikte, modern nosyona denk düsen ilk örnekleri 12. yüzyılın birinci yarısında Bologna ve Paris'te kurulmuştur[279].

Üniversiteler, insanlığın bilgi birikimini o ülkenin emeğine aktaran, yeni bilgiler ve değerler üreten kurumlardır[280]. Üniversite bilimsel çalışmalar yapan ve

---

277 Türk Dil Kurumu, **Türkçe Sözlük,** Ankara: Türk Dil Kurumu Yayınları, 2005.

278 Coskun San, "Bir Toplumsal Kurum Olan Üniversitede Özerklik ve Bilim Özgürlüğü", **AU Siyasal Bilgiler Fakültesi Dergisi**, 1993, s. 48.

279 Ahmet Çiğdem, "**Universitas'ın Çöküşü**", Birikim Dergisi, 67, 2000, s. 51.

280 A. Balanskat, R. Blamire, S. Kefala, "A review of studies of ICT impact on schools in Europe", **The ICT impact report,** 2006, p. 56.

bilimsel düşünme alışkanlığı kazandıran bir eğitim kurumudur. Üniversitede öğretimin yanında araştırma yapılır. Bu araştırmalardan elde edilen veriler de ulusal bilim ve kültüre aynı zamanda evrensel bilim ve kültüre katkıda bulunan sonuçlar yaratır.

Günümüzde toplumların üstünlükleri, bilim ve teknoloji alanında vardıkları düzeyler ile ölçülmektedir. Üniversitelerin temel amacı, bilgiyi araştırmak, aktarmak ve yenilemektir[281].

3.2. Üniversiteler Hakkında Genel Bilgiler

Üniversiteler, yüksek düzeyde eğitim ve öğretim yaparak seçkin kadrolar yetiştiren, bilimsel ve teknolojik araştırmalar yapan ve araştırma sonuçlarını toplum yararına sunarak sosyal ve ekonomik kalkınmaya hizmet eden kuruluşlardır. Bir ülkenin kalkınması, o ülkenin üretimi ile doğrudan ilişkilidir. Üretim, bilgi ve emekle gerçekleşir. Yükseköğretimin ekonomik gelişmeye etkisi çeşitli açılardan değerlendirilmektedir.

Eğitimin, bireyler olarak yüksek yasama düzeyine ulaşmanın, hem toplum olarak gelişme ve ilerlemenin, ileri ülkeler arasında yer almanın hem de ülkede demokratik bir siyasal ve toplumsal yasam sağlamanın temel koşulu olduğu bilinmektedir. Yükseköğretim kurumlarının görevi sadece öğrencilere hazır bilgi vermek değil, aynı zamanda onları ülkenin sorunlarını bilimsel yöntemlerle çözümleyecek, araştırmacı, topluma önderlik edecek, ülkesinin ihtiyaçlarına ve çağa uygun biçimde yetiştirmektir[282].

Üniversitelerin temel sorumlulukları şunlardır:

1. Bireysel ve bağımsız karar verebilecek, bilgi düzeyi yüksek, kuram ve uygulamayı birleştirebilen, tanı-çözüm öneren, toplumsal duyarlılığı yüksek ve gelişmelere çabuk tepki verebilen uzman kadrolar yetiştirmek.
2. Toplumlarda bilgi birikimini sağlamak, bilgiyi ulusal boyutlarından çıkarıp uluslararası boyuta taşımak, bilginin üretimi ve işlenmesi sırasında kullanılacak ölçütlerin düzeylerini saptamak.
3. Mezuniyet sonrasında bilgiyi hayata aktarırken gerek evrensel gerekse yerel temelde karşılaşılan sorunlara, doğru yaklaşımlar ve uygun çözümler getirebilecek insan gücü yaratmak.

---

[281] H. Coskun, "Yüksekögretim Sistemimizin Sorunları ve Çözüm Önerileri", **Yeni Türkiye**, Sayı: 7 (Ocak-Şubat,), 1996, s. 360.

[282] Ö. Ozankaya, **Toplumbilim,** Genişletilmiş 10. basım, Cem Yayınevi, İstanbul, 2000, s. 55.

4. Üretilen bilginin bireyden çok toplum ve insanlık yararına kullanılmasına, kullanılış amaçlarına ilişkin yöntemler üzerinde tartışarak bilimin ve teknolojinin etik zeminine katkıda bulunmak.
5. Toplumu ulusal üretim ve eğitimin temel sorunları üzerine aydınlatmak ve bu konudaki genel beklentilerin hangi doğrultuda olduğuna dair saptamalarda bulunmak.

Üniversitelerin yerine getirmek yükümlülüğünde olduğu görev ve sorumlulukları onların işlevlerini de ortaya koymaktadır. Eğitimin genel işlevlerine ek olarak yükseköğretimin özel işlevleri bulunmaktadır[283].

Bu özel işlevler şöyle özetlenebilir:

1. Eski çağlardan beri birikmiş geleneksel bilgileri günümüze uyarlayarak öğretim ve kültür yoluyla genç kuşaklara öğretmek.
2. Bilgileri yaymak.
3. Yüksek nitelikli insan gücünü yetiştirmek.
4. Soru sorma işlevini geliştirmek.
5. Üniversite pek çok bilgi alanının bir arada olduğu tek yerdir. Bu nedenle disiplinlerarası etkileşimi gerçekleştirmek.
6. Toplumsal değişime önderlik etmek.
7. Toplumsal hareketliliği sağlamak.

Üniversitenin işlevleri ile lisansüstü eğitimin işlevlerinin benzerlik gösterdiğini düşünen başka bir araştırmacı söyle açıklamaktadır[284]:

1. Bilim/sanat üretmek ve yaymak,
2. Toplumsal sorunları doğru algılamak ve çözüm önerileri geliştirmek,
3. Üst düzey insan gücünün yetiştirilmesine katkıda bulunmak.

Tüm bu açıklamalardan yola çıkarak, Üniversitelerin işlevlerini eğitim ve öğretim yapmak, bilgi üretmek (araştırma ve yayın yapmak) ve kamusal hizmet biçiminde özetlenebilmektedir. Araştırma ve öğretim, üniversite öğretim elemanlarının kimliklerinin ayrılmaz bir parçası olarak görülmektedir. Ayrıca

---

283 Coşkun C. Aktan, **Özlenen Üniversite/Yaşanan Üniversite.** Ankara: YeniTürkiye Yayınları, 2002, s. 34.

284 H. Arıcı, "Sosyal Bilimler Alanında Bilim Adamı Yetiştirme. Lisansüstü Eğitim. içinde: Bilim Adamı Yetiştirme Lisansüstü Eğitim", **TÜBA Bilimsel Toplantılar Serisi: 7.**, TÜBA Yayınları, Ankara, 1997, s. 67.

üniversitelerin toplum hizmeti de bu bağlamda düşünülebilir[285]. Bununla beraber, eğitim sisteminin en üst basamağı olan yüksek öğretimin topluma liderlik etme özelliğinin olması gerekir. Dolayısıyla üniversiteler, yeni düşünce normları ve değerler geliştirerek, toplumu etkileyebilen, toplumlara yön veren eğitim örgütleridir. Bu sebeple üniversitelerin temel işlevi, sadece eğitim-öğretim ve araştırma yapmakla sınırlı değildir. Aynı zamanda topluma hizmet ve yol gösterme görevlerini de kapsamaktadır.[286]

Toplumlar, üniversitelerin sayılan temel görevlerini, kendi ihtiyaçlarını en iyi biçimde karşılayacak önceliklere göre belirlemişlerdir. İngiliz üniversiteleri, öğrencilere genel ve mesleki bilgiler verirken bunun yanında, kendi öz kültürü ile kişilik biçimlendirme eğitimine öncelik vermektedir. ABD'de üniversitelerin görev öncelikleri, yetiştirilecek insan gücünün niteliği ve yapılacak araştırmaların konusu, toplumun ihtiyaçlarını karşılayan iş dünyasının temsilcileri tarafından belirlenmektedir. Fransız üniversiteleri 1968 yılına kadar sadece toplumsal düzeni koruyacak, dolayısıyla devletin devamlılığını sağlayacak bireyler yaratan kurumlar olarak görev yapmışlardır. Doğu blokunda yer alan ülkelerde ise genellikle üniversitenin temel görevi üretimi artıracak mesleki ve ideolojik eğitimi vermektir.[287]

3.3. Otomasyon Sisteminin Tarihsel Gelişimi

Karar verme sürecinde üst yönetimin karşılaştığı sorunlarının çözümlenmesi için kararlara etki eden tüm koşulların ele alınması ve tüm elverişli karar seçeneklerinden beklenen sonuçların belirlenmesi gerekmektedir. Bu noktada en doğru karara ulaşabilmek için sorunların sağlıklı analizi ve araştırılması için bilimsel yöntemler kullanılmalıdır[288]. Bu süreçte bilişim sistemlerinin kullanımı, bilgilerin sürekli olarak kaydedilmesini ve amaca uygun olarak işlenmesini ve bunun sonucunda raporlar hazırlanmasını kapsamaktadır ve uygulaması ilk olarak sibernetik ve yöneylem araştırmasıyla başlamıştır[289].

---

[285] Kürşad Yılmaz, Güven Özdem, "Norm Kadro Çalışmalarının Üniversitelerde Uygulanabilirliği: Nitel Bir Araştırma", **Ankara Üniversitesi Eğitim Fakültesi Dergisi**, Cilt 37, Sayı 2, 2004, s. 118.

[286] Gülsün Atanur Başkan, "Türkiye'de Yükseköğretimin Gelişimi", **Gazi Üniversitesi Gazi Eğitim Fakültesi Dergisi**, Cilt 21, Sayı 1, 2001, s. 23.

[287] Emini, **a.g.e.**, s.134.

[288] Ahmet Öztürk, **Yöneylem Araştırması**, Ekin Kitabevi Yayınları, Bursa, 1997, s. 1.

[289] D.L. Crumbley, E. Fliedner, "Accounting Administratons Perceptions Of Student Evaluation of teaching (SET) Information", **Quality Assurance in Education**, Vol 10 No 4, 2002, pp. 213-222.

13. yüzyılda otomatik sistemler üzerine çalışan ilk birey Ebu'l-İzz el-Cezeri adlı Türk bilginidir. Bugünkü elektronik bilgi işlemin esaslarını bulan ise Blaise Pascal adlı bilim adamıdır. Temelleri 13. yüzyılda atılan mekanik sistemler, bilimsel devrimlerin başladığı 19. yüzyılda yerini elektronik beyinler aracılığıyla bilgi alışverişi esasına dayanan sistemlere bırakmıştır. Bu yüzyıla kadar yapılan çalışmalar da sibernetiğin kökenleri kapsamında incelenmekle beraber bu bilimi sibernetik adıyla ve makinelerde haberleşme ile kendiliğinden yönetim esasına dayalı olarak kullanan ilk birey Norbert Wiener'dir. Wiener'in, İkinci Dünya Savaşı sırasında ortaya koyduğu sibernetik bilimi ile bu zamana kadar süregelen otomatik makineler yapımı, otomatik hareketten öte bilgi alışverişi ile kendi kendine işlemde bulunan makineler yapımına dönüşmüştür. Sibernetik bilimine en önemli katkı 19. yüzyılda Maxwell tarafından ortaya atılan geri merkezle haberleşerek yönetim (feedback) durumudur. Bu çerçevede sibernetik, karşılıklı bilgi alışverişi ve kontrol sistemi üzerine kurulu bir iletim bilimidir [290].

Yöneylem araştırması yöneticinin en etkili kararı vermesine yardımcı olur. Bu nedenle yöneylem araştırması, sorunların en kısa zamanda ve etkili bir şekilde çözümüne olanak vererek kaynak israfını önlemekte, kamu hizmetlerinin sunulmasında nitelik ve nicelik artışı sağlamaktadır[291].

Yönetimde otomasyonun değinilen bu ilk örnekleri, 19. yüzyılda bilgi ve iletişim teknolojilerinin kullanım düzeyinde meydana gelen gelişmeler sonrasında yerini elektronik veri işleyen makinelere bırakmıştır. Bu yüzyılda söz konusu makineler yönetim anlayışında yaşanan dönüşümler ve klasik yönetim anlayışının yerini stratejik yönetime bırakması sonucu giderek karmaşıklaşan yönetim süreçlerini kolaylaştırmak amacıyla kullanılmaya başlanmıştır.

3.4. Dünya Üniversitelerinde Bilişim Sistemleri

Bu bölümde bilişim sistemlerinin diğer ülkelerdeki, kullanımı ve bu alanda yapılan gelişmeler üzerinde durulacaktır.

3.4.1. Dünya Üniversitelerinde Bilişim Sistemleri Kullanımı

Yükseköğretimde genişlemenin temel araçlarından biri de yükseköğretimde çeşitliliğin sağlanmasıdır. Yükseköğretimde çeşitlilik farklı ihtiyaçları karşılamaya yönelik farklı yükseköğretim kurumlarının ve programlarının varlığı anlamına gelmektedir. Yükseköğretim kurumlarının bir kısmı ülkelerin rekabet

---

290 Akman, **a.g.e.**, s. 83-104

291 A. Taha Hamdy, **Yöneylem Araştırması**, Çev. Ş. Alp Baray ve Şakir Esnaf, Literatür Yayıncılık, İstanbul, 2000, s. 1.

gücünün artırılması için doktora programları açarak araştırma fonksiyonuna odaklanırken, bir kısmı master programları ile belli alanlarda uzmanlaşmayı sağlamakta, kalan kısmı da 4 yıllık lisans ve 2 yıllık önlisans programları ile öğretim fonksiyonuna odaklanarak toplumun yükseköğretim talebini karşılamaktadır.

Bilgisayar tabanlı iletişim teknolojileri ve sistemleri gerek kurum içi gerek kurum dışı (Internet) gerekse kurum içi – dışı (ekstranet) sayesinde üretime yönelik bilgi akışını kolaylaştırıp hızlandırdığı gibi rutin yönetim alanında sağladığı yararlarla kurumsal bazda etkinlik ve verimlilik artışı sağlamakta, ayrıca kişisel gelişim alanında sosyal – kültürel açıda toplumlar arası kurumların azalmasında ve gelişim trendinde itici bir güç olarak yerini almaktadır.

2001 yılında yapılan bir araştırmaya göre dünya nüfusunun %31'inin internet kullandığı, en yüksek kullanım oranının %63 oranı ile Norveç'e, en düşük kullanımının ise %4 ile Endonezya'ya ait olduğu belirlenmiş olup Türkiye'de ise bu oranın %16 olduğu belirlenmiştir. 2004 yılında yapılan bir araştırmaya göre ise her 10.000 kişiye düşen Internet sayısı ABD'de 2420, İsviçre'de 581, İsveç'te 703, Norveç'te 121 iken Türkiye'de bu oran 16.6 olarak tespit edilmiş olup internet kullanımında ABD'nin önde olduğu görülmektedir[292].

Ülkelerin GSMH'larından eğitime ayrılan paya bakıldığında % 2.2 oranıyla Türkiye çoğu gelişmekte olan ülkeden bile daha geride bulunmaktadır. Yükseköğretimde genişleme sürecinde ABD ve Japonya, yükseköğretimde çeşitliliğin temel araçlardan biri olduğu en başarılı ülkeler arasında yer almaktadır. ABD ve Japonya'da eğitim-öğretim açısından farklılaşan yükseköğretim kurumlarının kurum sayısı itibarıyla dağılımı gösterilmektedir. Japonya yükseköğretim sisteminde ABD'yi örnek aldığı için birtakım benzerlikler dikkati çekmektedir. ABD'de 2 yıllık eğitim veren yükseköğretim kurumlarının payı %42, Japonya'da 1-3 yıllık eğitim veren alanında uzmanlaşmış kolejlerin payı ise %70'tir. Bu ülkelerde yükseköğretim kurumları farklı ihtiyaçları karşılamaya yönelik olarak hem program süreleri, hem de yükseköğretimin eğitim-öğretim ve araştırma fonksiyonları açısından çeşitlilik gösteren bir yapıya sahiptir. Amerikan üniversitelerinde son yıllarda meydana gelen en önemli değişiklikler, müfredat ve öğretimde yeni buluşlar, şirket üniversiteleri, sanal üniversiteler ve uzaktan öğrenim ve yükseköğretimin küreselleşmesidir [293].

---

[292] World Development Indicators Database, **http://www.worldbank..org.data**'dan aktaran ŞENTÜRK İnal, **Bilgi Toplumu Parametreleriyle Türkiye'nin Sorgulaması**, http://www.isguc.org., 24.03.2009

[293] Guillermo Duenas, "Sosyal Sermaye Yaratıcıları Olarak Üniversiteler", **Eğitimin Geleceği: Üniversitelerin ve Eğitimin Değişen Paradigması**, Ed. Oğuz N. Babüroğlu, Çev. Zülfü Dicleli, Sabancı Üniversitesi Yayını, İstanbul, 2003, s. 144.

Japonya, bilim literatürüne önemli katkıları olan ülkeler arasında ilk sıralarda yer almaktadır. Ülkede iyi yetişmiş insan gücüne yatırım konusunda önemli adımlar atılmıştır. Japonya'da Deming'in ondört ilkesi eğitim yönetimi anlayışının da temeli yapılmış ve hayata geçirilmiştir. Bu bağlamda eğitim örgütleri takım çalışması içinde eğitimin hedeflerine ulaşmada eğitim öğretim süreçlerinin kalite ve verimlilik esaslarına göre düzenlenmesinde işbirliği içinde çalışmaktadır.

Japonya'da yerel, ulusal ve özel olmak üzere finansman ve denetim açısından üç farklı türde yükseköğretim kurumu bulunmakta olup, 2004 yılı itibarıyla özel yükseköğretim kurumlarına devam eden öğrencilerin payı %78'dir. Amerikan üniversitelerinde eğitimin kalitesinin kontrol edilmesi ise ilgili eğitim kurumlarının akredite edilmesi suretiyle sağlanmaktadır. Bu çerçevede eğitimde birtakım standartların konulması ve uyulması amacıyla üniversiteye alınacak öğrencilerin çok yetenekli olması da bir amaç haline getirilmiştir [294].

Avrupa'da, yüksek öğretim niteliklerinin Avrupa ülkeleri arasında akademik alanda tanınması, Lizbon da 1997 yılında yapılan bir toplantıda kabul edilmiştir. Erasmus programı kapsamında Erasmus 1 projesi, üniversiteler arası işbirliğini, Erasmus 2 projesi öğrenci ve öğretim elemanları için yurt dışı bireysel eğitim desteklerini ve Erasmus 3 projesi ise akademik uzmanlık ağlarını içermektedir. Proje ile hedeflenen, öğrenim kalitesinin artırılması ve tecrübelerin paylaşılmasıdır[295]. İngiltere'de üniversitelerin standartlaştırılması amacıyla 1919 yılında üniversitelere yapılacak maddi yardımlar konusunda tavsiyelerde bulunmak üzere "University Grants Committee" kurulmuştur. İngiliz üniversite sisteminde 1963 yılında yapılan bir reform ile yükseköğretimde amaç, kalite ve standartlar gündeme gelmiş, planlama ve koordinasyonun etkisi artırılmıştır.

Dünyada yükseköğretim alanında yeni teknolojilerin kullanımında önemli gelişmeler yaşanmaktadır. Yaşanan bu gelişmeler, hem öğrencilerin hem de öğretim elemanlarının bilgi ve iletişim sistem ve teknolojilerinin kullanımını deneyimlerinin bir parçası haline getirmelerini gündeme getirmiştir. Bu anlamda en çok kullanılan ve kullanımından en çok başarı sağlanan bilişim sistemi internettir[296]. Bununla beraber dünyada hemen hemen bütün üniversitenin (özellikle gelişmiş ülkelerde) bir web sitesi bulunmaktadır. Ayrıca üniversitelerde

---

294 Emini, **a.g.e.**, s.162.

295 **A.e.**, s.163.

296 David Pines, "Binyıl için Yeni Bir Üniversite Tasarlamak: Santa Fe Enstitüsü Perspektifi", **Eğitimin Geleceği: Üniversitelerin ve Eğitimin Değişen Paradigması**, Ed. Oğuz N. Babüroğlu, Çev. Zülfü Dicleli, Sabancı Üniversitesi Yayını, İstanbul, 2003 s. 138.

öğrenci işleri ile ilgili işlevlerin ve rutin yönetsel işlevlerin yerine getirilmesinde ve raporlamalarda bilişim sistemlerinden yararlandığı görülmektedir. Ancak, dünyadaki toplumların çoğunun bilişim sistemleri kullanımı yoluyla kolaylığa erişiminin önünde önemli engeller bulunmaktadır. Bu sistem ve teknolojilerin kullanımının maliyetinde önemli azalmalar olduğu halde kullanımına gücü yetenler ancak ileri derecede sanayileşmiş ülkelerdir. Yine iletişim teknolojisindeki gelişmeler de yükseköğretiminin küreselleşmesinde öğrenci hareketliliğine bağlı olmayan yeni biçimler yaratmaktadır. Bu uygulama çerçevesinde öğrenciler bir başka ülkenin eğitim programlarına, yurtdışına gitmeden ve genellikle sanal eğitim tekniklerinden yararlanarak, kendi ülkelerinde kayıt olabilmekte ve derece alabilmektedirler.

3.4.2. Dünya Üniversitelerinde Bilişim Sistemleri Alanındaki Gelişmeler

İletişim teknolojilerinde görülen hızlı gelişmeler dünyanın çeşitli bölgelerinde bulunan ülkelerin öğretim sistemlerini etkilemiştir. Bu teknoloji-öğretim etkileşimi ile bu ülkelerin öğretim sistemlerinde bilişim sistemlerine doğru bir yönelme olmuştur.

Örneğin, 1728 yılında Boston Gazetesi'nde mektup ile stenografi dersleri verildiğine ilişkin reklamlar bulunmuştur. 1890'lı yıllarda Avustralya'daki Queensland Üniversitesi kampus dışına açık bir eğitim programı yürütmüştür[297]. Benzer bir programı da 1920'lerde Columbia Üniversitesi gerçekleştirmiştir.

İngiltere, yüksek öğretim alanında "Açık Üniversiteyi" kuran ilk ülkedir. Japonya' da 1948'de öğretim yasası çerçevesinde askerlere ve yarı zamanlı okullara devam edemeyen veya okuldan uzakta bulunanlara öğretim olanaklarını sağlamak üzere geliştirilen uzaktan öğretim sistemi orta, lise ve yüksek öğretim kademelerini kapsamı içine almıştır.

1950'lerde ise Amerika'da özellikle askeri amaçlı olarak kullanılan bilişim sistemi tabanlı iletişim ortamı kullanılmıştır.

Televizyonla verilen eğitsel nitelikli yayınlar ABD'de 1953 yılında, İngiltere'de ise doğrudan okul programlarına paralel programlar olarak 1957 yılında başlamıştır. 1967 yılına gelindiğinde, ileri düzeyde eğitim vermeyi amaçlayan programlar yapılmıştır[298]. Fransa ve İtalya'da da bu tür yayınları

---

[297] A. Balanskat, R. Blamire, S. Kefala, **The ICT impact report**: A review of studies of ICT impact on schools in Europe, 2006, p. 56.

[298] U. Demiray, **Kuruluşunun 5. Yılında Açıköğretim Lisesi İle İlgili Çalışmalar**, Eğitim Teknolojileri Genel Müdürlüğü Yayınları, Ankara, 2002, s.45.

görmek mümkündür. 1964 yılında İran'da Eğitim Bakanlığı; eğitici televizyon yayınlarına başlamış, İran televizyonu, eğitici televizyon programları ile okullara eğitim yapma görevini de yüklemiştir[299]. ABD'de 1956 yılından itibaren televizyon kolejleri ile projeli yayınlar dönemi başlamış ve yararlı olduğuna kanaat getirilerek bu tür projelerin geliştirilerek devamına karar verilmiştir.

ABD'de öğrenci ile öğretim üyesi arasında iletişimin sağlandığı akademik bilişim sistemini uygulayan üniversiteler mevcuttur[300]. Pennyslvania ve South Carolina Üniversiteleri bunların başında sayılabilir. Bu üniversiteler bilgisayar sistemleri ile öğrencilerin evlerine kadar ulaşarak, gerektiğinde danışman öğretim üyeleri ile öğrenciler arasında bu yolla danışmanlık hizmeti sağlayabilmektedir.

Teknolojik gelişmeler sayesinde günümüze gelindiğinde ise disketler, video kasetler, CD-ROM'lar, uydu yayınları, video konferanslar ve Internet, üniversitelerin çalışmalarında önemli bir yer edinmişlerdir. Eğitimde 1950'lerde uygulamaya konan bu teknolojiden birçok ülke yararlanmaktadır. Mikro Öğretim, Tele Okul, Açık Üniversite, Açık Lise, Kıtalar arası okul, Videoteks, Teleteks, Telekonferans gibi kavramlar, teknolojinin eğitime kazandırdığı yeni boyutları göstermektedir[301].

Dünyadaki teknolojik gelişmelerin baş döndürücü bir hızla devam ettiği yüzyılımızda, bilgisayarların eğitimde kullanılması eğitime yeni bir boyut kazandırmıştır. ABD ve Japonya'da bilgisayar teknolojisindeki gelişmeler büyük bir hızla eğitime transfer edilirken ülkemizdeki bilgisayarlar okul müdürlerinin odasına hapsedilmekte veya şifre konularak adeta bilgisayarlardan yararlanılmasının önüne geçilmeye çalışılmaktadır. Adı geçen ülkelerde "iletişimli video" (interactiv video, Desktop Video Conferencing veya CU-See-Me) sistemli bilgisayarlar sınıflara girmiş, "sanal gerçeklik" (Virtual Reality) denilen bilgisayar programlarıyla tıp öğrencilerine kadavrasız anatomi dersleri gösterilmektedir.

Bilgisayarlar, televizyon sistemleri eğitsel amaçlı uydular, tele iletişim, bilgi işlem sistemleri, veri bankaları ve veri tabanı sistemleri gibi yeni uygulamalar, yeni teknolojik uygulamalara örnek olarak gösterilebilir. Çoklu ortamlar, video, video-teks, etkileşimli video, telefaks, eğitim teknolojileri merkezleri, program geliştirme laboratuvarları, öğretme makineleri, robotlar, benzeşim

---

[299] İşman, **a.g.e.**, s. 38.

[300] A. Varol, N. Varol, "ABD'de Uydu İle Uzaktan Eğitim, Uzaktan Eğitim," **Uzaktan Eğitim,** 1998 Kış, s.17-21.

[301] A. Özfırat, S. Yürüker, "**Uzaktan Eğitim Materyallerinde Öğretim Tasarımı**", Bilişim Teknolojileri Işığında Eğitim Konferansı ve Sergisi Bildirisi, 13-15 Mayıs, Ankara, 2000, s.87.

ortamları gibi örneklerden de eğitim teknolojisinin ortam boyutu ile ilgili birkaç yeni uygulama olarak bahsedilebilir[302]. Eğitimde bilgisayar ortamına dayalı teknolojiye bakıldığında; telefon, uydu, fiber optikler, entegreli sistemler, dijital iletişim ağı (Integrated systems digital network), CD-Rom ve video disk olduğu görülmektedir. Bilgisayar destekli öğretim ve bilgisayara dayalı öğretimi de kapsayan bilgisayar yardımlı öğrenme (computer aided learning), E-Mail, bilgisayar konferansı, işitsel grafikler, veri tabanları ve çoklu ortamlar bilgisayar ortamına dayalı eğitimi bilişim teknolojisiyle destekleyen uygulamalara birer örnektir.

3.5. Türkiye'de Üniversitelerin Mevcut Durumu

Yükseköğretim ile ilgili stratejik seçimlerin çoğu temelde merkezi yönetimce yapılmaktadır. Türkiye'deki üniversite sisteminin de yapısı gereği politika ve stratejilerin YÖK düzeyinde oluşturulması beklenmektedir. Bu nedenle çoğu yükseköğretim kurumun kendi misyon bildirimini, geleceğe ilişkin hedeflerini, temel ilke ve değerlerini, kritik süreçleriyle ilgili politika ve stratejilerini tartışma ve belirleme girişimciliğinde bulunması güçleşmektedir[303].

Cumhuriyet öncesi dönemde yalnızca İstanbul'a odaklanan yükseköğretim kurumları Cumhuriyetin ilanıyla birlikte Anadolu'ya yayılmaya başlamıştır. Bu çerçevede, Ankara'da 1925 yılında Hukuk Mektebi, 1926 yılında Gazi Eğitim Enstitüsü, 1930 yılında ise Ziraat Enstitüsü kurulmuş; 1946 yılında ise kurulmuş olan mektep, fakülte ve enstitüler birleştirilerek Ankara Üniversitesi kurulmuştur. İstanbul'da ise 1944 yılında Yüksek Mühendis Mektebi yeniden yapılandırılarak İstanbul Teknik Üniversitesi kurulmuştur.

İlk üniversite olan İstanbul Üniversitesi'nin kurulduğu 1933 yılından 1982 yılına kadar yükseköğretim kurumu sayısında sürekli bir artış gözlenmiştir. 1958 yılında Erzurum Atatürk Üniversitesi ve ODTÜ gibi üniversiteler kurulmuştur. 1967 yılında kurulan Hacettepe Üniversitesi ve 1971 yılında kurulan Boğaziçi Üniversitesinden sonra, 1973 - 1978 döneminde 10 yeni devlet üniversitesi daha kurularak toplam üniversite sayısı 19'a ulaşmıştır. Bu dönem yükseköğretim kurumlarının tam anlamıyla Anadolu'ya yayıldığı dönem olarak kabul edilmektedir. Bu dönemde artan yükseköğretim kurumu ve bu kurumlara başvuran öğrenci sayısı karşısında 1974 yılında ÖSYM kurularak, yükseköğretime merkezi sınavla öğrenci alınmasına başlanmıştır[304].

---

302 Alkan, **a.g.e.**, s.45.

303 Tanrılkulu D., "Yükseköğretime erişimin değerlendirilmesi ve politika önerileri", DPT, Ankara 2009, s.23.

304 Milli Eğitim ve Kültür Bakanlığı, "Bülten", **http://www.mebnet.net/duyurular/bulten/bulten.pdf,** 19.03.2010

2547 sayılı Kanun ile kâr amacı gütmeyen özel yükseköğretim kurumlarının açılmasına imkân tanınmış ve bu çerçevede 1984 yılında ilk vakıf üniversitesi olan Bilkent Üniversitesi kurulmuştur. 1984 - 1992 döneminde yalnızca Gaziantep Üniversitesi kurulmuş ve yükseköğretim kurumu sayısında önemli bir artış olmamıştır. Ancak, 1992 yılında 3837 sayılı Kanunla 21 yeni devlet üniversitesi, 2 yüksek teknoloji enstitüsü ve 1 vakıf üniversitesi kurularak yükseköğretim kurumu sayısında en büyük artış gerçekleştirilmiş ve toplam üniversite sayısı 53'e yükselmiştir[305].

1993 -1994 yıllarında 2 tane devlet üniversitesi ve 1 vakıf üniversitesi daha açılmış ve üniversite sayısı 56'ya ulaşmıştır.

Vakıf üniversitesi sayısı 1996 yılından itibaren hızla artmaya başlamış ve 1996 - 2008 döneminde toplam 33 tane vakıf üniversitesi kurularak, toplam vakıf üniversitesi sayısı 36'ya ulaşmıştır. 2006 yılında 5467 sayılı Kanunla 15, 2007 yılında 5662 sayılı Kanunla 17 ve 2008 yılında 5765 sayılı Kanunla 9 adet olmak üzere toplam 41 adet yeni devlet üniversitesi kurulmuştur. Buna göre, 2008 yılı itibarıyla devlet üniversitesi sayısı 94'e ve toplam üniversite sayısı 130'a ulaşmıştır[306]. Yükseköğretimde dünyadaki kitleselleşme eğilimi ülkemizde özellikle 1992 yılından itibaren etkisini göstermeye başlamış ve yükseköğretim kurumu sayısı hızla artırılmıştır. Bu çerçevede, öğrenci sayısı da sürekli artan bir seyir izlemiş ve 1984 yılında 295.098 olan örgün öğretim öğrenci sayısı yaklaşık 5,5 katına çıkarak 2008 yılında 1.654.650' ye ulaşmıştır. 1984 - 2008 döneminde yükseköğretim öğrenci sayısındaki gelişim incelendiğinde 1992 - 1994 döneminde kurulan 23 devlet üniversitesi ve 2 yüksek teknoloji enstitüsünün öğrenci sayısındaki artışa ivme kazandırdığı görülmektedir. Buna göre, 1992 yılında 521.036 olan örgün öğretim öğrenci sayısı 2000 yılında %100 artarak 1.015.412'ye yükselmiştir[307].

---

305 YÖK, **Türkiye'nin Yüksek Öğretim Stratejisi Taslak Rapor**, Ankara, Haziran 2006, s. 43.

306 YÖK, **Vakıf Üniversiteleri Raporu**, YÖK: Ankara, 2007, s. 43.

307 YÖK, **a.g.e.**, s.46.

Tablo 3.1. Örgün Öğretimde Öğrenci, Öğretim Üyesi ve Elemanlarının Dağılımı (2007-2008)

	Öğrenciler		Öğretim Üyeleri		Öğretim Elemanları		Öğretim Üyesi Başına Öğrenci Sayısı	Öğretim Elemanı Başına Öğrenci Sayısı
	Sayı	Yüzde	Sayı	Yüzde	Sayı	Yüzde		
Ankara	177.802	11,0	6.605	17,5	16.086	16,7	26,9	11,1
İstanbul	268.132	16,6	8.121	21,5	17.355	18,1	33,0	15,4
İzmir	94.897	5,9	2.731	7,2	6.697	7,0	34,7	14,2
Büyük İller Toplam	540.831	33,4	17.457	46,2	40.138	41,8	31,0	13,5
Diğer İller	1.078.670	66,6	20.363	53,8	55.967	58,2	53,0	19,3
Genel Toplam	1.619.501	100,0	37.820	100,0	96.105	100,0	42,8	16,9

Kaynak: DPT, 2009 Yılı Programı.

2000 - 2008 döneminde ise öğrenci sayısı hızla artmakla birlikte artış hızı, 1992 - 2000 döneminin gerisinde kalmış ve 2000 yılından 2008'e %50'nin üzerinde bir artış göstermiştir. Yükseköğretim öğrenci sayısındaki artışa paralel olarak öğretim elemanı sayısı da 1984 - 2008 döneminde artarak 20.333'ten 98.766'ya yükselmiştir. 1984 yılında 6.826 olan öğretim üyesi sayısı 2008 yılında yaklaşık 6 kat artarak 38.435'e ulaşmıştır. Ancak, öğretim elemanı sayısındaki artışa rağmen, yükseköğretim kurumu ve öğrenci sayısındaki hızlı artış karşısında özellikle öğretim üyesi sayısındaki artış yetersiz düzeyde kalmıştır[308].

Örgün öğretim içinde yer alan MYO'ları homojen bir niteliğe sahip değildir. Bu okulların bir kısmı Dünya Bankası ve DPT tarafından desteklenen projelerle atölyelerini ve donanımlarını geliştirmişlerdir. Bu yolla yeterli koşullara kavuşmuş olan MYO sayısı 57'dir. MYO öğrencilerinin %38'i bu okullarda okumaktadır. Geriye kalan 438 MYO'nun, geliştirilmek için yeni bir proje kapsamına alınması gerekmektedir.

Örgün öğretim içinde MYO'larının payı yaklaşık % 30 düzeyindedir. Türkiye'de genel olarak bu oranın diğer ülkelere göre küçük olduğu ve önemli ölçüde artırılması gerektiği konusunda yaygın bir kanı bulunmaktadır. Oysa istatistikler bu durumu tümüyle desteklememektedir. Bu oran Finlandiya'da %23, Almanya'da %13, Yunanistan'da %31, İtalya'da %5.4, Kore'de %27, İngiltere'de %33, Japonya'da %34, ABD'de %45'dir[309].

---

308 Tanrılkulu, **a.g.e.**, s.23.

309 YÖK, " Meslek Yüksek Okulları", Nisan 2006, s.50

Tablo 3.2. Türkiye'deki Vakıf Üniversiteleri Kontenjanları ve Yerleşen Sayıları (2009)

Üniversite Adı	Yükseköğretim kontenjanı	Yükseköğretime yerleşen sayısı	Kontenjanların doluluk oranı (%)
Atılım Üniversitesi	1.538	1.051	68,3
Bahçeşehir Üniversitesi	2.286	2.000	87,5
Başkent Üniversitesi	1.916	1.822	95,1
Beykent Üniversitesi	2.628	2.261	86,0
Bilkent Üniversitesi	4.142	2.818	68,0
Çağ Üniversitesi	920	822	89,3
Çankaya Üniversitesi	880	808	91,8
Doğuş Üniversitesi	1.301	905	69,6
Fatih Üniversitesi	3.205	3.210	100,2
Haliç Üniversitesi	873	678	77,7
Işık Üniversitesi	700	582	83,1
İstanbul Arel Üniversitesi	1.075	767	71,3
İstanbul Aydın Üniversitesi	3.065	3.298	107,6
İstanbul Bilgi Üniversitesi	2.349	1.856	79,0
İstanbul Bilim Üniversitesi	420	446	106,2
İstanbul Kültür Üniversitesi	1.563	1.563	100,0
İstanbul Ticaret Üniversitesi	1.151	1.269	110,3
İzmir Ekonomi Üniversitesi	1.537	1.374	89,4
Kadir Has Üniversitesi	1.271	1.356	106,7
Koç Üniversitesi	832	813	97,7
Maltepe Üniversitesi	2.254	1.527	67,7
Okan Üniversitesi	1.002	589	58,8
Sabancı Üniversitesi	680	653	96,0
TOBB Ekon. ve Tekn. Üniv.	460	443	96,3
Ufuk Üniversitesi	411	405	98,5
Yaşar Üniversitesi	1.207	1.153	95,5
Yeditepe Üniversitesi	2.903	2.100	72,3

Kaynak: ÖSYM verilerinden oluşturulmuştur.

Tablo 3.2'de görüldüğü üzere, bazı vakıf üniversiteleri kontenjanlarının üzerinde öğrenciyi kabul ederken, üniversitelerin çoğu %1-41 arasında değişen oranlarda kontenjanlarını dolduramamaktadır. 2009 yılı itibarıyla Türkiye'deki vakıf üniversitelerinin kontenjanlarının ortalama %14'ü boş kalırken, devlet üniversitelerinde bu oran %5 düzeyindedir[310]. Vakıf üniversitelerindeki öğrenim ücretlerinin çok yüksek olmasının yanı sıra, devlet üniversitelerinde neredeyse ücretsiz bir eğitim hizmeti sunulması öğrencilerin tercihleri üzerinde etkili olmaktadır.

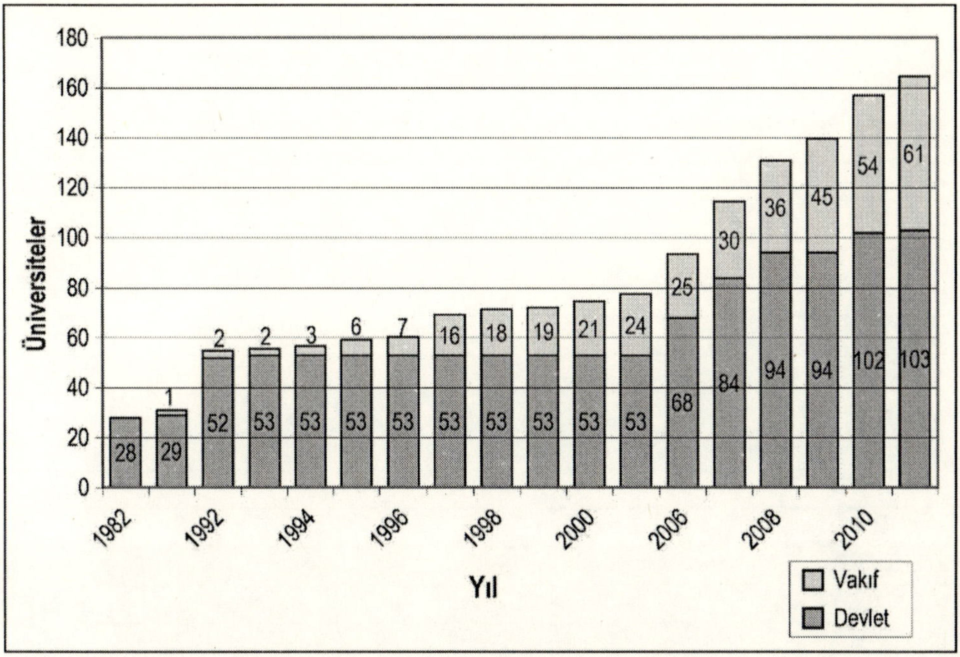

Şekil 3.1. Yıllara Göre Üniversite Sayısındaki Gelişmeler

Kaynak: YÖK verilerinden derlenmiştir.

Vakıf yükseköğretim kurumu sayısında özellikle 1996 yılında başlayan hızlı artışa rağmen, öğrenci sayısında kurum sayısı ile paralel bir artış gerçekleşmemiştir. 2008 yılı itibarıyla vakıf yükseköğretim kurumlarına devam eden öğrencilerin toplam örgün öğretim öğrenci sayısı içindeki payı yalnızca %8,6 düzeyindedir. Bu itibarla, 1992 - 2008 döneminde yükseköğretim öğrenci sayısındaki artış vakıf üniversitelerinden ziyade devlet üniversitelerindeki öğrenci sayısının artmasından kaynaklanmaktadır.

2006-2010 döneminde vakıf üniversitelerinin sayısı da önemli oranda artmış olup, 2011 yılı itibariyle vakıf üniversitesi sayısı 61'e çıkmıştır.

Tablo 3.3'te üniversite sayılarına göre illerin sıralaması verilmiştir. Türkiye'de 2008 yılı itibariyle üniversite kurulmayan il bulunmamaktadır.

---

[310] ÖSYM, **2004-2005 Öğretim Yılı Yükseköğretim İstatistikleri**, ÖSYM Yayınları, Ankara, 2009-2, s.3.

Fakat 81 ilin sadece 15'inde birden fazla üniversite bulunmaktadır ve bu 15 ilde bulunan toplam üniversite sayısı 99'dur. Bir başka ifadeyle ülkemizdeki toplam 165 üniversitenin %60'ı Tablo 3.3'te gösterilen 15 ilimizde bulunurken; %40'ı diğer illerimizdedir. Ayrıca İstanbul, Ankara ve İzmir'de ki üniversitelerin toplam sayısı 67'dir ve bu üç ilimizdeki üniversite sayısı Türkiye'deki üniversitelerin yaklaşık %40'ını oluşturmaktadır.

Tablo 3.3. Üniversite Sayılarına Göre İllerin Sıralaması

İLLER	D+V	TOPLAM ÜNİVERSİTE
1 İSTANBUL	9+33	42
2 ANKARA	5+11	16
3 İZMİR	4+5	9
4 KAYSERİ	2+2	4
5 KONYA	2+2	4
6 ANTALYA	1+2	3
7 BURSA	2+1	3
8 GAZİANTEP	1+2	3
9 MERSİN	1+2	3
10 ERZURUM	2+0	2
11 ESKİŞEHİR	2+0	2
12 KOCAELİ	2+0	2
13 ADANA	2+0	2
14 SAMSUN	1+1	2
15 TRABZON	1+1	2
DİĞER İLLER	66+0	66
Toplam	**165**	**165**

*D: Devlet Üniversitesi ve V: Vakıf Üniversitesi

Kaynak: Durmuş Günay, Aslı Günay, "1033'ten günümüze Yükseköğretim de niceliksel gelişmeler", Karaelmas Üniversitesi Dergisi, 2011, s. 5

Üniversitelerin yurt içinde dengeli olarak dağılması ve yükseköğretime erişimin artırılması hedefine yönelik olarak 2006 yılında 15, 2007 yılında 17, 2008 yılında 9, 2010 yılında 8 ve son olarak 2011 yılında 1 olmak üzere toplam 50 adet yeni devlet üniversitesi kurulmuştur. Böylece, üniversiteler yurt geneline yaygınlaştırılmış ve üniversitesi olmayan ilimiz kalmamıştır. 2006-2010 döneminde vakıf üniversitelerinin sayısı da önemli oranda artmış olup, 2011 yılı itibariyle 61'i vakıf, 103'ü devlet olmak üzere toplam üniversite sayısı 164'e yükselmiştir.

Ülkemizde yükseköğretime erişimi artırmak üzere alınan tedbirlerden bir tanesi de, mevcut üniversitelerin daha fazla öğrenciye hizmet vermek üzere öğrenci kapasitelerinin artırılmasıdır. Bu amaçla yükseköğretim kontenjanları, 2008, 2009 ve 2010 yıllarında sırasıyla %28,1, %16,6 ve %8,8 oranında artırılmıştır. Böylece, örgün öğretim kontenjanları 2010 yılında 638.818'e yükselmiştir.[311]

Türkiye'de 2011 yılı itibariyle 103 devlet üniversitesi, 62 vakıf üniversitesi, 7 vakıf meslek yüksekokulu ve 10 diğer eğitim kurumu olmak üzere toplam 182 yükseköğretim kurumu bulunmaktadır.

Tablo 3.4. Türkiye'de Yükseköğretim Kurumlarının Sayısı (2011)

Devlet Üniversitesi	103
Vakıf Üniversitesi	62
Vakıf Meslek Yüksekokulu	7
Diğer Eğitim Kurumları*	10
Toplam	**182**

Kaynak: ÖSYM Yükseköğretim İstatistikleri, 2010.

1984-2010 yılları arasında toplam yükseköğretim öğrenci sayısında sürekli bir artış görülmektedir. 1984 yılında 322.320 olan toplam yükseköğretim öğrenci sayısı 2010 yılı itibariyle 3.529.334'e ulaşmıştır.

Tablo 3.5. Türkiye'de 2009- 2010 Öğretim Yılı Öğrenci Sayısı

Yükseköğretim Kurumu	Önlisans	Lisans	Yüksek Lisans	Doktora	Toplam (%)
Devlet	988.769	2.147.044	120.997	42.260	**3.311.990 93,84%**
Vakıf	30.894	126.101	18.466	2.147	**178.264 5,06%**
Vakıf MYO	3.565	-	-	-	**0,10%**
Diğer Eğitim Kurumları	19.122 8.388	7.064	580	361	**35.515 1%**
Toplam	**1.042.350**	**2.280.209**	**140.043**	**44.768**	**3.529.334 100%**

*Açıköğretim öğrencileri dahil edilmiştir.

Kaynak: ÖSYM Yükseköğretim İstatistikleri, 2010.

---

[311] DPT, **Yükseköğretim Sektörü Çalışması**, 2011.

1984 yılındaki 322.320 öğrencinin 40.617'si açıköğretim programlarına, 281.703'ü ise yüz yüze eğitim programlarına kayıtlıydı. 2010 yılında ise açıköğretim öğrencilerinin sayısı 1.557.217 iken yüz yüze eğitim öğrencilerinin sayısı 1.972.217'dir. 2002 yılı itibariyle açıköğretim öğrenci sayısında görülen artış 2008 yılından sonra daha da hızlanmıştı. 2008 yılında 877.972 olan açıköğretim öğrenci sayısı 2010 yılı itibariyle yaklaşık %77'lik artışla 1.557.217'ye ulaşmıştır[312]. Toplam yükseköğretim öğrenci sayısında 2008 yılından sonra hızlı bir artış görülmektedir. 2008 yılında 1.654.650 olan yüz yüze eğitim öğrencilerinin sayısı yaklaşık %19'luk artışla 2010 yılında 1.972.117'ye yükselirken aynı dönemde toplam yükseköğretim öğrenci sayısında yaklaşık %39'luk bir artış olmuştur.

1984-2010 yılları arasında yükseköğretimde öğretim elemanı ve öğretim üyesi başına düşen öğrenci sayısındaki değişim gösterilmektedir. 1984 ve 2010 yılları arasında öğretim elemanı başına düşen öğrenci sayısı 13-19 öğrenci düzeyindedir. 1984 yılında öğretim elemanı başına düşen öğrenci sayısı 13,85 iken 2010 yılında 18,71'dir. Türkiye'de öğretim elemanı başına düşen öğrenci sayısı 2008 OECD ülkeleri ortalamasına (15,8) göre yüksektir[313]. 1984-2010 döneminde öğretim elemanı başına düşen öğrenci sayısının gelişmemesinin başlıca nedeni yükseköğretimde öğrenci sayısında görülen artışın öğretim elemanı sayısında görülen artıştan daha hızlı olmasıdır. Bir başka ifadeyle 1984-2010 yılları arasında öğrenci sayısı yaklaşık %600 artarken öğretim elemanlarının sayısı yaklaşık %420 artmıştır. Öte yandan 1984-2010 döneminde öğretim üyesi başına düşen öğrenci sayısı 41-50 öğrenci düzeyindedir. 1984 ve 2010 yıllarında öğretim üyesi başına düşen öğrenci sayısı sırasıyla 41,26 ve 46,75'dir.

3.6. Türkiye'de Üniversitelerde Bilişim Sistemleri

Üniversiteler, çevresel değişimlere duyarsız kalamamış ve bu değişimlere ayak uydurmak durumunda kalmıştır. Bundan dolayı diğer kamu kurumlarında olduğu gibi üniversitelerde de bilişim sistemleri uygulamaları 1970'li yılların sonunda ortaya çıkmıştır.[314]

1980'li yıllardan itibaren yükseköğretim kurumlarını ve sistemlerini büyük ölçüde etkileyen gelişmeleri; küreselleşme, yaşam boyu eğitime artan gereksinim ve bilişim ve iletişim teknolojilerindeki hızlı ve yoğun gelişmeler olarak sıralamak

312 Günay, **a.g.e.**, s. 12.

313 Günay, **a.g.e.**, s. 123.

314 Halil Işık ve Ahmet Alpay, "Eğitimde Stratejik Plan Geliştirme Sürecinde Karşılaşılan Sorunlar: Çanakkale İlinde Yapılan Bir İnceleme, **Gazi Üniversitesi Gazi Eğitim Fakültesi Dergisi,** Cilt 24, Sayı 3, 2004, s. 350.

mümkündür. Bu gelişmeler içerisinde özellikle bilişim ve iletişim teknolojilerindeki hızlı ve yoğun gelişmeler yükseköğretim sistemlerini oldukça fazla etkilemiştir.

Küreselleşme ile bağlantılı teknolojik gelişmelerin merkezinde bulunduğu ileri sürülen "bilgi" ve "iletişim teknolojileri (teknolojik gelişmeler)" artık içinde bulunulan toplumun bir bilgi toplumu olduğunun işareti olarak da görülmektedir. Teknolojik gelişmeler üniversite çalışanlarının araştırma sürecini hızlandırmıştır. Üniversiteler bilgi teknolojilerini kullanarak öğrencilere maliyet-etkili eğitim sunarken, yüksek nitelik ve esnekliğe ulaşma olanaklarını yakalamışlardır. Artık sınıf kavramı dört duvar arasından çıkmakta, dünyanın herhangi bir yerindeki bilgisayar sınıf olabilmekte ve bu durum ise yükseköğretime erişimi yükseltmektedir. Bilgi, internet aracılığıyla, çok daha geniş bir kitleye aynı anda ve ucuz bir biçimde ulaştırılabilmektedir. Dünyanın herhangi bir yerindeki bir üniversite öğrencisi ile internette gezinti yapan herhangi bir kişinin ulaşabileceği kaynaklar arasında artık çok fazla bir fark bulunmamaktadır. Dolayısıyla, belli bir bilgi seviyesindeki bireylerin, kendilerini geliştirmesi oldukça kolaylaşmaktadır. İnternet üzerinde bulunan bilgi bankaları veya veri tabanlarından bazıları herkesin kullanımına açıktır ve isteyen herkes bu bilgilere ulaşabilmektedir[315].

Bilgisayar ve internet ile ilgili bilgi sahibi olmak yeterlidir. Bu bilgilere ulaşılması akademisyenler için olduğu kadar sıradan internet kullanıcıları içinde çok kolaydır. Eğitimde küreselleşmenin temelinde bulunan gelişmiş teknolojiler ile eğitim arasında üç önemli etkileşim bulunmaktadır. Bunlar, teknoloji eğitimi, bilim ve teknik eğitim ve eğitimde teknolojinin kullanımıdır [316].

Üniversitedeki eğitim faaliyetlerinin etkili bir şekilde yürütülebilmesi insanların, örgütsel süreçlerin, teknolojinin ve yapısal özelliklerin işlevsel bir koordinasyonu ile mümkündür[317]. Bilgi yönetimi bu koordinasyonun gerçekleştirilmesine yardımcı olarak üniversitedeki eğitime katkı sağlayabilir. Günümüzde eğitim faaliyetlerinin odak noktası öğretme çabalarından ziyade öğrenme süreçleridir. Bilgi yönetiminin en önemli araçları arasında yer alan enformasyon teknolojilerinin ve sosyal bilgi yönetimi araçlarının etkin kullanımı öğrenmeyi destekleyebilir. İçinde bulunduğumuz dönemde özellikle öğrenme yeterliliği kapsamında değerlendirilen beceriler yaşamsal önem kazanmıştır.

---

[315] Nejla Tural, "**Küreselleşmenin Üniversite Üzerine Etkileri**: Çeşitli Ülkelerden Örnekler", **Eğitim Araştırmaları,** Sayı: 6, 2002, s.99–120.

[316] Yılmaz, **a.g.e.,** s. 103-121.

[317] A. M. Agrawal, "Knowledge Management Application in Higher Technical Institutions in India"**, International Association for Management of Technology** (IAMOT), 13th International Conference Proceedings, Washington April 3-7, 2004, pp. 154-160.

Eğitim faaliyetleri bilgi yönetim sürecinin üniversitenin eğitim faaliyetlerine asıl katkıyı sağlayacağı nokta da budur. Zira toplumdaki teknoloji altyapısı ne kadar gelişirse en önemlileri öğrenme yeterliliği olan- teknoloji dışı yeterliliklerin önemi de o kadar artmaktadır. Eğitim faaliyetleri daha ziyade bilginin yayılması fonksiyonunu ifa etmektedirler. Eğitim faaliyetleri bilgi yönetim süreci bilginin yayılmasının daha sistematik ve amaçlara uygun bir biçimde gerçekleşmesini, dolayısıyla bu fonksiyonun üniversiteye ve topluma daha yararlı olmasını sağlayacaktır. Eğitim faaliyetleri bilgi yönetimi için bilgi depolama sistemlerinin yetkin ve kullanışlı olması ve eğitim faaliyetlerinde görevli üniversite personelinin bilgiye erişiminin kolaylaştırılması gerekmektedir. Eğitim faaliyetleri bilgisi etkin biçimde yönetildiği takdirde üniversitenin topluma sunduğu eğitim hizmetinin genel kalitesi de yükselecektir[318].

3.6.1. Yükseköğretim Yönetim Bilişim Alt Sistemi

Yükseköğretimde yönetim bilişim alt sistemi oluşturulmasıyla beraber köklü bir değişim gerçekleşmiş ve öğrencilere yönelik hizmet kalitesinde büyük artış meydana gelmiştir. Bu sistem faaliyete geçirilirken birçok konuda kolaylık sağlaması planlanmış, göz önüne alınan bu planlar doğrultusunda sistemli bir çalışma gerçekleştirilerek yükseköğretime bir bilişim sistemi entegre edilmiştir.

Yükseköğretim yönetim bilişim alt sistemi ile burslu öğrencilerin, başvuru bilgileri, genel bilgileri ile başvuruları reddedilenlerin ret sebepleri, kontenjanlar, başvuru sınav değerlendirme işlemleri, burslu öğrenci olarak kaydedilen öğrencilerin takip işlemleri, istatistik ve ek işlemler, burslu öğrencilerin tazminat bilgilerinin hesaplanması ve takip edilmesi, faize girenlerin faiz hesaplatma işlemleri, aldığı bursa karşılık mecburi hizmet görev takibinin yapılması, özel öğrenci statüsünde müracaat edenlerin giriş takip, istatistik işlemleri ile dosya kapatma işlemlerinin yapılması, idari şubenin evrak işlemlerinin takibi, üniversitelere ait bilgi ve personel bilgilerinin tutulması, bütçe şubesince ise yurt dışına gidenlerin ilk iki aylık ödenek hesaplamaları, öğrencilere ait yurt içi ve dışı bordro işlemleri münferit masraf kayıtlarının tutulması, geri dönüşlü öğrenciler için aylık hesaplama işlemleri, kredi talep değerlendirilmesi, uçak bileti temini ve ayrıca bütçe gider defteri düzenlenmesi, üniversite takip ve sayısal işlemlerin yapılması amaçlanmıştır [319].

---

318 Veli Denizhan Kalkan, "Türk Üniversitelerinde Bilgi Yönetimi Süreçlerinin Geliştirilmesi: Öncelikler ve Öneriler", **3. Ulusal Bilgi Ekonomi ve Yönetim Kongresi,** Eskişehir, Kasım 2004, ss. 778-779.

319 http://www.meb.gov.tr/mebedevlet/yosis.html

3.6.2. ULAKBİM

ULAKBİM Projesi üniversite ve araştırma kurumlarının ve bunların kullanıcılarının bilgi gereksinimlerinin karşılanmasında teknolojik kolaylık sağlamayı hedeflemektedir. Bu teknolojik kolaylıklar, ağırlıklı olarak akademik kesimin oluşturduğu son kullanıcıların etkinliğini ve üretkenliğini artırıcı nitelikte, başta bilgisayar ağları olmak üzere, bilgi teknolojisi desteği ile bilgi ve belge erişim hizmetleri şeklindedir. Bu amaçlara yönelik görevleri üniversiteler ve araştırma kurumları arasında etkileşimli bir bilgisayar ağı kurmak, işletmek, bilgi üretimine yardımcı olacak nitelikte bilgi teknolojileri desteği sağlamak ve bu ağ üzerinden Türkiye'nin bilgi üretimine yardımcı olacak bilgi hizmetleri sunmaktır[320].

1996 yılında, TÜBİTAK ve YÖK arasında imzalanan bir protokol ile YÖK dokümantasyon hizmetleri de devralınarak TÜBİTAK tarafından kurulmuştur. Ülkemizdeki tüm akademik kurumları birbirine ve küresel araştırma ağlarına bağlayan Ulusal Akademik Ağ alt yapısını işletmekte ve bu ağ üzerinden yeni ağ servisleri sunarak, bir yandan ağ için araştırma geliştirme yapmakta, diğer yandan araştırmacıların ağı Ar-Ge yapmak için kullanmalarını sağlamaktadır. Ulakbim, Türkiye'de akademik bir ağ alt yapısı oluşturmak üzere araştırma ve geliştirme faaliyetlerini sürdüren Ağ Teknolojileri Birimi ve ülke çapında bilgi ve belge hizmetleri vermek üzere faaliyet gösteren Cahit Arf Bilgi Merkezi (Cabim) birimlerinden oluşmaktadır.

Ulakbim kuruluşundan günümüze kadar olan süre içerisinde, bilgi çağında yaşanan hızlı teknolojik değişimler ve gelişmelere ayak uydurarak; temel faaliyet alanları ile ilgili, gerek ağ teknolojilerinde, gerekse elektronik yayıncılıktaki gelişmeleri gününün koşullarına uygun olarak yakından izlemekte ve kendini devamlı olarak yenilemektedir. Buna göre Ulakbim; "ulusal hizmet" anlayışı çerçevesinde, eğitim ve araştırma ağ altyapısının yüksek hızlı yurt içi ve yurt dışı bağlantıları üzerinden sunduğu hizmetlerle, misyonu doğrultusunda ülkemizdeki eğitim ve araştırma kapasitesini artırmak ve bilgi hizmetlerini ulusal ölçekte yaygınlaştırmak amacıyla günün koşullarına uygun olarak geliştirmeyi hedeflemektedir[321].

Ulusal Akademik Ağ (Ulaknet), üniversite ve araştırma kurumlarının ulusal ve uluslar arası düzeyde Internet ve ağ bağlantılarını gerçekleştiren Türkiye'nin en büyük eğitim ve araştırma ağıdır. Eğitim ve araştırmanın küresel çapta

---

320 Türkiye Bilişim Şurası, **Bilgi Toplumuna Doğru**, Türkiye 2. Bilişim Şurası Sonuç Raporu, Ankara, 2004, s. 128.

321 **"ULAKBİM'in Amaç ve Görevleri"**, http://www.ulakbim.gov.tr/hakkimizda/ulakbim/amac.html,14.4.2010

uygulanabilirliğinin yaygınlaştığı günümüzde etkin bir ulusal ağ altyapısı ve bunun uluslar arası bağlantıları, Türkiye Araştırma Alanının olmazsa olmaz bir parçası haline gelmiştir. Ulakbim'in temel görevleri doğrultusunda hizmet verebilmesi için tüm dünya akademik ağ modellerinde olduğu gibi, yüksek hızlı, kesintisiz bir omurga ile dış bağlantılara ihtiyaç vardır. Bu yüzden, Ulaknet'ten yararlanan yaklaşık 90.000 Öğretim Görevlisi ve araştırmacının, 2.000.000'un üzerinde üniversite öğrencisinin beklentilerinin hep bir adım önünde ağ hizmetleri sunmak, Ulakbim'in en önemli hedeflerindendir.[322] Yurt içinde, akademik bir ağın doğal üyesi olan tüm uçlara teknik imkanlar dahilinde yüksek hızlarla ulaşmaya çalışan Ulaknet'in, dünya akademik ağları ile bütünleşmek için Avrupa Akademik Ağı Geant ile de karasal bağlantısı bulunmaktadır.

3.6.3. Akademik Bilişim Sistemi

Bilgisayarların insan hayatında kaçınılmaz bir unsur haline gelmesi ile eğitim-öğretim ortamlarında kullanılması da zorunluluk haline gelmiştir. Bilgisayarların sahip olduğu karmaşık yapı eğitim-öğretim ortamlarında kullanılan diğer eğitim teknolojilerinden daha çok özelliği bir arada toplamasını sağlamıştır. Bu özelliklerinden dolayı bilgisayarların eğitim öğretim ortamlarında kullanılmasının sağladığı birçok fayda bulunmaktadır. Bunlar; öğrencilerde öz güven sağlaması, öğrenme için güvenli bir ortam oluşturması, hızlı dönüt vermesi, öğrencilerin bireysel ihtiyaçlarını karşılaması, başarısız öğrencilere yardım etmesi, yazılarda kolayca değişiklikler yapabilmesi, yazı becerilerini kazandırabilmesi, çok zengin bilgi kaynaklarına doğrudan ulaştırması, bilgilerin yeni yöntemlerle sunulabilir olması ve grup çalışmalarına fırsat vermesidir [323]. Bu faydalarından dolayı bilgisayarlar eğitim-öğretim kurumlarındaki faaliyetlerde, laboratuvarlarda, idari işlerde ve ders dışı faaliyetlerde aktif olarak kullanılmaya başlamış; vazgeçilmez bir teknoloji haline gelmiştir. Bilgisayarların, bilgiyi depolama, saklama, tekrar kullanmadaki üstünlüğü bu bilgilerin başkalarıyla paylaşılması gereğini ortaya çıkarmıştır[324].

Üniversite Bilişim Sistemleri, diğer kamu ve özel sektör kurumlarında kullanılan bilişim sistemleri ile aynı işlevlere sahip olmakla beraber, üniversitelerin temel misyonlarının ve iç ve dış müşterilerinin özelliğinden kaynaklanan birtakım farklılıklar da göstermektedir. Buna göre Üniversite Bilişim

---

[322] **http://www.ulakbim.gov.tr/hakkimizda/ulakbim/amac.html**, 14.4.2010

[323] E. Tahir Rıza, **Eğitimde Bilgisayar Teknolojisi**, Kanyılmaz Matbaacılık, İzmir, 2001, s. 87.

[324] Yılmaz ve diğerleri, **a.g.e.**, s.103-121.

Sistemleri, işlevsel düzeye, bilgi düzeyine, yönetim düzeyine göre aşağıdaki bilgileri içermelidir:[325]

- Akademik personelin çalıştığı bölüm, kimlik ve adres bilgileri, özlük bilgileri, sicil numarası, unvanı, verdiği dersler, ders, öğrenci ve not takibi,
- Akademik personelin sayısı, başarı durumu, yayınları,
- Bölümlerin akademik başarı oranları,
- İdari personelin çalıştığı birim, kimlik ve adres bilgileri, özlük bilgileri, sicil numarası,
- Muhasebe ve finansmana ilişkin bilgiler, aktarılan kaynaklar, kaynakların kullanım düzeyleri ve dağılımları,
- Öğrencilerin kimlik ve adres bilgileri, aldıkları dersler ve not durumları,
- Öğrencilerin başarı durumları, mezun sayıları,
- Kampüste yer alan binalar ile sosyal tesislerin bağlı bulundukları birim, kapasiteleri, donanımları.

Bu bilgiler, genel olarak üniversitenin iç ve dış müşterileri olan öğrenciler, akademik ve idari personel ile üniversite dışındaki birey ve kurumların kullanımına açık olmalı ve gerekli durumlarda kullanılabilinmelidir.

3.7. Türkiye'de Üniversitelerde Bilişim Sistemlerinin Mevcut Durumu

Bilişim sistemlerinin kullanımı açısından bir değerlendirme yapıldığında aşağıdaki gibi bir görüntü ortaya çıkmaktadır.

2007 yılı itibariyle Türkiye'deki bütün üniversitelerin bir web sitesi bulunmaktadır. Üniversiteler web siteleri aracılığıyla kullanıcıların internet üzerinden üniversiteye ulaşması amacıyla birtakım arayüzler oluşturmuşlar ve otomasyona geçmişlerdir. Bu sistemlerin kullanıcıları üniversitelerin akademik ve idari personeli ile öğrenciler, araştırmacılar ve diğer çalışanlardır. Sistemlerin sağlıklı çalışmasının denetiminin sağlanması amacıyla üniversiteler bünyesinde Bilgi İşlem Daireleri kurulmuş ve çalışmaya başlamıştır. Üniversite içindeki birbirleri ile iş yapması gereken birimlerin otomasyonu da sağlanmış ve uygulamaya aktarılmıştır. Bu kapsamda öğrenci otomasyonu kapsamına giren bilgi ve belgeler ile rutin yönetsel faaliyetlere ilişkin bilgi ve belgelerin ilgili birimler arasında paylaşımı sağlanmıştır. Bu kapsamda ders kaydı, not girişi,

---

[325] Emini, **a.g.e.**, s.137.

öğrenci ve danışman bilgilerinin saklanması gibi öğrenci işleri faaliyetlerini kolaylaştırmayı amaçlayan Ofis Otomasyon Sistemleri ile personel maaş, bordro, ek ders, mesai bilgilerinin girilmesi ve saklanması ile idari işlerin yürütülmesi gibi amaçlara yönelik Yönetim Bilişim Sistemlerinin kullandığı görülmektedir.

Türkiye'deki üniversitelerden Akademik Bilgi sistemi uygulamasına ilk geçen Sakarya Üniversitesi olmuştur. CAWIS, Sakarya Üniversitesi Bilgisayar Araştırma ve Uygulama Merkezi (BAUM) tarafından geliştirilen Kampüs Otomasyonu Web Bilgi Sistemi (Campus Automation Web Information System) projesinin kısa adıdır. CAWIS projesinde ulaşılmak istenen hedefler, kullanıcı doğrulama işlemlerini tek ve güvenli bir noktadan yapmak, kullanıcı altyapı sistemini oluşturmak ve web üzerinden yönetmek, geniş içerikli web servisleri ile ihtiyaç duyulan hizmetleri en iyi şekilde sunmaktır.

CAWIS sistemi, Sakarya üniversitesinde e-posta hesabı bulunan tüm kullanıcıları kapsayacak bir veritabanı içerir. Bu veritabanı zamanla başından beri hedeflendiği gibi kullanıcı bilgilerini otomasyon programlarından alan tam entegre bir yapıya bürünecektir. 2001 yılında temelleri atılan 2004 yılında hizmete açılmasına rağmen geliştirilme ve üzerine servisler eklenme süreci halen devam eden CAWIS, Sakarya üniversitesinde geliştirilmiş en büyük yazılım tabanlı otomasyon sistemidir[326].

İstanbul' da 33 tane vakıf üniversitesi bulunmaktadır. Bunlardan 17 tanesi akademik Bilgi sistemi ya da diğer bir deyişle Akademik Otomasyon Sistemi kullanmaktadır.

---

326 www.cawis.sakarya.edu.tr,14.05.2010

DÖRDÜNCÜ BÖLÜM

YÜKSEKÖĞRETİM KURUMLARINDA BİLİŞİM TEKNOLOJİLERİ KULLANIMININ ÖRGÜT PERFORMANSINA ETKİLERİ VE BİR ARAŞTIRMA

İlk üç bölümde bilişim teknolojisi özellikleri, bilişim teknolojisi ve örgütsel etkilerinden, örgütsel performans ölçümünden ve boyutlarından bahsedilmiş bilişim teknolojisi ve örgütsel performans ilişkisi üzerinde durulmuş, Üniversitelerde bilişim sistemleri kullanımına değinilmiştir. Bu bölümde yükseköğretim kurumlarında bilişim teknolojisi kullanımının örgüt performansına etkilerini belirlemeye yönelik araştırmaya yer verilecektir.

4. YÜKSEKÖĞRETİM KURUMLARINDA BİLİŞİM TEKNOLOJİLERİ KULLANIMININ ÖRGÜT PERFORMANSINA ETKİLERİ VE BİR ARAŞTIRMA

4.1. Araştırmanın Amacı

Günümüzde ekonomik, teknolojik ve sosyal alanlarda yaşanan hızlı ve sürekli değişim işletmeleri önemli ölçüde etkilemektedir. Bu değişime uyum sağlama çabalarının sonucunda kaçınılmaz olarak tüm işletmeler tarafından bir rekabet aracı olarak kullanılmaya başlanan bilişim teknolojileri kavramının işletme performansına olan etkilerinin ölçülmesi bir zorunluluk olarak karşımıza çıkmaktadır. Böylece bilişim teknolojilerinin genel işletme performansına yaptıkları katkıların belirlenmesi olanaklı hale gelecektir.

Literatür taraması sonucunda yükseköğretim kurumlarında bilişim teknolojileri ve örgütsel performans ilişkisi ile ilgili olarak yapılmış bir çalışmaya ulaşılamamıştır. Bundan dolayı, bu çalışma ilgili alanda yapılmış ilk çalışma olduğundan konunun somutlaştırılarak ortaya konması açısından olduğu kadar bundan sonra yapılacak çalışmalara yön verilmesi açısından da önem taşımaktadır.

Konu çok derin ve çok kapsamlı bir konu olduğundan incelenmesi zor bir konudur. Amacımız kavramsal olarak pozitif etkileri genel kabul görmüş bir konuyu birincil kaynaklara dayalı olarak incelemektir Bu çalışmada BT'nin örgüt performansına etkileri, literatürde incelenen, bilişim teknolojisinin örgütsel performansa etkisini araştıran çoğu çalışmada kullanıldığı gibi kişilerin algısına dayalı olarak belirlenmeye çalışılmıştır.

Araştırmanın temel kavramları bilişim sistemleri ve örgüt performansı kavramlarıdır. Araştırmada, bu kavramların kapsadığı performans ve performans ölçüm sistemleri, yükseköğretim kurumlarında kullanılan ve bir bilişim sistemi olan akademik otomasyon sistemi gibi kavramlar irdelenerek bilişim teknolojileri ve örgüt performansı arasındaki etkiler ortaya konmaya çalışılmıştır.

Literatürde var olan çalışmaların büyük çoğunluğunun bireysel performans üzerine olması, örgütsel performans ile ilgili çalışmaların sınırlı sayıda olması çalışmayı literatür araştırması alanında sınırlamıştır.

Çalışmanın amacı;

- Yükseköğretim kurumlarından biri olan vakıf üniversitesinde, bir bilişim teknolojisi ürünü olan akademik otomasyon sisteminin kullanımının örgüt performansına olan etkilerini öğretim üyelerinin algılarını ölçmeye dayalı olarak incelemektir.

- Akademik otomasyon sisteminin bilgi sağlama özelliklerinin örgütsel performans üzerindeki etkilerini öğretim üyelerinin nasıl algıladıklarına dayalı olarak ölçmek ve incelemektir,
- Akademik otomasyon sisteminin kullanımının öğretim üyelerinin faaliyetlerini nasıl etkilediğini araştırmak ve öğretim üyeleri tarafından örgüt performansına olan etkisinin nasıl algılandığını incelemek,
- Akademik otomasyon sistemi kullanımı açısından öğretim üyeleri arasındaki farklılıkları ortaya koymaktır.

Yukarıdaki açıklamalar ışığında hazırlanan bu çalışmada, yükseköğretim kurumlarında, bilişim teknolojileri kullanımının örgüt performansına etkileri incelenmiştir. Bu çalışmanın amacı bilişim sistemleri kullanımının örgüt performansına etkilerini belirli açılardan inceleyerek bir durum analizi yapmak, öğretim üyelerinin bu etkiyi nasıl algıladıklarını belirlemek, sorunları ve ihtiyaçları ortaya koymak bu çerçevede öneriler geliştirmektir.

4.2. Araştırmanın Veri Toplama Yöntemi

Araştırmada veri toplama yöntemi olarak anket kullanılmıştır. Araştırma amaçları doğrultusunda hazırlanan anket formundaki soruların belirlenmesinde ilgili literatür ve bu konuda daha önce gerçekleştirilen çalışmalar dikkate alınmıştır. Mahmood ve Soon[327] (1991), Cragg ve arkadaşları[328] (1997), Çetinkaya[329] (2007), Zinatelli (1994), Altuntaş ve Dönmez (2010), İlayda Tanoğlu ve Nuri Başoğlu[330] (2006) tarafından yapılmış olan çalışmalardan da yararlanılarak anket soruları oluşturulmaya çalışılmıştır. Anket soruları, anket formu hazırlanmasında dikkat edilmesi gerekli hususlar çerçevesinde hazırlanmıştır. Anketi oluşturan sorular tespit edildikten sonra, taslak anketteki sorular araştırmanın amaçları ve varsayımları ile karşılaştırılmıştır.

Araştırma modelinde ve ankette yer verilen ölçüm değişkenleri bağımsız ve bağımlı değişkenlerden oluşmaktadır. Anket altı bölümden oluşmaktadır. İlk üç bölüm bağımsız değişkenler olan bilişim teknolojisi ve alt boyutlarından, beşinci

---

327 M. A. Mahmood ve S. K Soon, " Comprehensive Model for Measuring the Potential Impact of Information Technology on Organizational Strategic Variables", **Decision science**, 1991, pp. 869-897.

328 Cragg ve diğerleri, **a.g.e.**, s. 192.

329 Çetinkaya, a.g.e, s.113.

330 I. Tanoğlu Ve N. Başoğlu, "Exploring the relationship between information technology diffusion and managerial decision making", **Proceedings of PICMET'05**, July 2005, s.121.

bölüm bağımlı değişken olan örgütsel performans kavramından ve son bölüm olan altıncı bölümde demografik bilgilerden oluşmaktadır.

İleri sürülen hipotezleri ve teorik modeli test etmek için geliştirilmiş olan anketteki sorular; bilişim teknolojisi kullanımı düzeyi, bilişim sisteminin özellikleri, bilişim sisteminin faaliyetlere olan etkisi, bilişim sistemleri yatırımın algılanması, örgütsel performans ve demografik bilgiler olarak altı farklı gruptan oluşmaktadır. Birinci ve altıncı bölüm dışındaki bölümlerde 5'li likert ölçeği kullanılmıştır.

Birinci bölüm bilişim teknolojileri kullanım düzeyi ile ilgili bölümdür. Bu bölüm üç sorudan oluşmaktadır. Yüksek öğretim kurumunda kullanılan bilişim teknolojileri kullanım düzeyini ölçen sorulardan oluşmaktadır.

İkinci bölüm bilişim sisteminin özelliklerini saptamaya çalışılan bölümdür. İki sorudan oluşmakta olan bu bölümde 18 ifade ile 5'li likert ölçeği kullanılmıştır. Çetinkaya'nın 2007 yılında konaklama işletmeleri ve bilişim teknolojisi ile ilgili yaptığı çalışmadaki soru ölçeği uyarlanarak kullanılmıştır[331]. Doll ve Deng[332]'in 2001 yılında yaptıkları bilişim teknolojisinin kişiler ve bölümler arasındaki ilişkisini inceleyen çalışmadan da soru ölçeği oluşturulurken yararlanılmıştır.

Kullanılan bilişim sisteminin bilgi sağlama, doğruluk, kolaylık, hız, biçim ve rahatlık bağlamında kullanıcının beklentilerini ne düzeyde karşıladığı ölçülmüştür.

Üçüncü bölümde bilişim siteminin faaliyetlere olan etkileri ölçülmeye çalışılmıştır. Bu bölümde 3 soru ve bu sorulara bağlı 5'li Likert ölçeğindeki 32 ifade ile faaliyetler üzerindeki etkileri belirlenmeye çalışılmıştır. Mahmood ve Soon'un 1991 yılında[333], İlayda Tanoğlu ve Nuri Başoğlu'nun 2006 yılında[334] bilişim teknolojilerinin kullanıcılar üzerindeki etkilerini ölçmek amacı ile yapılan araştırmada kullanılan soru ölçeklerinden yararlanarak geliştirilmiştir. Kurumda kullanılan akademik otomasyon sisteminin zorluklarının tespitinde ölçek olarak Cragg ve arkadaşlarının[335], 1997 yılındaki araştırmalarında kullandıkları ölçekten yararlanılarak oluşturulan ölçek kullanılmıştır. Algıya dayalı olan bu ölçek çalışmaya uygun olduğu için tercih edilmiştir. Akademik Otomasyon Sisteminin faaliyetlere tür katkılar sağladığına yönelik algılar, bilişim sistemleri kullanımında

---

[331] Çetinkaya, **a.g.e.**, s.113.

[332] Doll ve Deng, **a.g.e.**, p. 14.

[333] M. A. Mahmood ve S. K Soon, **a.g.e.**, p. 869-897.

[334] I. Tanoğlu ve N. Başoğlu, **a.g.e.,** s.121.

[335] Cragg ve diğerleri, **a.g.e.**, s. 192.

karşılaşılan zorluklar, bilişim sistemleri kullanımında karşılaşılan sorunlar ölçülmüştür.

Dördüncü bölüm bilişim teknolojisi yatırımının öğretim üyeleri tarafından nasıl algılandığının ölçülmeye çalışıldığı bölümdür. Bu bölümde 3 soru ve bu sorulara bağlı 5'li Likert ölçeğindeki 19 ifade ile bilişim teknolojisi yatırımının öğretim üyeleri tarafından nasıl algılandığı belirlenmeye çalışılmıştır. Literatür taraması sonrasında Çetinkaya[336], Mahmood ve Mann[337], İ. Tanoğlu ve N. Başoğlu[338] adlı araştırmacıların bilişim teknolojisinin algılanması ile ölçeklerinden yararlanılarak oluşturulmuştur. Bilişim teknolojisinin maliyet açısından üniversiteyi nasıl etkilediğinin düşünüldüğü, Bilişim teknolojisinin tercihinin nelere göre yapıldığının belirlenmesine yönelik 5'li likert ölçeğinde sorular bulunmaktadır.

Beşinci bölüm örgütsel performansı belirlemeye yönelik bölüm olup, 16 ifade ile oluşturulan, 5'li likert ölçeği kullanılmıştır. Bu bölümde bilişim teknolojisi kullanımının örgütsel performans üzerindeki etkisi değerlendirilmeye çalışılmıştır. Yükseköğretim kurumunda, bilişim teknolojisinin örgütsel performans üzerindeki ölçümünü gerçekleştirmek için soru ölçeğini hazırlanırken, Altuntaş ve Dönmez[339], Mahmood ve Soon[340] isimli araştırmacıların yayınlarındaki finansal olmayan örgütsel performansı ölçen, nitel kriterlerden oluşan algıya dayalı soru ölçeklerinden yararlanılarak hazırlanmıştır.

Anketin son bölümü olan altıncı bölüm, anketi cevaplayanların demografik bilgilerini elde etmeye yönelik hazırlanmıştır. Bu bölümde cinsiyet, yaş, idari görev, hangi fakültede ya da yüksekokulda görev yapıldığı, kaç yıldır görev yapıldığı ve toplam iş tecrübesi ile ilgi toplam 7 soru bulunmaktadır.

---

336 Çetinkaya, **a.g.e.**, s. 230.

337 Mahmood ve Mann, **a.g.e.**, p.890.

338 I. Tanoğlu ve N. Başoğlu, **a.g.e.**, s.121.

339 Gültekin Altuntaş, Dilek Dönmez, "Girişimcilik Yönelimi Ve Örgütsel Performans İlişkisi: Çanakkale Bölgesinde Faaliyet Gösteren Otel İşletmelerinde Bir Araştırma", **İstanbul Üniversitesi İşletme Fakültesi Dergisi**, cilt:39, sayı:1, 2010, s.50-54.

340 Mahmood ve Soon, **a.g.e.**, s.882.

Tablo 4.1. Anket Sorularının hazırlanmasında Yararlanılan Önceki Çalışmalar

SORU BAŞLIKLARI	İFADE SAYISI	YARARLANILAN KAYNAK
Bilişim sistemi özellikleri	18 ifade	Doll ve Deng (2001), Çetinkaya (2007).
Bilişim Sisteminin faaliyetlere olan etkisi	32 ifade	Mahmood ve Soon (1991), İlayda Tanoğlu ve Nuri Başoğlu (2006), Cragg ve arkadaşları (1997).
Bilişim teknolojisi yatırımının algılanması	19 ifade	Mahmood ve Mann (1993), İlayda Tanoğlu ve Nuri Başoğlu (2006), Çetinkaya (2007).
Örgütsel performans	16 ifade	Altuntaş ve Dönmez (2010)

Bilişim teknolojisi kullanımı 3 maddeden, Bilişim teknolojileri özellikleri 18 maddeden, bilişim sistemlerinin faaliyetlere olan etkisi 32 maddeden, bilişim teknolojisi yatırımının algılanması 19 maddeden ve örgütsel performans 16 maddeden oluşmuştur.

Geliştirilen anket ilk önce, araştırma yapan, sektör deneyimi olan akademisyenlere ve uzmanlara uygulanarak, ankette bulunan sorulara ilgili yazım hataları, anlama zorluğu gibi konularda geribildirimde bulunmaları istenmiştir.

Likert ölçeği uygulanmış olan sorularda 1: Kesinlikle katılmıyorum 2: Katılmıyorum 3: Ne katılıyorum ne katılmıyorum 4: Katılıyorum 5: Kesinlikle katılıyorum ölçeği kullanılmıştır.

4.3. Araştırmanın Modeli

Araştırma modeli Şekil 4.1'de görüldüğü şekilde tasarlanmış olup hipotezlerde bu modele en uygun şekilde hazırlanmıştır.

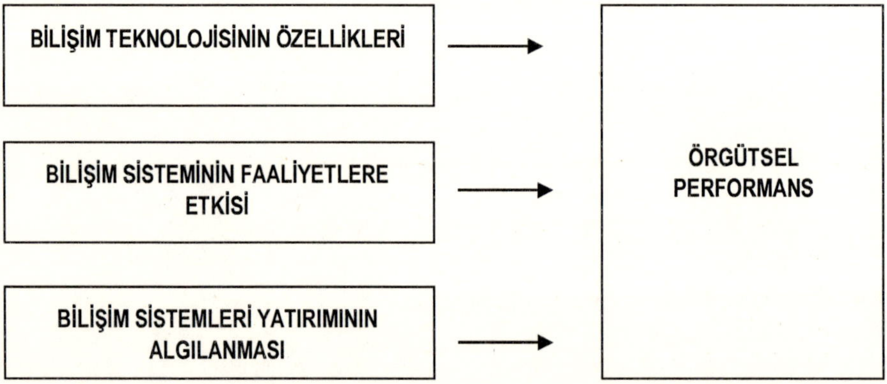

Şekil 4.1. Araştırma Modeli

Araştırmada bilişim teknolojisi 3 boyutta incelenmektedir. Bu boyutlar da kendi içlerinde alt boyutlar şeklinde araştırma kapsamında incelenmektedir. Örgütsel performans etkinlik, verimlilik, yenilik, öğretim elemanı memnuniyeti, sektörde tanınma, rekabet avantajı gibi maddelerden oluşmaktadır. Örgütsel performans kavramına ait ifadeler öğretim üyelerinin algılarını ölçmeye dayalı olarak oluşturulmuştur.

4.4. Araştırmada Kullanılan Değişkenler

Oluşturulan araştırma modelinde üç ayrı değişken grubu mevcuttur. Bunlar; bağımlı değişkenler, bağımsız değişkenler ve demografik bilgilerdir.

Bağımsız değişkenler;

1. Bilişim teknolojisinin özellikleri
2. Bilişim sisteminin faaliyetlere olan etkisi
3. Bilişim sistemleri yatırımının algılanması

Bağımsız değişkenlerin alt boyutları

1. Bilişim teknolojisinin özellikleri
    - Bilgi sağlama özellikleri
    - Fonksiyonel özellikler
2. Bilişim sisteminin faaliyetlere olan etkisi
    - Faaliyetlere olan katkı
    - Sistemsel zorluklar
    - Kişisel zorluklar
    - Sorunlarla karşılaşma
3. Bilişim sistemleri yatırımının algılanması
    - Maliyet açısından etki
    - Yatırımda dikkat edilen faktörlerin önemi

Bağımlı değişkenler;

1. Örgütsel performans
    - Etkinlik
    - Verimlilik
    - Kalite

- Öğretim Elemanı Memnuniyeti
- Kurumsal itibar
- Sektörde Tanınma
- Rekabet Avantajı

Araştırmada Bağımlı değişkene yönelik toplam puan hesaplanmış ve tek bir ortalama ile analize katılmıştır.

Demografik bilgiler;

1. Unvan
2. Cinsiyet
3. Yaş
4. Görev yapılan fakülte
5. Yüksek öğretim kurumundaki görevi
6. Yüksek öğretim kurumunda çalışma süresi

4.5. Araştırmanın Hipotezleri

Teorik kısımda, birinci bölümde yer alan kuramsal çerçeveye dayalı olarak araştırmanın temel soru ve hipotezi geliştirilmiştir. Araştırmanın temel sorusu; yüksek öğretim kurumunda bilişim teknolojisi ile örgütsel performans arasında nasıl bir ilişki olduğudur.

Çalışmada beklenen hedeflere sağlıklı ulaşabilmek için bir teorik model geliştirilmiştir. Yazından yararlanılarak geliştirilen bu teorik model; bilişim teknolojisi ana başlığı altında, bilişim sisteminin özellikleri, bilişim sisteminin faaliyetlere olan etkisi, bilişim sistemleri yatırımın algılanması kısımlarından oluşmuştur. Diğer kısım ise örgütsel performans ve onun altındaki kriterlerden oluşmaktadır. Literatür incelemesi sonucunda bilişim teknolojilerinin işletme performansına etkilerinin doğrudan ölçülemediği, bilişim teknolojilerinin gizli unsurları etkileyerek performans üzerinde dolaylı etkiye sahip olduğu sonucuna ulaşılmıştır.

Araştırmada hipotezler oluşturulurken kavramsal çerçeve ile uyum içerisinde olmaya özen gösterilmiştir.

Hipotezler aşağıda sıralanmıştır.

Hipotez 1:

H_1: Bilişim Teknolojisi özelliklerinin örgütsel performansa etkisi vardır.

Hipotez 2:

H1: Bilişim sistemlerinin faaliyetlere olan etkilerinin örgütsel performansa etkisi vardır.

Hipotez 3:

H1: Bilişim teknolojisi yatırımının algılanmasının örgütsel performansa etkisi vardır.

4.6. Araştırmanın Kapsamı

Araştırma, 1997 yılında kurulan, ilk kurulan vakıf üniversitelerinden biri olan ve kuruluşunda inceleme ve araştırma yapılmasını kabul eden vakıf üniversitesinde gerçekleştirilmiştir. Ayrıca Kurumun 9 fakültesinin ve 2 yüksekokulunun bulunması araştırma açısından örneklemin büyüklüğü düşünüldüğünde, önemli bir kriter olmaktadır. Akademik Bilişim Sistemi diğer anlamıyla Öğrenci-Öğretim Üyesi otomasyon Sistemi kullanımına diğer vakıf üniversitelerine kıyasla daha erken dönemde geçmiş ve 5 yıldır düzgün bir şekilde bu uygulamayı sürdürmektedir. Kuruluşun, Mühendislik Fakültesi, Mimarlık Fakültesi, İktisadi Ve İdari Bilimler Fakültesi, İşletme Fakültesi, Fen-Edebiyat Fakültesi, Siyasal Bilgiler Fakültesi, Güzel Sanatlar Fakültesi, İletişim Fakültesi, Hukuk Fakültesi, Meslek Yüksekokulu, Yabancı Diller Yüksekokulu olmak üzere 9 fakülte ve 2 yüksekokul olarak 11 akademik birimi bulunmaktadır. Çalışma tüm fakültelerde ve yüksekokullar da görev yapmakta olan öğretim üyelerine uygulanmıştır.

4.7. Araştırmanın Yürütülmesi ve Aşamaları

Uygulama aşağıdaki sistem çerçevesinde yürütülmüştür:

1. **Uygulamanın planlanması ve ön çalışmalar;** Bu kapsamda üst yönetimin uygulamaya ilişkin onay ve desteğinin alınması, çalışanların katılımının sağlanması amacıyla araştırmanın ilgili ya da tüm çalışanlara duyurulması, çalışanlarla grup toplantıları yapılarak onlardan gelecek soruların yanıtlanması, konu hakkında bilgilendirilmelerinin sağlanması önemli noktalar olarak belirtilebilir.
2. **Soru formlarının dağıtılması ya da bizzat karşılıklı görüşme yapılması, bu yollarla bilgilerin toplanması, derlenmesi, SPSS programına aktarılması, analizi ve değerlendirilmesi;** Bu kapsamda, faktör analizleri, geçerlilik-güvenilirlik analizleri, çapraz karşılaştırmalar ve benzeri istatistiksel analizler yapılmıştır.

3. **Sonuç ve değerlendirme tablolarının oluşturulması;** Uygulama sonuçlarına ilişkin tablolar oluşturularak, değerlendirilmiştir.

Araştırma iki aşamalı olarak gerçekleştirilmiştir. Bunlar "pilot uygulama aşaması" ve " temel uygulama aşaması" olarak isimlendirilmiştir.

4.7.1. Pilot Uygulama Aşaması

Pilot uygulama aşaması, kullanılan soru formlarının ve metodolojinin denenmesi amacıyla gerçekleştirilmiştir. Bu aşamada, 1997 yılında kurulan, ilk kurulan vakıf üniversitelerinden biri olan ve kuruluşunda inceleme ve araştırma yapılmasını kabul eden bir vakıf üniversitesinde, belirlenen akademisyenlerin katılımıyla uygulama gerçekleştirilmiştir. Kuruluşa haftada üç kez gidilmek suretiyle, yönetici ve çalışanlarla etkileşimli bir ortam yaratılarak, bilgiler toplanmıştır.

Geliştirilen anket formu, araştırma kapsamındaki yükseköğretim kurumuna elden ulaştırılmıştır. Yöneticilerle görüşülerek alınan izinler doğrultusunda, soru formları genel sekreterlik aracılığıyla bölüm başkanlarına ulaştırılmış, bölüm başkanları aracılığıyla da bölümlerindeki akademisyenlerin cevaplandırmaları istenmiştir.

Pilot çalışmada, 72 akademisyene soru formları gönderilerek, doldurmaları sağlanmış ve geri toplanmıştır. Ancak bunlardan 60'ının istenilen bilgileri tam ya da tama yakın doldurdukları görülmüş ve bu 60 kişinin bilgileri değerlendirmeye alınmıştır.

Pilot uygulama aşamasında toplam 60 akademisyenden alınan bilgiler değerlendirilmiştir. Sonuçlara ilişkin faktör analizleri ile geçerlilik, güvenilirlik testleri yapılmıştır. Çalışma 2010 yılında Ekim-Kasım aylarında gerçekleştirilmiştir.

4.7.2. Temel Uygulama Aşaması

Pilot uygulama sonucu güvenilir bulunan anket formu, temel uygulama aşamasında, belirlenen yükseköğretim kurumunun tüm fakülte ve yüksekokullarındaki akademisyenlere uygulanmıştır.

Mühendislik fakültesi, mimarlık fakültesi, iktisadi ve idari bilimler fakültesi, işletme fakültesi, fen-edebiyat fakültesi, siyasal bilgiler fakültesi, güzel sanatlar fakültesi, iletişim fakültesi, hukuk fakültesi, meslek yüksekokulu, yabancı diller yüksekokulu olmak üzere 9 fakülte ve 2 yüksekokul olarak 11 akademik birime uygulanmıştır. Kuruluşa haftada üç kez gidilmek suretiyle, yönetici ve çalışanlarla etkileşimli bir ortam yaratılarak, bilgiler toplanmıştır.

Geliştirilen anket formu, araştırma kapsamındaki yükseköğretim kurumuna elden ulaştırılmıştır. Yöneticilerle görüşülerek alınan izinler doğrultusunda, soru formları genel sekreterlik aracılığıyla bölüm başkanlarına ulaştırılmış, bölüm başkanları aracılığıyla da bölümlerindeki akademisyenlerin cevaplandırmaları istenmiştir. Yönetimin desteği olasına rağmen, anket formlarındaki geri dönüşün yavaş olmasından dolayı, anket formlarının geri dönüşünü hızlandırmak doğru ve tam anlamıyla doldurulmuş anket formlarını elde etmek amacıyla çoğu öğretim üyesi ile birebir görüşmeler yapılarak anket formları elden verilmiş ve toplanmıştır. Çalışma 2010 yılında Kasım – Ocak aylarında gerçekleştirilmiştir. Danışman ve jüri üyelerinin önerilerine uygun olarak pilot uygulama sonucu çıkartılan ifadelerden sonraki yeni anket Haziran 2011 de pilot uygulama yapılan kişilere de tekrar uygulanmıştır.

Temel çalışmada, 268 akademisyene soru formları ulaştırılmış, doldurmaları sağlanmış ve geri toplanmıştır. Ancak bunlardan 245'inin istenilen bilgileri tam ya da tama yakın doldurdukları görülmüş ve değerlendirilmeye alınmıştır.

Sonuçlara ilişkin faktör analizleri, geçerlilik, güvenilirlik testleri, korelasyon analizi ve regresyon analizleri yapılmıştır.

4.8. İstatistiksel Analizlere İlişkin Açıklamalar

Araştırmada kullanılan geçerlilik ve güvenilirlik analizlerine ilişkin genel bilgilerin verilmesinde fayda görülmektedir.

4.8.1. Faktör Analizi

Faktör Analizi birbirleriyle ilişkili çok sayıdaki değişkeni az sayıda anlamlı ve birbirinden bağımsız faktörler haline getiren ve yaygın olarak kullanılan çok değişkenli istatistik tekniklerinden biridir. Faktör analizi terimi birbirinden farklı fakat aynı zamanda birbiriyle ilişkili teknikleri içerir. En çok kullanılanı temel bileşenler yöntemidir. Bu yöntemde değişkenler arasındaki maksimum varyansı açıklayan birinci faktör hesaplanır. Kalan maksimum miktardaki varyansı açıklamak için ikinci faktör hesaplanır. Böylece birbirinden ilişkisiz faktör elde edilmeye çalışılır[341].

[341] Aziz Akgül, Osman Çevik, **İstatistiksel Analiz Teknikleri**, ikinci Basım, Ankara, Emek Ofset, 2005, s.419.

Faktör analizinde amaç;

- Değişken sayısını azaltmak,
- Değişkenler arasındaki ilişkilerdeki yapıyı ortaya çıkarmak, bir başka deyişle değişkenleri sınıflandırmaktır.

Faktör analizinin aşamaları ise şöyledir:[342]

a. Veri setinin faktör analizi için uygunluğunun değerlendirilmesi: Bu araştırmada, Bartlett testi ve KMO (Keiser Meyer Olkin) örneklem yeterliliği testleri yapılmıştır.

b. Korelasyon matrisi oluşturulup, değişkenler arasındaki ilişkilere bakıldığında 0.25 ve üzeri değerleri alması faktör analizinin uygulanabileceğini göstermektedir.

c. Bartlett testinde değişkenler arasındaki korelasyon matrisinin birim matris olduğu Ho hipotezi test edilmektedir. Bunun reddedilmesi faktör analizinin yapılabileceğini, bir başka deyişle değişkenler arasında korelasyonların mevcut ve veri setine faktör analizi yapılabilir sonucu elde edilmektedir.

d. KMO örneklem yeterliliği ölçütüne göre ise 0.50 ve üzeri değer alan veri seti, faktör analizinin yapılabileceğini göstermektedir.

Değişkenlerin ortak varyanslarına bakıldığında 0.50'den yukarıda olanların analize dahil edilmesi gereklidir. Yine analizde tüm değişkenlerin "communalities" ortak varyansına bakıldığında, tüm anketler ve değişkenler için 0.50'den büyük oldukları gözlemlendiği için değişken çıkarılmasına gerek duyulmamıştır.

4.8.2. Güvenilirlik Analizi

Güvenilirlik analizi, ölçmede kullanılan testlerin, anketlerin ya da ölçeklerin güvenilirliklerini değerlendirmek üzere geliştirilmiş bir yöntemdir. Güvenilir bir ölçme aracı oluşturulurken dikkat edilmesi gereken önemli nokta; ölçeği oluşturan soruların yapılan araştırmanın doğruluğunu ortaya çıkarabilecek nitelikte, birbirleri ile ilişkili, tutarlı, anlaşılır ve yeterli sayıda olmasıdır.

Güvenilirlik kavramı yapılan her ölçüm için gereklidir. Çünkü güvenilir bir test ya da ankette yer alan soruların birbirleriyle olan tutarlılığını ve kullanılan ölçeğin ilgilenilen sorunu ne derecede yansıttığını ifade eder. Güvenilirlik elde

---

[342] Aziz, **a.g.e.**, s. 423.

edilen ölçümler üzerindeki yorumlar ve daha sonra ortaya çıkabilecek analizler için bir temel teşkil etmektedir.

Güvenilirlik analizi ile toplam skorların söz konusu olduğu Likert, Q tipi ve benzeri ölçeklerin güvenilirliğini belirleyen katsayılar hesaplanmakta ve ölçekte yer alan sorular arasındaki ilişkiler hakkında bilgi elde edinilmektedir.

Güvenilirlik analizinin varsayımlarını söyle belirtmek mümkündür:[343]

- Gözlem birimleri birbirlerinden bağımsız olmalı ve ölçeği oluşturan sorular arasındaki hatalar birbirleri ile ilişkili olmamalıdır.
- Her soru normal dağılıma sahip olmalıdır.
- Ölçek toplanabilir (additivity) özelliğe sahip olmalıdır. Böylece ölçekteki her soru toplam skor ile doğrusal olarak ilişkili olacaktır.
- Ölçeği oluşturan soru sayısı 30'dan büyük, gözlem sayısı da 50'den fazla olmalıdır.

Bu tez çalışmasında, literatürde en çok tercih edilen Cronbach Alpha modeli kullanılmıştır. Cronbach Alpha, ölçekte yer alan k sorunun homojen bir yapı gösteren bir bütünü ifade edip etmediğini araştırmaktadır. Ağırlıklı standart değişim ortalamasıdır ve bir ölçekte k sorunun varyansları toplamının genel varyansa oranlanması ile elde edilmektedir. 0 ile 1 arasında değer alan bu katsayı (Cronbach Alpha) kısaca Alfa katsayısı olarak adlandırılmaktadır. Hesaplanılan Alfa katsayısı birime ait toplam skorun, ölçekteki her bir soruya ait puanların toplanması ile elde edilen ölçeklerde soruların benzerliğini ya da yakınlığını ortaya koyan bir katsayıdır. Eğer sorular standartlaştırılmış ise bu katsayı soruların ortalama korelasyonundan ya da kovaryansından elde edilmektedir.

Alfa katsayısına bağlı olarak ölçeğin güvenilirliği aşağıdaki gibi yorumlanmaktadır:[344]

$0,00 \leq \alpha < 0,40$ ise ölçek güvenilir değildir.

$0,40 \leq \alpha < 0,60$ ise ölçek düşük güvenilirliktedir.

$0,60 \leq \alpha < 0,80$ ise ölçek oldukça güvenilirdir.

$0,80 \leq \alpha < 1,00$ ise ölçek yüksek derecede güvenilirdir.

---

343 Aziz, **a.g.e.**, s.435.

344 Aziz, **a.g.e.**, s. 435

4.9. Verilerin İstatistiksel Analizi

Çalışmada elde edilen bulgular değerlendirilirken, istatistiksel analizler için SPSS 17.0 İstatistik Paket programı kullanılmıştır. Çalışma verileri değerlendirilirken tanımlayıcı istatistiksel metotların (Frekans, Yüzde, Ortalama, Standart sapma) yanı sıra niceliksel verilerin karşılaştırılmasında iki grup durumunda, gruplar arası karşılaştırmalarında Bağımsız örnekler (İndependentsamples) t testi, ikiden fazla grup durumunda parametrelerin gruplar arası karşılaştırmalarında Tek yönlü (Oneway) Anova testi ve farklılığa neden olan grubun tespitinde Tukey testi kullanılmıştır.

Ölçekler arası ilişkileri saptamak için Pearson Korelasyon analizi kullanılmıştır. Bilişim Teknolojilerinin Örgütsel Performansa etkisini incelemek için Linear Regresyon Analizi kullanılmıştır.

Yapı geçerliliği Faktör Analizi ile ortaya çıkarılmış ve alt boyutların güvenilirliği için Cronbach's Alpha katsayısı hesaplanmıştır.

Sonuçlar % 95 güven aralığında, anlamlılık $p<0,05$ düzeyinde çift yönlü olarak değerlendirilmiştir.

4.10. Pilot Uygulama Analiz Sonuçları

Anket öncelikle 60 kişi üzerinde uygulanarak pilot çalışma olarak tasarlanmış ve anket sonucunda elde edilen bulgular Faktör analizi ve Güvenilirlik analizi ile geçerlilik ve güvenilirlik ön çalışması gerçekleştirilmiştir.

4.10.1. Bilişim Sisteminin Özellikleri Ölçeği Geçerlilik ve Güvenilirlik Analizi

Bilişim Sisteminin Özellikleri ölçeğindeki 18 maddenin genel güvenirliği 0,969 olarak bulunmuştur. Yapılan Kmo ve Barlett analizi sonucunda KMO değerinin 0,870 olarak Barlett değerinin ise 0,05 den küçük olduğu ve faktör analizinin yapılabilir olduğu görülmüştür. Faktör analizi sonucunda toplam varyansı %73,41 olan 2 faktör oluşmuştur.

Tablo 4.2. Bilişim Sisteminin Özellikleri Ölçeği Faktör Yapısı

Boyut	Madde	Faktör Yükü	Varyans	Cronbach's Alpha
Bilgi sağlama özellikleri	5. Zamanında bilgi sağlamaktadır.	0,845	45,697	0,964
	4. Tutarlı bilgi sağlamaktadır.	0,827		
	6. Anlaşılır bilgi sağlamaktadır.	0,803		
	1. Yeterli bilgi sağlamaktadır.	0,795		
	2. Tam bilgi sağlamaktadır.	0,794		
	3. Doğru bilgi sağlamaktadır.	0,784		
	10. Geçerli bilgi sağlamaktadır.	0,759		
	7. İlgili bilgi sağlamaktadır.	0,736		
	3. Yeterli şifreleme özelliğine sahiptir.	0,728		
	9. Hızlı bilgi sağlamaktadır.	0,703		
	8. Güncel bilgi sağlamaktadır.	0,703		
	8. Kullanımı kolaydır.	0,690		
	4. Dış kaynaklı tehditlere karşı yeterli korumaya sahiptir.	0,689		
Fonksiyonel özellikler	2. İhtiyacıma göre veri sunumu ve listelemesi yapar.	0,873	27,715	0,908
	1. Görevlerimi yerine getirmede yeterli işleve sahiptir.	0,843		
	7. Kayıtlı bilgiye erişim kolaydır.	0,784		
	5. İş aksamasına neden olmaz.	0,771		
	6. Veri girişi kolaydır.	0,536		
Toplam Varyans %73,41				

Bilgi sağlama özellikleri boyutunu oluşturan 13 maddenin güvenirliği 0,964 olarak bulunmuştur. Faktör analizi yapıldığında %45,7 varyans oranı ile tek faktör olduğu görülmüştür. Fonksiyonel özellikler boyutunu oluşturan 5 maddenin güvenirliği 0,908 olarak bulunmuştur. Faktör analizi yapıldığında %27,7 varyans oranı ile tek faktör olduğu görülmüştür.

4.10.2. Bilişim Sisteminin Faaliyetlere Olan Etkisi Ölçeği Geçerlilik ve Güvenilirlik Analizi

Bilişim Sisteminin Faaliyetlere Olan Etkisi ölçeğindeki 32 maddenin genel güvenirliği 0,687 olarak bulunmuştur. Yapılan Kmo ve Barlett analizi sonucunda KMO değerinin 0,722 olarak Barlett değerinin ise 0,05 den küçük olduğu ve faktör analizinin yapılabilir olduğu görülmüştür. Faktör analizi sonucunda toplam varyansı %62,00 olan 3 faktör oluşmuştur.

Tablo 4.3. Bilişim Sisteminin Faaliyetlere Olan Etkisi Ölçeği Faktör Yapısı

Boyut	Madde	Faktör Yükü	Varyans	Cronbach's Alpha
Faaliyetlere olan katkı	11. Hızlı hizmette bulunmamı sağlar.	0,926	34,515	0,975
	10. İstenileni zamanında yapmamı sağlar.	0,912		
	13. İşlerin yapılma hızını arttırır.	0,906		
	4. Öğrencilere yönelik kişiye özel hizmet sunmamızı kolaylaştırır.	0,896		
	12. İşlerin yapılma süresini kısaltır.	0,895		
	8. İş yükümü azaltır.	0,890		
	5. Günlük işlerimin takibinde hız sağlar.	0,868		
	2. İş verimliliğimi arttırır.	0,865		
	3. Öğrenciye verilen hizmetin kalitesini arttırır.	0,834		
	6. Günlük işlerimin takibinde hata yapmayı önler.	0,808		
	9. Hatasız olarak görevimi yerine getirmeyi sağlar.	0,807		
	7. Akademik personelle uyumlu olmayı sağlar.	0,805		
	1. Öğrenci ile iletişimi kolaylaştırır.	0,726		
Zorluklar	10. İşlem hızı yavaştır.	0,340	19,036	0,877
	3. İhtiyacım olan bilgiye ulaşmak kolay değildir.	0,771		
	14. Sisteme eksik veri girişi yapmama neden olmaktadır.	0,756		
	7. Sistem işlerime uygun olarak tasarlanmamıştır.	0,749		
	12. İşime yarar istediğim listeleri vermemektedir.	0,742		
	8. Kullanışlı değildir.	0,684		
	5. Kullanımı masraflıdır.	0,663		
	11. İşlerin aksamasına neden olmaktadır.	0,611		
	4. Çok fazla zaman harcatır.	0,606		
	9. Hatalı sonuçlar verebilmektedir.	0,582		
	13. İşime yarar istediğim raporları vermemektedir.	0,574		
	1. Gelişmiş bilgisayar bilgisi gerektirir.	0,560		
	2. Bilgisayara girmek kolay değildir.	0,532		
	6. İşime yarar faydalı bilgiler yoktur.	0,519		
	3. Bilişim sistemleri kullanımına öğrencilerin direnç göstermesi	-0,366		
Sorunlarla karşılaşma	2. Bilişim sistemleri kullanımına çalışanların direnç göstermesi	0,769	8,453	0,737
	4. Bilişim sistemleri için gerekli teknik desteğin sağlanmasında yaşanan sorunlar	0,690		
	1. Bilişim sistemleri yatırım maliyetlerinin yüksek olması	0,656		
	5. Bilişim sistemlerinin hızlı demode olması	0,483		
Toplam Varyans %62,00				

Faaliyetlere olan katkı boyutunu oluşturan 13 maddenin güvenirliği 0,975 olarak bulunmuştur. Faktör analizi yapıldığında %34,5 varyans oranı ile tek faktör olduğu görülmüştür. Zorluklar boyutunu oluşturan 15 maddenin güvenirliği 0,877 olarak bulunmuştur. Faktör analizi yapıldığında %19,0 varyans oranı ile tek faktör olduğu görülmüştür. Sorunlarla karşılaşma boyutunu oluşturan 5 maddenin güvenirliği 0,737 olarak bulunmuştur. Faktör analizi yapıldığında %8,5 varyans oranı ile tek faktör olduğu görülmüştür.

4.10.3. Bilişim Sistemleri Yatırımının Algılanması Ölçeği Geçerlilik ve Güvenilirlik Analizi

Bilişim Sistemleri Yatırımları ölçeğindeki 19 maddenin genel güvenirliği 0,852 olarak bulunmuştur. Yapılan Kmo ve Barlett analizi sonucunda KMO değerinin 0,676 olarak Barlett değerinin ise 0,05 den küçük olduğu ve faktör analizinin yapılabilir olduğu görülmüştür. Faktör analizi sonucunda toplam varyansı %58,04 olan 2 faktör oluşmuştur.

Tablo 4.4. Bilişim Sistemleri Yatırımları Ölçeği Faktör Yapısı

Boyut	Madde	Faktör Yükü	Varyans	Cronbach's Alpha
Maliyet açısından etki	10. İş gücü maliyeti yüksektir.	0,879	33,492	0,915
	7. Veri yedekleme maliyeti yüksektir.	0,844		
	5. Güncelleme maliyeti yüksektir.	0,811		
	8. Bakım maliyeti yüksektir.	0,809		
	9. İletişim (telefon, ADSL, vb.) maliyeti yüksektir.	0,794		
	6. Güvenliğini sağlama maliyeti yüksektir.	0,760		
	3. Bilgisayar sarf malzemeleri maliyeti yüksektir.	0,749		
	4. Kırtasiye maliyeti yüksektir.	0,691		
	1. Teknik destek maliyeti yüksektir.	0,672		
	2. Eğitim maliyeti yüksektir.	0,540		
	12. Olası bozulmalarda veri kaybı maliyeti yüksektir.	0,539		
	11. Çalışmadığında iş kaybı maliyeti yüksektir.	0,518		
Yatırımda dikkat edilen faktörlerin önemi	3. Teknolojinin sağlayacağı verimlilik artışı	0,892	24,553	0,909
	2. Teknolojinin kurulma ve çalıştırılma imkânı	0,880		
	1. Teknolojinin ömrü	0,824		
	7. Alışkanlık ve kullanım kolaylığı	0,778		
	5. Fizibilite sonuçları	0,775		
	6. Etkin servis imkânı	0,761		
	4. Bütçe ve finansal kaynaklara uygunluk	0,701		
Toplam Varyans %58,04				

Maliyet açısından etki boyutunu oluşturan 12 maddenin güvenirliği 0,915 olarak bulunmuştur. Faktör analizi yapıldığında %33,5 varyans oranı ile tek faktör olduğu görülmüştür. Yatırımda dikkat edilen faktörlerin önemi boyutunu oluşturan 7 maddenin güvenirliği 0,909 olarak bulunmuştur. Faktör analizi yapıldığında %24,6 varyans oranı ile tek faktör olduğu görülmüştür.

4.10.4. Örgütsel Performans Ölçeği Geçerlilik ve Güvenilirlik Analizi

Örgütsel Performans ölçeğindeki 16 maddenin genel güvenirliği 0,971 olarak bulunmuştur. Yapılan Kmo ve Barlett analizi sonucunda KMO değerinin 0,919 olarak Barlett değerinin ise 0,05 den küçük olduğu ve faktör analizinin yapılabilir olduğu görülmüştür.

Tablo 4.5. Örgütsel Performans Ölçeği Faktör Yapısı

Boyut	Madde	Faktör Yükü	Varyans	Cronbach's Alpha
Örgütsel Performans	8. Bilişim sistemleri ile kurumsal itibarımız artmıştır.	0,899	70,238	0,971
	13. Bilişim teknolojileri ile çalışan performansımız önemli ölçüde artmıştır.	0,888		
	14. Bilişim teknolojileri işletmenin rekabetçi pozisyonunu geliştirmiştir.	0,885		
	6. Bilişim sistemleri ile verimlilik oranımız artmıştır.	0,876		
	7. Bilişim sistemleri ile eğitim sektöründeki bilinilirlik düzeyimiz yükselmiştir.	0,873		
	9. Bilişim sistemleri ile öğrenci sayımız artmıştır.	0,865		
	3. Bilişim sistemleri ile ürettiğimiz bilgi kalitesi artmıştır.	0,862		
	5. Bilişim sistemleri kullanımı ile diğer üniversitelere oranla rekabet avantajı artmıştır.	0,847		
	15. Bilişim sistemleri ile finansal performansımız yükselmiştir.	0,844		
	11. Bilişim sistemleri ile bilimsel yayın sayımız artmıştır.	0,839		
	1. Bilişim sistemleri ile öğrenci memnuniyet oranımız artmıştır.	0,810		
	10. Bilişim sistemleri ile öğretim elemanı sayımız artmıştır.	0,802		
	4. Bilişim sistemleri ile etkinlik oranımız artmıştır.	0,801		
	2. Bilişim sistemleri ile kalitemiz artmıştır.	0,800		
	12. Bilişim sistemleri ile kütüphanedeki yayın sayımız artmıştır	0,758		
	16. Bilişim sistemleri ile mezunlarımızın mezun olduktan sonra 2 yıl içerisindeki iş bulma oranları artmıştır.	0,740		
Toplam Varyans %70,238				

Faktör analizi sonucunda toplam varyansı %70,238 olan 1 faktör oluşmuştur.

4.11. Temel Uygulama Aşaması Analiz Sonuçları

4.11.1. Geçerlilik ve Güvenilirlik Analizi

Temel uygulama aşamasında 245 anket üzerinde güvenilirlik analizi uygulanmıştır. Çalışmada elde edilen bulgular değerlendirilirken, istatistiksel analizler için İstatistik Paket programı kullanılmıştır.

Yapı geçerliliği Faktör Analizi ile ortaya çıkarılmış ve alt boyutların güvenilirliği için Cronbach's Alpha katsayısı hesaplanmıştır.

Sonuçlar % 95 güven aralığında, anlamlılık $p<0,05$ düzeyinde çift yönlü olarak değerlendirilmiştir.

4.11.1.1. Bilişim Sisteminin Özellikleri Ölçeği Geçerlilik ve Güvenilirlik Analizi

Bilişim Sisteminin Özellikleri ölçeğindeki 17 maddenin genel güvenirliği 0,964 olarak bulunmuştur. Yapılan Kmo ve Barlett analizi sonucunda KMO değerinin 0,935 olarak Barlett değerinin ise 0,05 den küçük olduğu ve faktör analizinin yapılabilir olduğu görülmüştür. Faktör analizi sonucunda toplam varyansı %72,40 olan 2 faktör oluşmuştur.

"8. Kullanımı kolaydır." maddesi faktör yükünün iki faktörde eşit düzeyde olması ve güvenilirliği düşürmesi sebebiyle ölçekten çıkarılmıştır.

Tablo 4.6. Bilişim Sisteminin Özellikleri Ölçeği Faktör Yapısı

Boyut	Madde	Faktör Yükü	Varyans	Cronbach's Alpha
Bilgi sağlama özellikleri	3. Doğru bilgi sağlamaktadır.	0,863	43,291	0,964
	4. Tutarlı bilgi sağlamaktadır.	0,848		
	10. Geçerli bilgi sağlamaktadır.	0,832		
	6. Anlaşılır bilgi sağlamaktadır.	0,814		
	8. Güncel bilgi sağlamaktadır.	0,785		
	5. Zamanında bilgi sağlamaktadır.	0,774		
	9. Hızlı bilgi sağlamaktadır.	0,773		
	1. Yeterli bilgi sağlamaktadır.	0,767		
	7. İlgili bilgi sağlamaktadır.	0,752		
	2. Tam bilgi sağlamaktadır.	0,742		
Fonksiyonel özellikler	2. İhtiyacıma göre veri sunumu ve listelemesi yapar.	0,811	29,106	0,908
	1. Görevlerimi yerine getirmede yeterli işleve sahiptir.	0,758		
	3. Yeterli şifreleme özelliğine sahiptir.	0,722		
	4. Dış kaynaklı tehditlere karşı yeterli korumaya sahiptir.	0,720		
	5. İş aksamasına neden olmaz.	0,713		
	7. Kayıtlı bilgiye erişim kolaydır.	0,690		
	6. Veri girişi kolaydır.	0,575		
Toplam Varyans %72,40				

Bilgi sağlama özellikleri boyutunu oluşturan 10 maddenin güvenirliği 0,964 olarak bulunmuştur. Faktör analizi yapıldığında %43,3 varyans oranı ile tek faktör olduğu görülmüştür. Fonksiyonel özellikler boyutunu oluşturan 7 maddenin güvenirliği 0,908 olarak bulunmuştur. Faktör analizi yapıldığında %29,1 varyans oranı ile tek faktör olduğu görülmüştür.

4.11.1.2. Bilişim Sisteminin Faaliyetlere Olan Etkisi Ölçeği Geçerlilik ve Güvenilirlik Analizi

Bilişim Sisteminin Faaliyetlere Olan Etkisi ölçeğindeki 30 maddenin genel güvenirliği 0,785 olarak bulunmuştur. Yapılan Kmo ve Barlett analizi sonucunda KMO değerinin 0,916 olarak Barlett değerinin ise 0,05 den küçük olduğu ve faktör analizinin yapılabilir olduğu görülmüştür. Faktör analizi sonucunda toplam varyansı %70,68 olan 4 faktör oluşmuştur.

"5. Bilişim sistemlerinin hızlı demode olması", "5. Kullanımı masraflıdır." maddeleri uygun faktörlere yerleşmediği ve güvenilirliği düşürmesi sebebiyle ölçekten çıkarılmıştır.

Tablo 4.7. Bilişim Sisteminin Faaliyetlere Olan Etkisi Ölçeği Faktör Yapısı

Boyut	Madde	Faktör Yükü	Varyans	Cronbach's Alpha
Faaliyetlere olan katkı	11. Hızlı hizmette bulunmamı sağlar.	0,910	33,534	0,974
	12. İşlerin yapılma süresini kısaltır.	0,893		
	10. İstenileni zamanında yapmamı sağlar.	0,893		
	13. İşlerin yapılma hızını arttırır.	0,880		
	9. Hatasız olarak görevimi yerine getirmeyi sağlar.	0,868		
	8. İş yükümü azaltır.	0,864		
	5. Günlük işlerimin takibinde hız sağlar.	0,859		
	6. Günlük işlerimin takibinde hata yapmayı önler.	0,858		
	2. İş verimliliğimi arttırır.	0,832		
	4. Öğrencilere yönelik kişiye özel hizmet sunmamızı kolaylaştırır.	0,822		
	3. Öğrenciye verilen hizmetin kalitesini arttırır.	0,819		
	7. Akademik personelle uyumlu olmayı sağlar.	0,808		
	1. Öğrenci ile iletişimi kolaylaştırır.	0,700		
Sistemsel zorluklar	13. İşime yarar istediğim raporları vermemektedir.	0,841	23,078	0,940
	12. İşime yarar istediğim listeleri vermemektedir.	0,841		
	9. Hatalı sonuçlar verebilmektedir.	0,831		
	14. Sisteme eksik veri girişi yapmama neden olmaktadır.	0,826		
	8. Kullanışlı değildir.	0,805		
	11. İşlerin aksamasına neden olmaktadır.	0,780		
	7. Sistem işlerime uygun olarak tasarlanmamıştır.	0,749		
	10. İşlem hızı yavaştır.	0,693		
	6. İşime yarar faydalı bilgiler yoktur.	0,651		
Sorunlarla karşılaşma	2. Bilişim sistemleri kullanımına çalışanların direnç göstermesi	0,841	7,905	0,739
	3. Bilişim sistemleri kullanımına öğrencilerin direnç göstermesi	0,828		
	4. Bilişim sistemleri için gerekli teknik desteğin sağlanmasında yaşanan sorunlar	0,658		
	1. Bilişim sistemleri yatırım maliyetlerinin yüksek olması	0,654		
Kişisel zorluklar	2. Bilgisayara girmek kolay değildir.	0,742	6,164	0,641
	3. İhtiyacım olan bilgiye ulaşmak kolay değildir.	0,634		
	4. Çok fazla zaman harcatır.	0,612		
	1. Gelişmiş bilgisayar bilgisi gerektirir.	0,486		
Toplam Varyans %70,68				

Faaliyetlere olan katkı boyutunu oluşturan 13 maddenin güvenirliği 0,974 olarak bulunmuştur. Faktör analizi yapıldığında %33,5 varyans oranı ile tek faktör olduğu görülmüştür. Sistemsel zorluklar boyutunu oluşturan 9 maddenin güvenirliği 0,940 olarak bulunmuştur. Faktör analizi yapıldığında %23,1 varyans oranı ile tek faktör olduğu görülmüştür.

Sorunlarla karşılaşma boyutunu oluşturan 4 maddenin güvenirliği 0,739 olarak bulunmuştur. Faktör analizi yapıldığında %7,9 varyans oranı ile tek faktör olduğu görülmüştür. Kişisel zorluklar boyutunu oluşturan 4 maddenin güvenirliği 0,641 olarak bulunmuştur. Faktör analizi yapıldığında %6,2 varyans oranı ile tek faktör olduğu görülmüştür.

4.11.1.3. Bilişim Sistemleri Yatırımları Ölçeği Geçerlilik ve Güvenilirlik Analizi

Tablo 4.8. Bilişim Sistemleri Yatırımları Ölçeği Faktör Yapısı

Boyut	Madde	Faktör Yükü	Varyans	Cronbach's Alpha
Maliyet açısından etki	5. Güncelleme maliyeti yüksektir.	0,833	33,556	0,916
	10. İş gücü maliyeti yüksektir.	0,830		
	9. İletişim (telefon, ADSL, vb.) maliyeti yüksektir.	0,822		
	6. Güvenliğini sağlama maliyeti yüksektir.	0,797		
	1. Teknik destek maliyeti yüksektir.	0,781		
	2. Eğitim maliyeti yüksektir.	0,756		
	3. Bilgisayar sarf malzemeleri maliyeti yüksektir.	0,749		
	8. Bakım maliyeti yüksektir.	0,698		
	7. Veri yedekleme maliyeti yüksektir.	0,627		
	12. Olası bozulmalarda veri kaybı maliyeti yüksektir.	0,578		
	11. Çalışmadığında iş kaybı maliyeti yüksektir.	0,566		
	4. Kırtasiye maliyeti yüksektir.	0,562		
Yatırımda dikkat edilen faktörlerin önemi	2. Teknolojinin kurulma ve çalıştırılma imkanı	0,876	22,772	0,884
	3. Teknolojinin sağlayacağı verimlilik artışı	0,872		
	6. Etkin servis imkânı	0,801		
	1. Teknolojinin ömrü	0,785		
	5. Fizibilite sonuçları	0,772		
	7. Alışkanlık ve kullanım kolaylığı	0,756		
	4. Bütçe ve finansal kaynaklara uygunluk	0,477		
Toplam Varyans %56,33				

Bilişim Sistemleri Yatırımları ölçeğindeki 19 maddenin genel güvenirliği 0,867 olarak bulunmuştur. Yapılan Kmo ve Barlett analizi sonucunda KMO değerinin 0,845 olarak Barlett değerinin ise 0,05 den küçük olduğu ve faktör analizinin yapılabilir olduğu görülmüştür. Faktör analizi sonucunda toplam varyansı %56,33 olan 2 faktör oluşmuştur.

Maliyet açısından etki boyutunu oluşturan 12 maddenin güvenirliği 0,916 olarak bulunmuştur. Faktör analizi yapıldığında %33,6 varyans oranı ile tek faktör olduğu görülmüştür. Yatırımda dikkat edilen faktörlerin önemi boyutunu oluşturan 7 maddenin güvenirliği 0,884 olarak bulunmuştur. Faktör analizi yapıldığında %22,8 varyans oranı ile tek faktör olduğu görülmüştür.

4.11.1.4. Örgütsel Performans Ölçeği Geçerlilik ve Güvenilirlik Analizi

Örgütsel Performans ölçeğindeki 16 maddenin genel güvenirliği 0,974 olarak bulunmuştur. Yapılan Kmo ve Barlett analizi sonucunda KMO değerinin 0,953 olarak Barlett değerinin ise 0,05 den küçük olduğu ve faktör analizinin yapılabilir olduğu görülmüştür.

Tablo 4.9. Örgütsel Performans Ölçeği Faktör Yapısı

Boyut	Madde	Faktör Yükü	Varyans	Cronbach's Alpha
Örgütsel Performans	3. Bilişim sistemleri ile ürettiğimiz bilgi kalitesi artmıştır.	0,897	72,607	0,974
	13. Bilişim teknolojileri ile çalışan performansımız önemli ölçüde arttırmıştır.	0,891		
	14. Bilişim teknolojileri işletmenin rekabetçi pozisyonunu geliştirmiştir.	0,883		
	6. Bilişim sistemleri ile verimlilik oranımız artmıştır.	0,880		
	7. Bilişim sistemleri ile eğitim sektöründeki bilinilirlik düzeyimiz yükselmiştir.	0,874		
	8. Bilişim sistemleri ile kurumsal itibarımız artmıştır.	0,873		
	9. Bilişim sistemleri ile öğrenci sayımız artmıştır.	0,867		
	11. Bilişim sistemleri ile bilimsel yayın sayımız artmıştır.	0,855		
	5. Bilişim sistemleri kullanımı ile diğer üniversitelere oranla rekabet avantajı artmıştır.	0,853		
	1. Bilişim sistemleri ile öğrenci memnuniyet oranımız artmıştır.	0,841		
	2. Bilişim sistemleri ile kalitemiz artmıştır.	0,841		
	15. Bilişim sistemleri ile finansal performansımız yükselmiştir.	0,841		
	4. Bilişim sistemleri ile etkinlik oranımız artmıştır.	0,840		
	16. Bilişim sistemleri ile mezunlarımızın mezun olduktan sonra 2 yıl içerisindeki iş bulma oranları artmıştır.	0,809		
	10. Bilişim sistemleri ile öğretim elemanı sayımız artmıştır.	0,802		
	12. Bilişim sistemleri ile kütüphanedeki yayın sayımız artmıştır	0,778		
Toplam Varyans %72,607				

Faktör analizi sonucunda toplam varyansı %72,607 olan 1 faktör oluşmuştur.

4.12. Analiz ve Bulgular

Bu bölümde, sırasıyla araştırma evrenindeki örneklem grubunun demografik özellikleri ve ölçeklere ilişkin bulgular, bu bulguların analizi ve yorumlarına yer verilmiştir.

4.12.1. Demografik Bulgular

Demografik değişkenler olarak, unvan, cinsiyet, yaş, toplam iş tecrübesi, varsa idari görev, hangi fakültede görev yapıldığı, kaç yıldır bu üniversitede görev yapıldığı ile ilgili ifadelerden oluşan sorular sorulmuş ve bunlara alınan cevaplar doğrultusunda Anova analizi ve Tukey testi uygulanarak, sonuçlar değerlendirilmiştir.

Tablo 4.10. Örneklem Grubunun Cinsiyetlerine Göre Dağılımı

		Frekans	Yüzde (%)
Cinsiyet	Bayan	107	43,3
	Erkek	138	55,9
	Cevapsız	2	0,8
	Genel Toplam	245	100,0

Örneklem grubunun cinsiyetlerine göre dağılımı Tablo 4.10'da incelenmiştir. Araştırmaya katılanların 106'sı (% 43,3) Bayan, 137'si (% 55,9) Erkektir.

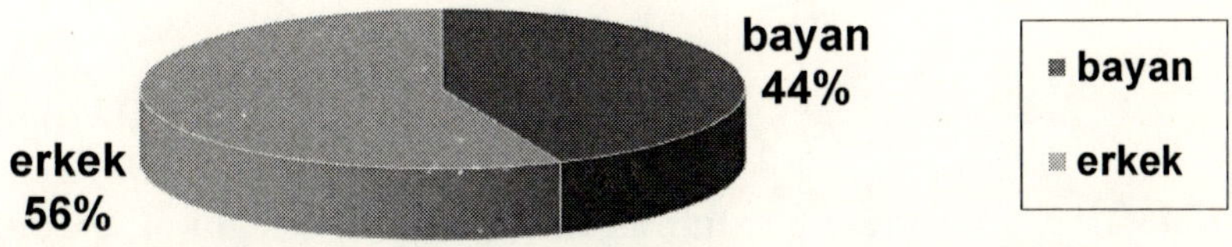

Şekil 4.1. Örneklem Grubunun Cinsiyetlerine Göre Dağılımı

Tablo 4.11. Örneklem Grubunun Yaşlarına Göre Dağılımı

		Frekans	Yüzde(%)
Yaş	25' den küçük	1	0,4
	25-35 arası	77	31,4
	35-45 arası	94	38,4
	45-55 arası	43	17,6
	55-65 arası	21	8,6
	65 üstü	8	3,3
	Genel Toplam	245	100,0

Örneklem grubunun yaşlarına göre dağılımı Tablo 4.11'de incelenmiştir. 1'i (% 0,4) 25' den küçük, 77'si (% 31,4) 25-35 arası, 94'ü (% 38,4) 35-45 arası, 43'ü (% 17,6) 45-55 arası, 21'i (% 8,6) 55-65 arası, 8'i (% 3,3) 65 üstü yaş grubundadır.

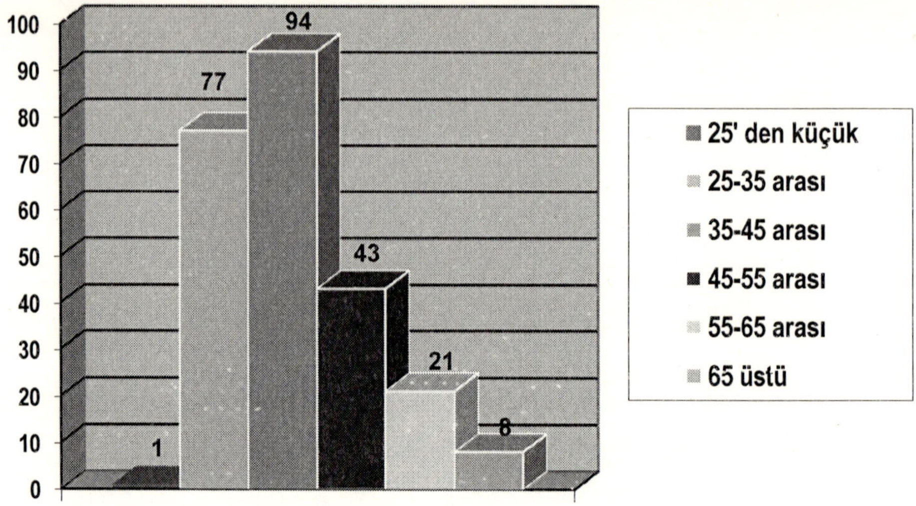

Şekil 4.2. Örneklem Grubunun Yaşlarına Göre Dağılımı

Tablo 4.12. Örneklem Grubunun Fakülte ve Yüksekokul'a Göre Dağılımı

		Frekans	Yüzde(%)
Fakülte / yüksekokul	Mühendislik	21	8,6
	İktisadi bilimler	27	11,0
	Güzel sanatlar	33	13,5
	İşletme	14	5,7
	Hukuk	14	5,7
	Mimarlık	13	5,3
	İletişim	11	4,5
	Fen-Edebiyat	26	10,6
	Meslek yüksekokulu	57	23,3
	Yabancı diller yüksekokulu	25	10,2
	Genel Toplam	245	100,0

Örneklem grubunun fakülte/yüksekokul'a göre dağılımı Tablo 4.12'de incelenmiştir. Araştırmaya katılanların 21'i (% 8,6) Mühendislik, 27'si (% 11,0) İktisadi bilimler, 33'ü (% 13,5) Güzel sanatlar, 14'ü (% 5,7) İşletme, 14'ü (% 5,7) Hukuk, 13'ü (% 5,3) Mimarlık, 11'i (% 4,5) İletişim, 26'sı (% 10,6) Fen-Edebiyat,

57'si (% 23,3) Meslek yüksekokulu, 25'i (% 10,2) Yabancı diller yüksekokulu, 2'si (% 0,8) Diğer Fakülte / yüksekokulda çalışmaktadır.

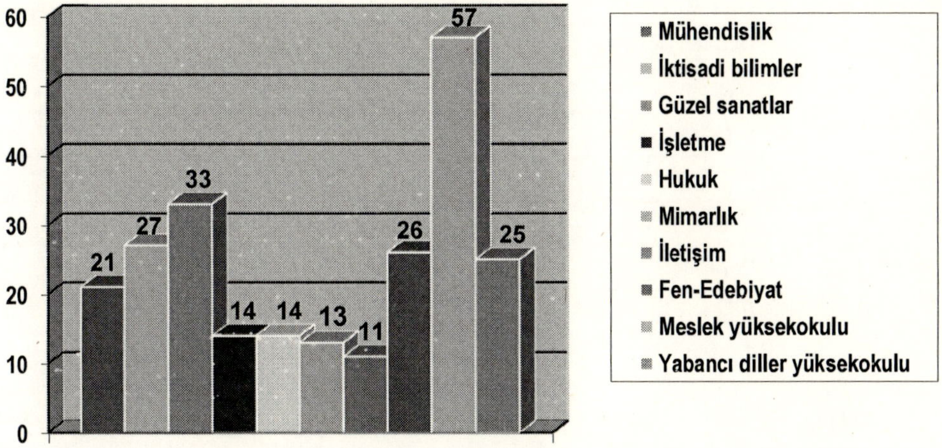

Şekil 4.3. Örneklem Grubunun Fakülte ve Yüksekokula Göre Dağılımı

Tablo 4.13. Örneklem Grubunun İdari Görevlerine Göre Dağılımı

		Frekans	Yüzde(%)
İdari görev	Rektör yardımcısı	1	0,4
	Dekan	2	0,8
	Dekan yardımcısı	10	4,1
	Yüksekokul müdür yardımcısı	6	2,4
	Anabilim dalı başkanı	2	0,8
	Bölüm başkanı	26	10,6
	Program başkanı	28	11,4
	Cevapsız	170	69,4
	Genel Toplam	245	100,0

Örneklem grubunun idari görevlerine göre dağılımı Tablo 4.13'te incelenmiştir. Araştırmaya katılanların 1'i (% 0,4) Rektör yardımcısı, 2'si (% 0,8) Dekan, 10'u (% 4,1) Dekan yardımcısı, 6'sı (% 2,4) Yüksekokul müdür yardımcısı, 2'si (% 0,8) Anabilim dalı başkanı, 26'sı (% 10,6) Bölüm başkanı, 28'i (% 11,4) Program başkanı idari görevinde bulunmaktadır.

Tablo 4.14. Örneklem Grubunun Unvanlarına Göre Dağılımı

		Frekans	Yüzde(%)
Unvan	Araştırma Görevlisi	24	9,8
	Öğretim Görevlisi	91	37,1
	Öğretim Görevlisi Dr.	13	5,3
	Araştırma Görevlisi Dr.	1	0,4
	Yrd. Doçent	71	29,0
	Doçent	21	8,6
	Profesör	23	9,4
	Diğer	1	0,4
	Toplam	245	100,0

Örneklem grubunun unvanlarına göre dağılımı Tablo 4.14'te incelenmiştir. Araştırmaya katılanların 24'ü (% 9,8) Araştırma Görevlisi, 91'i (% 37,1) Öğretim Görevlisi, 13'ü (% 5,3) Öğretim Görevlisi Dr., 1'i (% 0,4) Araştırma Görevlisi Dr., 71'i (% 29,0) Yrd. Doçent, 21'i (% 8,6) Doçent, 23'ü (% 9,4) Profesör, 1'i (% 0,4) Diğer unvana sahiptir.

Tablo 4.15. Örneklem Grubunun Üniversitede Çalışma Sürelerine Göre Dağılımı

		Frekans	Yüzde(%)
Üniversitede çalışma süresi	1 yıldan az	20	8,2
	1 yıl - 5 yıl arası	143	58,4
	5 yıl - 10 yıl arası	74	30,2
	10 yıl - 15 yıl arası	7	2,9
	Cevapsız	1	0,4
	Genel Toplam	245	100,0
Toplam çalışma süresi	1 yıldan az	3	1,2
	1 yıl - 5 yıl arası	27	11,0
	5 yıl - 10 yıl arası	66	26,9
	10 yıl - 15 yıl arası	61	24,9
	15 yıl - 20 yıl arası	45	18,4
	20 yıl ve üstü	43	17,6
	Toplam	245	100,0

Örneklem grubunun çalışma sürelerine göre dağılımı Tablo 4.15'te incelenmiştir. Araştırmaya katılanların 20'si (% 8,2) 1 yıldan az, 143'ü (% 58,4) 1 yıl - 5 yıl arası, 74'ü (% 30,2) 5 yıl - 10 yıl arası, 7'si (% 2,9) 10 yıl - 15 yıl arası zamandır üniversitede çalışmaktadır. 3'ü (% 1,2) 1 yıldan az, 27'si (% 11,0) 1 yıl - 5 yıl arası, 66'sı (% 26,9) 5 yıl - 10 yıl arası, 61'i (% 24,9) 10 yıl - 15 yıl arası, 45'i (% 18,4) 15 yıl - 20 yıl arası, 43'ü (% 17,6) 20 yıl ve üstü toplam çalışma süresine sahiptir.

Bu tabloya göre öğretim elemanlarının büyük çoğunluğunun 5 yıldan fazla olarak kurumda çalıştığı görülmektedir. Bu sonuç akademik otomasyon sistemine 5 yıl önce geçildiği bilindiği için, büyük çoğunluğun akademik otomasyon sistemine geçmeden önceki durumu da bilerek anket sorularını cevapladığı söylenebilir.

Tablo 4.16. Geçen Yıla Göre Öğrenci Ve Öğretim Üyesi Sayısı Artışı Tahmini

		Frekans	Yüzde (%)
Geçen yıla göre öğrenci hacminiz tahmini olarak yüzde kaç artmıştır?	0-19	73	29,8
	20-39	92	37,6
	40-59	57	23,3
	60-79	11	4,5
	80-100	11	4,5
	Cevapsız	1	0,4
	Genel Toplam	245	100,0
Geçen yıla göre öğretim elemanı sayınız tahmini olarak yüzde kaç artmıştır?	0-19	122	49,8
	20-39	76	31,0
	40-59	32	13,1
	60-79	10	4,1
	80-100	5	2,0
	Toplam	245	100,0

Araştırmaya katılanlara göre geçen yıla göre öğrenci hacmi tahmini olarak yüzde artışı; 73'ü (% 29,8) 0-19, 92'si (% 37,6) 20-39, 57'si (% 23,3) 40-59, 11'i (% 4,5) 60-79, 11'i (% 4,5) 80-100 olarak tahmin etmiştir. Araştırmaya katılanlara göre geçen yıla göre öğretim elemanı sayısı tahmini olarak yüzde artışı; 122'si (% 49,8) 0-19, 76'sı (% 31,0) 20-39, 32'si (% 13,1) 40-59, 10'u (% 4,1) 60-79, 5'i (% 2,0) 80-100 olarak tahmin etmiştir.

Tablo 4.17. Bilişim Teknolojileri Kullanımı

		Frekans	Yüzde (%)
Ne sıklıkla bilgisayar kullanırsınız?	Haftada 2 saat	3	1,2
	Günde 1-2 saat	31	12,7
	Günde 2-3 saat	56	22,9
	Günde 3 saatten fazla	149	60,8
	Cevapsız	6	2,4

Araştırmaya katılanların 3'ü (% 1,2) Haftada 2 saat, 31'i (% 12,7) Günde 1-2 saat, 56'sı (% 22,9) Günde 2-3 saat, 149'u (% 60,8) Günde 3 saatten fazla bilgisayar kullanmaktadır.

Tablo 4.18. Bilişim Teknolojileri Kullanımı Düzeyi

		Frekans	Yüzde (%)
MS Office programları (Word, Excel...)	Çok iyi biliyorum	91	37,1
	İyi derecede biliyorum	105	42,9
	İlgiliyim ancak yeterli bilgim yok	31	12,7
	Çok az bilgiliyim	8	3,3
	Bilgiliyim	9	3,7
	Cevapsız	1	0,4
	Genel Toplam	245	100,0
Akademik Otomasyon sistemi	Çok iyi biliyorum	94	38,4
	İyi derecede biliyorum	99	40,4
	İlgiliyim ancak yeterli bilgim yok	26	10,6
	Çok az bilgiliyim	9	3,7
	Bilgiliyim	8	3,3
	Cevapsız	9	3,7
	Genel Toplam	245	100,0
Veri tabanı	Çok iyi biliyorum	55	22,4
	İyi derecede biliyorum	48	19,6
	İlgiliyim ancak yeterli bilgim yok	58	23,7
	Çok az bilgiliyim	40	16,3
	Bilgiliyim	26	10,6
	Cevapsız	18	7,3
	Genel Toplam	245	100,0

Muhasebe /Ana Hesap Defteri /Ücretler /Finansal Analiz	Çok iyi biliyorum	28	11,4
	İyi derecede biliyorum	31	12,7
	İlgiliyim ancak yeterli bilgim yok	43	17,6
	Çok az bilgiliyim	39	15,9
	Bilgiliyim	86	35,1
	Cevapsız	18	7,3
	Genel Toplam	245	100,0
İnternet ve Dış Veri Kaynakları	Çok iyi biliyorum	63	25,7
	İyi derecede biliyorum	101	41,2
	İlgiliyim ancak yeterli bilgim yok	38	15,5
	Çok az bilgiliyim	9	3,7
	Bilgiliyim	25	10,2
	Cevapsız	9	3,7
	Genel Toplam	245	100,0
Elektronik Veri Değişimi (EDI)	Çok iyi biliyorum	38	15,5
	İyi derecede biliyorum	48	19,6
	İlgiliyim ancak yeterli bilgim yok	59	24,1
	Çok az bilgiliyim	44	18,0
	Bilgiliyim	40	16,3
	Cevapsız	16	6,5
	Genel Toplam	245	100,0

Araştırmaya katılanların MS Office programları konusunda; 91'i (% 37,1) Çok iyi biliyorum, 105'i (% 42,9) İyi derecede biliyorum, 31'i (% 12,7) İlgiliyim ancak yeterli bilgim yok, 8'i (% 3,3) Çok az bilgiliyim, 9'u (% 3,7) Bilgiliyim yanıtını vermiştir.

Araştırmaya katılanların Akademik Otomasyon sistemi konusunda; 94'ü (% 38,4) Çok iyi biliyorum, 99'u (% 40,4) İyi derecede biliyorum, 26'sı (% 10,6) İlgiliyim ancak yeterli bilgim yok, 9'u (% 3,7) Çok az bilgiliyim, 8'i (% 3,3) Bilgiliyim yanıtını vermiştir.

Araştırmaya katılanların Veri tabanı konusunda; 55'i (% 22,4) Çok iyi biliyorum, 48'i (% 19,6) İyi derecede biliyorum, 58'i (% 23,7) İlgiliyim ancak yeterli bilgim yok, 40'ı (% 16,3) Çok az bilgiliyim, 26'sı (% 10,6) Bilgiliyim yanıtını vermiştir.

Araştırmaya katılanların Muhasebe /Ana Hesap Defteri /Ücretler /Finansal Analiz konusunda; 28'i (% 11,4) Çok iyi biliyorum, 31'i (% 12,7) İyi derecede biliyorum, 43'ü (% 17,6) İlgiliyim ancak yeterli bilgim yok, 39'u (% 15,9) Çok az bilgiliyim, 86'sı (% 35,1) Bilgiliyim yanıtını vermiştir.

Araştırmaya katılanların İnternet ve Dış Veri Kaynakları konusunda; 63'ü (% 25,7) Çok iyi biliyorum, 101'i (% 41,2) İyi derecede biliyorum, 38'i (% 15,5) İlgiliyim ancak yeterli bilgim yok, 9'u (% 3,7) Çok az bilgiliyim, 25'i (% 10,2) Bilgiliyim yanıtını vermiştir.

Araştırmaya katılanların Elektronik Veri Değişimi (EDI) konusunda; 38'i (% 15,5) Çok iyi biliyorum, 48'i (% 19,6) İyi derecede biliyorum, 59'u (% 24,1) İlgiliyim ancak yeterli bilgim yok, 44'ü (% 18,0) Çok az bilgiliyim, 40'ı (% 16,3) Bilgiliyim yanıtını vermiştir.

Araştırmaya katılanların en iyi derece ofis otomasyon programlarını bildikleri, ikinci sırada ise akademik otomasyon sistemi konusunda iyi derecede bilgili oldukları görülmektedir.

4.12.2. Bilişim Teknolojileri Özellikleri, Faaliyetlere Olan Etkisi, Yatırımın Algılanması ve Örgütsel Performans Ölçeklerinin Alt Boyutlarına ilişkin Ortalamalar

Bu bölümde bilişim teknolojileri, özellikleri, faaliyetlere olan etkisi, yatırımın algılanması ve örgütsel performans ölçeklerinin alt boyutlarına ilişkin ortalamalar ile ilgili tablolara yer verilecektir.

Tablo 4.19. Bilişim Teknolojileri Bilgi Düzeyi

	N	Ort.	S.s	Min.	Max.
MS Office programları (Word, Excel...)	244	4,070	0,981	1	5
Akademik Otomasyon sistemi	236	4,110	0,979	1	5
Veri tabanı	227	3,291	1,318	1	5
Muhasebe /Ana Hesap Defteri/Ücretler /Finansal Analiz	227	2,454	1,424	1	5
İnternet ve Dış Veri Kaynakları	236	3,712	1,207	1	5
Elektronik Veri Değişimi (EDI)	229	3,000	1,331	1	5

Araştırmaya katılanların Bilişim Teknolojileri Bilgi Düzeyi ortalamaları incelendiğinde, Akademik Otomasyon sistemi bilgi düzeyi ortalamasının en yüksek, Muhasebe /Ana Hesap Defteri /Ücretler /Finansal Analiz bilgi düzeyi ortalamasının en düşük olduğu görülmektedir.

Tablo 4.20. Bilişim Teknolojilerinin Özellikleri Ölçeğinin Alt Boyutlarının Ortalamaları

	N	Ort.	S.s	Min.	Max.
Bilgi sağlama özellikleri	242	3,403	0,806	1,000	5,000
Fonksiyonel özellikler	242	3,489	0,821	1,000	5,000

Araştırmaya katılanların Bilgi sağlama özellikleri boyutu ortalaması 3,403; Fonksiyonel özellikler boyutu ortalaması 3,489 olarak bulunmuştur.

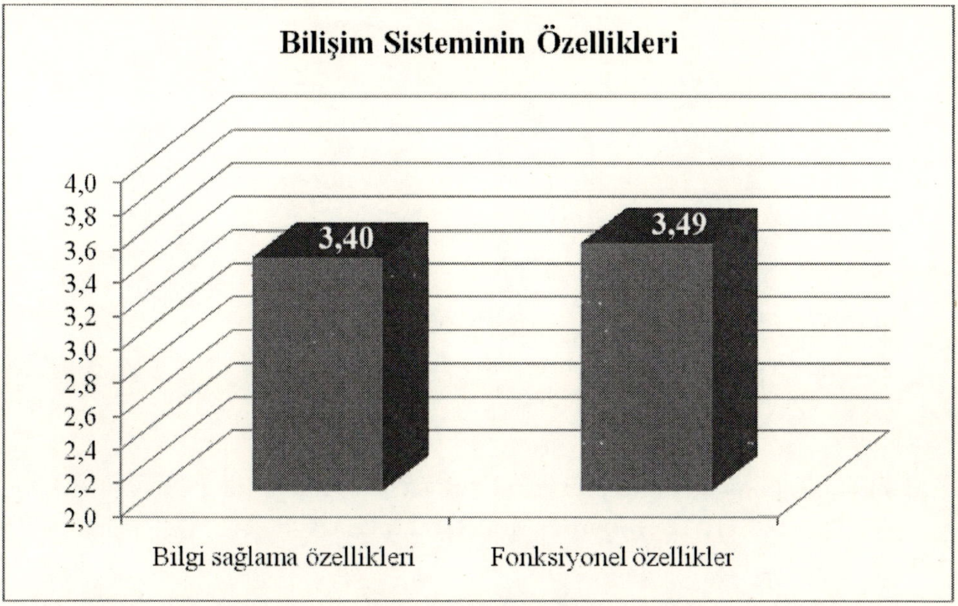

Şekil 4.4. Bilişim Teknolojileri Özellikleri Ölçeğinin Alt Boyutlarının Ortalamaları

Tablo 4.21. Bilişim Sisteminin Faaliyetlere Olan Etkisi Ölçeğinin Alt Boyutlarının Ortalamaları

	N	Ort.	S.s	Min.	Max.
Faaliyetlere olan katkı	244	3,551	0,942	1,000	5,000
Sistemsel zorluklar	243	2,631	0,850	1,000	5,000
Sorunlarla karşılaşma	241	2,803	0,731	1,000	5,000
Kişisel zorluklar	244	2,755	0,795	1,000	5,000

Araştırmaya katılanların Faaliyetlere olan katkı boyutu ortalaması 3,551; Sistemsel zorluklar boyutu ortalaması 2,631; Sorunlarla karşılaşma boyutu ortalaması 2,803; Kişisel zorluklar boyutu ortalaması 2,755 olarak bulunmuştur.

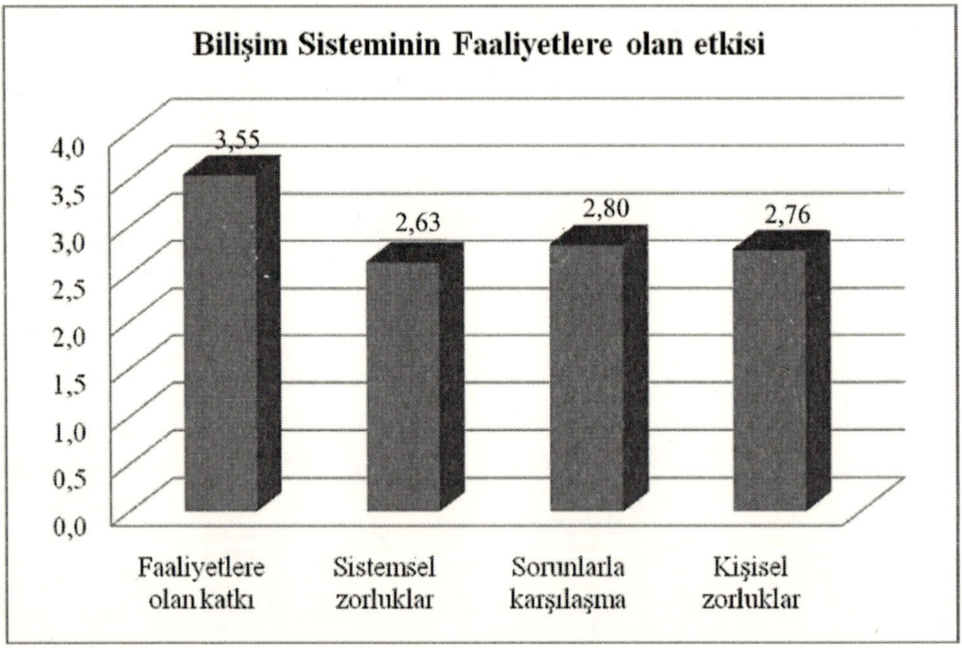

Şekil 4.5. Bilişim Teknolojilerinin Faaliyetlere Olan Etkisi Ölçeğinin Alt Boyutlarının Ortalamaları

Tablo 4.22. Bilişim Teknolojileri Yatırımının Algılanması Ölçeğinin Alt Boyutlarının Ortalamaları

	N	Ort.	S.s	Min.	Max.
Maliyet açısından etki	244	3,054	0,801	1,182	5,000
Yatırımda dikkat edilen faktörlerin önemi	242	3,509	0,801	1,286	5,000

Araştırmaya katılanların Maliyet açısından etki boyutu ortalaması 3,054; Yatırımda dikkat edilen faktörlerin önemi boyutu ortalaması 3,509 olarak bulunmuştur.

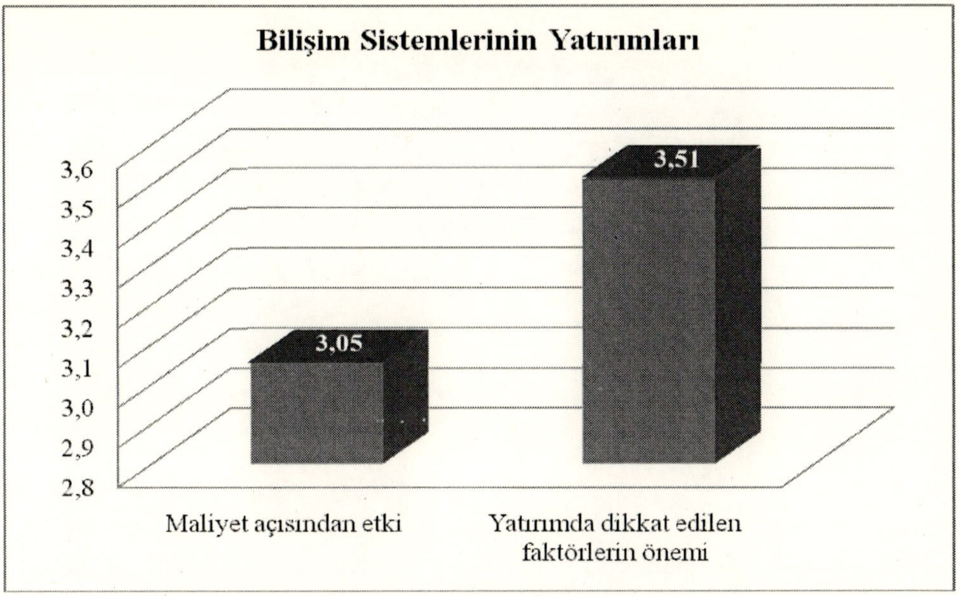

Şekil 4.6. Bilişim Teknolojileri Yatırımının Algılanması Ölçeğinin Alt Boyutlarının Ortalamaları

Tablo 4.23. Örgütsel Performans Ölçeğinin Ortalaması

	N	Ort.	S.s	Min.	Max.
Örgütsel Performans	244	3,234	0,917	1,000	5,000

Araştırmaya katılanların Örgütsel Performans boyutu ortalaması 3,234 olarak bulunmuştur.

Tablo 4.24. Son 4 Yıldaki Örgütsel Performans Memnuniyet Düzeyi

1		Frekans	Yüzde (%)
Son 4 yıldaki örgütsel performansımızdan			
	Çok memnunum	53	21,6
	Memnunum	113	46,1
	Biraz memnunum	50	20,4
	Memnun değilim	29	11,8
	Toplam	245	100,0

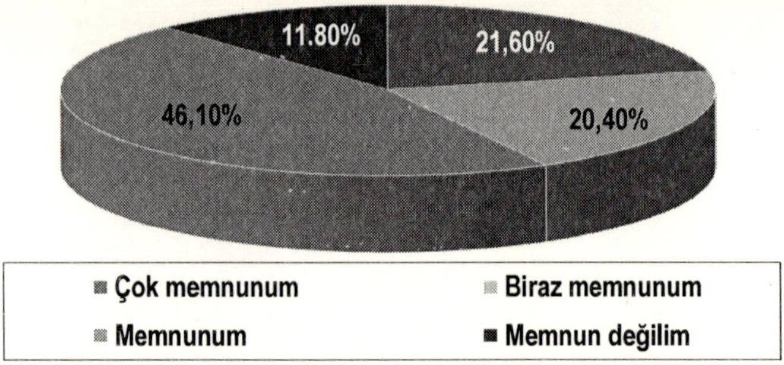

Şekil 4.7. Son 4 Yıldaki Örgütsel Performans Memnuniyet Düzeyi

Araştırmaya katılanların 53'ü (% 21,6) son 4 yıldaki örgütsel performansından çok memnun, 50'si (% 20,4) son 4 yıldaki örgütsel performansından Biraz memnun, 113'ü (% 46,1) son 4 yıldaki örgütsel performansından Memnun, 29'u (% 11,8) son 4 yıldaki örgütsel performansından Memnun değildir.

4.12.3. Bilişim Teknolojisinin Özellikleri Ölçeğinin Alt Boyutlarına İlişkin Görüşlerin Demografik Özelliklere Göre Dağılımı

4.12.3.1. Örgütsel Performans ve Bilişim Teknolojileri Alt Boyutlarına İlişkin Görüşlerin Unvana Göre Dağılımı

Araştırmaya katılanların Bilgi sağlama özellikleri puanları ortalamalarının unvan değişkenine göre anlamlı bir farklılık gösterip göstermediğini belirlemek amacıyla yapılan tek yönlü varyans analizi (Anova) sonucunda grup ortalamaları arasındaki fark istatistiksel açıdan anlamlı bulunmuştur ($F=3,627$; $p=0,004<0,05$). Farklılıkların kaynaklarını belirlemek amacıyla yapılan tamamlayıcı post-hoc Tukey analizi sonucunda; unvanı Profesör olanların Bilgi sağlama özellikleri puanları ortalamaları, unvanı Araştırma Görevlisi ve Öğretim Görevlisi olanların Bilgi sağlama özellikleri puanları ortalamalarından anlamlı olarak yüksek bulunmuştur.

Tablo 4.25. Örgütsel Performans ve Bilişim Teknolojileri Alt Boyutlarının Unvana Göre Dağılımı

	Grup	N	Ort	Ss	F	p
Bilişim teknolojisinin Özellikleri						
Bilgi sağlama özellikleri	Araştırma Görevlisi	24	3,150	0,658	3,627	**0,004**
	Öğretim Görevlisi	91	3,298	0,748		
	Öğretim Görevlisi Dr.	13	3,374	0,954		
	Yrd. Doçent	69	3,335	0,864		
	Doçent	21	3,803	0,845		
	Profesör	23	3,860	0,549		
Fonksiyonel özellikler	Araştırma Görevlisi	24	3,276	0,601	4,934	**0,000**
	Öğretim Görevlisi	91	3,288	0,781		
	Öğretim Görevlisi Dr.	13	3,495	0,777		
	Yrd. Doçent	69	3,494	0,900		
	Doçent	21	3,978	0,767		
	Profesör	23	3,974	0,592		
Bilişim teknolojisinin Faaliyetlere olan etkisi						
Faaliyetlere olan katkı	Araştırma Görevlisi	25	3,471	0,874	3,586	**0,004**
	Öğretim Görevlisi	91	3,312	0,911		
	Öğretim Görevlisi Dr.	13	3,562	1,045		
	Yrd. Doçent	70	3,587	0,996		
	Doçent	21	3,839	0,709		
	Profesör	23	4,135	0,794		
Sistemsel zorluklar	Araştırma Görevlisi	24	2,806	0,602	3,093	**0,010**
	Öğretim Görevlisi	91	2,761	0,823		
	Öğretim Görevlisi Dr.	13	3,035	0,747		
	Yrd. Doçent	70	2,567	0,995		
	Doçent	21	2,218	0,710		
	Profesör	23	2,304	0,649		
Sorunlarla karşılaşma	Araştırma Görevlisi	23	2,748	0,777	0,093	0,993
	Öğretim Görevlisi	90	2,785	0,710		
	Öğretim Görevlisi Dr.	13	2,903	0,791		
	Yrd. Doçent	70	2,809	0,645		
	Doçent	21	2,838	0,878		
	Profesör	23	2,802	0,911		

Kişisel zorluklar	Araştırma Görevlisi	25	2,680	0,610	0,264	0,933
	Öğretim Görevlisi	91	2,808	0,820		
	Öğretim Görevlisi Dr.	13	2,865	0,950		
	Yrd. Doçent	70	2,750	0,802		
	Doçent	21	2,714	0,863		
	Profesör	23	2,649	0,759		

Araştırmaya katılanların Fonksiyonel özellikler puanları ortalamalarının unvan değişkenine göre anlamlı bir farklılık gösterip göstermediğini belirlemek amacıyla yapılan tek yönlü varyans analizi (Anova) sonucunda grup ortalamaları arasındaki fark istatistiksel açıdan anlamlı bulunmuştur(F=4,934; p=0,000<0,05).

Farklılıkların kaynaklarını belirlemek amacıyla yapılan tamamlayıcı post-hoc Tukey analizi sonucunda; Unvanı Profesör ve Doçent olanların Fonksiyonel özellikler puanları ortalamaları, unvanı Araştırma Görevlisi ve Öğretim Görevlisi olanların Fonksiyonel özellikler puanları ortalamalarından anlamlı olarak yüksek bulunmuştur.

Araştırmaya katılanların Faaliyetlere olan katkı puanları ortalamalarının unvan değişkenine göre anlamlı bir farklılık gösterip göstermediğini belirlemek amacıyla yapılan tek yönlü varyans analizi (Anova) sonucunda grup ortalamaları arasındaki fark istatistiksel açıdan anlamlı bulunmuştur(F=3,586; p=0,004<0,05). Farklılıkların kaynaklarını belirlemek amacıyla yapılan tamamlayıcı post-hoc Tukey analizi sonucunda; Unvanı Profesör olanların Faaliyetlere olan katkı puanları ortalamaları, unvanı Öğretim Görevlisi olanların Faaliyetlere olan katkı puanları ortalamalarından anlamlı olarak yüksek bulunmuştur.

Araştırmaya katılanların Sistemsel zorluklar puanları ortalamalarının unvan değişkenine göre anlamlı bir farklılık gösterip göstermediğini belirlemek amacıyla yapılan tek yönlü varyans analizi (Anova) sonucunda grup ortalamaları arasındaki fark istatistiksel açıdan anlamlı bulunmuştur(F=3,093; p=0,010<0,05). Farklılıkların kaynaklarını belirlemek amacıyla yapılan tamamlayıcı Post- Hoc Tukey analizi sonucunda; Unvanı Doçent olanların Sistemsel zorluklar puanları ortalamaları, unvanı Öğretim Görevlisi Dr. ve Öğretim Görevlisi olanların Sistemsel zorluklar puanları ortalamalarından anlamlı olarak düşük bulunmuştur.

Bu sonuca göre Profesör ve Doçent olanların Araştırma Görevlisi ve Öğretim Görevlisi olanlara göre akademik otomasyon sisteminin görevi yerine getirmede yeterli işleve sahiptir, kayıtlı bilgiye erişim kolaydır, ihtiyaca göre veri listeler, iş aksamasına neden olmaz gibi fonksiyonel özelliklerinin işlevini yerine getirdiklerini düşündükleri, bunun sebebi olarak araştırma görevlileri ve öğretim görevlilerinin akademik otomasyon sistemini daha yoğun kullandıkları için sorunları daha çok yaşamaları, Profesör ve Doçentlerin ise sistemsel işlerini halletmede araştırma görevlilerinden yardım almaları sonucu sistemi çok yoğun kullanmadıklarından daha az sorun yaşayıp, sistemin fonksiyonel özelliklerini olumlu algıladıkları sonucuna varılabilir.

Doçent olanların Sistemsel zorluklar puan ortalamalarının Öğretim Görevlisi Dr. ve Öğretim Görevlisi olanlara göre düşük bulunması, Doçent olanların Sistemin iş aksamasına neden olduğu, işlem hızının yavaş olduğu, hatalı raporlar verme gibi sistemsel sorunların daha az olduğunu düşündüğünü, dolayısıyla da sistemi olumlu algıladıkları sonucunu desteklediğini görmekteyiz.

Tablo 4.26. Örgütsel Performans, Yatırımın Algılanması Alt Boyutlarına İlişkin Görüşlerin Unvana Göre Dağılımı

	Grup	N	Ort	Ss	F	P
Bilişim Teknolojisi Yatırımının Algılanması						
Maliyet açısından etki	Araştırma Görevlisi	25	2,651	0,641	2,653	**0,024**
	Öğretim Görevlisi	91	3,034	0,801		
	Öğretim Görevlisi Dr.	13	3,556	0,930		
	Yrd. Doçent	70	3,135	0,767		
	Doçent	21	3,156	0,785		
	Profesör	23	2,964	0,864		
Yatırımda dikkat edilen faktörlerin önemi	Araştırma Görevlisi	25	3,429	0,740	1,943	0,088
	Öğretim Görevlisi	91	3,484	0,792		
	Öğretim Görevlisi Dr.	13	4,033	0,841		
	Yrd. Doçent	68	3,376	0,740		
	Doçent	21	3,735	0,821		
	Profesör	23	3,556	0,941		
Örgütsel Performans						
Örgütsel Performans	Araştırma Görevlisi	25	2,785	1,012	5,565	**0,000**
	Öğretim Görevlisi	91	3,062	0,840		
	Öğretim Görevlisi Dr.	13	3,419	1,008		
	Yrd. Doçent	70	3,224	0,938		
	Doçent	21	3,836	0,681		
	Profesör	23	3,722	0,712		

Araştırmaya katılanların Maliyet açısından etki puanları ortalamalarının unvan değişkenine göre anlamlı bir farklılık gösterip göstermediğini belirlemek amacıyla yapılan tek yönlü varyans analizi (Anova) sonucunda grup ortalamaları arasındaki fark istatistiksel açıdan anlamlı bulunmuştur ($F=2,653$; $p=0,024<0,05$). Farklılıkların kaynaklarını belirlemek amacıyla yapılan tamamlayıcı post-hoc Tukey analizi sonucunda; Unvanı Araştırma Görevlisi olanların Maliyet açısından etki puanları ortalamaları, unvanı Öğretim Görevlisi Dr. olanların Maliyet açısından etki puanları ortalamalarından anlamlı olarak düşük bulunmuştur.

Araştırmaya katılanların Yatırımda dikkat edilen faktörlerin önemi puanları ortalamalarının unvan değişkenine göre anlamlı bir farklılık gösterip göstermediğini belirlemek amacıyla yapılan tek yönlü varyans analizi (Anova) sonucunda grup ortalamaları arasındaki fark istatistiksel açıdan anlamlı bulunamamıştır ($F=1,943$; $p=0,088>0,05$).

Araştırmaya katılanların Örgütsel Performans puanları ortalamalarının unvan değişkenine göre anlamlı bir farklılık gösterip göstermediğini belirlemek amacıyla yapılan tek yönlü varyans analizi (Anova) sonucunda grup ortalamaları arasındaki fark istatistiksel açıdan anlamlı bulunmuştur ($F=5,565$; $p=0,000<0,05$). Farklılıkların kaynaklarını belirlemek amacıyla yapılan tamamlayıcı post-hoc Tukey analizi sonucunda; Unvanı Profesör ve Doçent olanların Örgütsel Performans puanları ortalamaları, unvanı Araştırma Görevlisi ve Öğretim Görevlisi olanların Örgütsel Performans puanları ortalamalarından anlamlı olarak yüksek bulunmuştur.

Profesör ve Doçent olanların bilişim teknolojilerine bağlı olarak, etkinlik, verimlilik, kurumsal itibar, sektörde tanınma gibi örgütsel performans içindeki ifadeleri Araştırma ve Öğretim görevlilerine göre daha olumlu algıladıkları görülmektedir.

Yapılan Anova analizi sonucunda Profesör Unvanı olanların bilgi sağlama özellikleri ve bilişim teknolojisinin faaliyetlere olan katkısının, Öğretim görevlilerinin puan ortalamalarından daha yüksek bulunmuştur. Ayrıca Profesör ve Doçent unvanı olanların Örgütsel performans ortalamaları öğretim görevlilerine göre daha yüksek bulunmuştur. Buradan yola çıkarak Profesörlerin ve Doçentlerin Akademik otomasyon sistemini daha iyi anladığını ve Örgütsel performansı oluşturan ifadeler üzerinde olumlu etki oluşturduğunu düşündükleri sonucuna varılmaktadır.

4.12.3.2. Örgütsel Performans ve Bilişim Teknolojileri Alt Boyutlarına İlişkin Görüşlerin Cinsiyete Göre Dağılımı

Tablo 4.27. Örgütsel Performans ve Bilişim Teknolojileri Alt Boyutlarına İlişkin Görüşlerin Cinsiyete Göre Dağılımı

	Grup	N	Ort	Ss	t	p
Bilişim Teknolojisi Özellikleri						
Bilgi sağlama özellikleri	Bayan	104	3,427	0,847	0,478	0,633
	Erkek	136	3,377	0,779		
Fonksiyonel özellikler	Bayan	103	3,435	0,761	-0,816	0,415
	Erkek	137	3,523	0,868		
Bilişim Teknolojisinin Faaliyetlere Olan Etkisi						
Faaliyetlere olan katkı	Bayan	105	3,500	0,958	-0,739	0,461
	Erkek	137	3,591	0,937		
Sistemsel zorluklar	Bayan	105	2,676	0,848	0,624	0,533
	Erkek	136	2,607	0,855		
Sorunlarla karşılaşma	Bayan	103	2,844	0,700	0,964	0,336
	Erkek	136	2,753	0,735		
Kişisel zorluklar	Bayan	105	2,749	0,780	-0,078	0,938
	Erkek	137	2,757	0,814		
Bilişim Teknolojisi Yatırımının Algılanması						
Maliyet açısından etki	Bayan	105	3,083	0,858	0,509	0,611
	Erkek	137	3,031	0,754		
Yatırımda dikkat edilen faktörlerin önemi	Bayan	103	3,563	0,793	1,023	0,307
	Erkek	137	3,457	0,802		
Örgütsel Performans						
Örgütsel Performans	Bayan	105	3,086	0,908	-2,098	**0,037**
	Erkek	137	3,334	0,912		

Araştırmaya katılanların Bilgi sağlama özellikleri, Fonksiyonel özellikler, Faaliyetlere olan katkı, Sistemsel zorluklar, Sorunlarla karşılaşma, Kişisel zorluklar, Bilişim teknolojileri stratejisi, Maliyet açısından etki, Yatırımda dikkat edilen faktörlerin önemi boyutlarının puanları ortalamalarının, cinsiyet değişkenine göre anlamlı bir farklılık gösterip göstermediğini belirlemek amacıyla yapılan t-testi sonucunda, grup ortalamaları arasındaki fark istatistiksel açıdan anlamlı bulunmamıştır.

Araştırmaya katılanların Örgütsel Performans puanları ortalamalarının cinsiyet değişkenine göre anlamlı bir farklılık gösterip göstermediğini belirlemek amacıyla yapılan t-testi sonucunda grup ortalamaları arasındaki fark istatistiksel açıdan anlamlı bulunmuştur ($t=-2,10$; $p=0,037<0,05$). **Erkeklerin Örgütsel Performans puanları, Bayanların Örgütsel Performans puanlarından yüksek bulunmuştur**.

Yapılan analizler sonucu erkeklerin örgütsel performanstaki değişimi bayanlara göre daha olumlu algıladıkları, örgütsel performans puanlarının bayanlara göre yüksek olması ile görülmektedir. Analizlere göre bayanların daha duygusal olması, akademik sistemin kullanışlılığına daha dikkat etmesi, sistemin faaliyetlerine olan etkilerini daha detaylı irdelemesi sonucu birtakım aksaklıklar yaşadığında, bunları görmezden gelememesinin örgütsel performansı oluşturan ifadeler üzerindeki algısını etkilediği düşünülebilir.

Erkeklerin ise olaya daha farklı yaklaşması, bir takım sorunlara yaşansa bile bunları göz ardı edebilmesi, akademik otomasyon sisteminin faaliyetleri üzerinde oluşturduğu olumlu etki sonucu, örgütsel performans ile ilgili ifadeleri daha objektif olarak değerlendirdiği sonucuna varılabilir.

4.12.4. Bağımlı ve Bağımsız Değişkenler Arası Korelasyon Analizine İlişkin Bulgular

Korelasyon teknikleri, ilişkilerin incelenmesinde kullanılır. Eğer iki değişken birbirinden tamamen bağımsız ise ve birbirini etkilemiyorsa, iki değişken arasında doğrusal ilişki yoktur denir. Eğer bir değişkenin artan değerleri, diğer değişkenin artan değerleri ile doğrusal biçimde ilişkili ise, değişkenler pozitif ilişkilidir. Eğer bir değişkenin artan değerleri, diğer değişkenin azalan değerleri ile doğrusal biçimde ilişkili ise, negatif ilişkilidir. Böylece, korelasyon analizinin, doğrusal ilişkinin yönünü ve gücünü incelediği belirtilebilir.[345]

---

[345] A.e, s.356

Pearson korelasyon katsayısı, iki değişkenin doğrusal ilişkisinin derecesinin ölçümünde kullanılır. İki değişken arasındaki korelasyon katsayısı, r ile gösterilirken, ikiden fazla değişken arasındaki ilişki R ile gösterilir. Bu katsayı, -1 ile +1 arasında herhangi bir değer alabilir. 1'e yakınlık ilişkinin kuvvetini gösterir. İlişkinin yönü, ilişkinin gücünü etkilemez. Korelasyon katsayısı 0 ise iki değişken arasında doğrusal bir ilişki olmadığını gösterir. P değeri ise anlamlılık düzeylerini gösterir.

1. Bilişim Teknolojileri Özellikleri İle Örgütsel Performans Arasındaki Korelasyon Analizi

Bilişim teknolojisi ve örgütsel performans arasındaki korelasyon analizi sonuçlarına ilişkin tablo aşağıda bulunmaktadır.

Tablo 4.28. Bilişim Teknolojileri Özellikleri İle Örgütsel Performans Arasındaki Korelasyon Analizi

		Örgütsel Performans
Bilişim Teknolojisi Özellikleri	r	0,483
	p	0,000
	N	242

Bilişim teknolojisi özellikleri ile örgütsel performans arasındaki ilişkiyi belirlemek üzere yapılan korelasyon analizi sonucunda, puanlar arasında %48,3 düzeyinde pozitif yönde anlamlı ilişki bulunmuştur. ($r=0,483$; $p=0,000<0,05$). Buna göre bilişim teknolojisi özellikleri arttıkça örgütsel performans da artmaktadır.

Analiz sonucuna göre; öğretim üyelerinin, bir bilişim teknolojisi olan akademik otomasyon sisteminin doğru bilgi sağlaması, tutarlı olması, hızlı bilgi sağlaması, ihtiyaca göre veri listelemesi, görevlerin yerine getirilmesinde yeterli işleve sahip olması ve zamanında bilgi sağlaması gibi bilişim teknolojisi özelliklerinin, örgütsel performansı arttırdığı şeklinde algıladığı sonucuna varılmaktadır.

Bilişim teknolojisi özelliklerinin alt boyutları olan bilgi sağlama ve fonksiyonel özelliklerdeki artış örgütsel performansı arttırdığı görüşünde oldukları söylenebilir. Sistemin doğru bilgi sağladığı, tutarlı, geçerli, anlaşılır ve zamanında bilgi sağlamasının örgütsel performansı arttırdığı yönünde algılandığı görülmektedir.

Bilişim teknolojisi özelliklerinin alt boyutları ile örgütsel performans arasındaki korelasyon analizi sonuçları Tablo 4.29 da detaylı olarak verilmektedir.

Tablo 4.29. Bilişim Teknolojileri Özellikleri Alt Boyutları İle Örgütsel Performans Arasındaki Korelasyon Analizi

		Örgütsel Performans
Bilişim Teknolojisi Özellikleri		
Bilgi sağlama özellikleri	r	0,388
	p	**0,000**
	N	242
Fonksiyonel özellikler	r	0,520
	p	**0,000**
	N	242

Bilgi sağlama özellikleri alt boyutu ile örgütsel performans alt boyutu arasındaki ilişkiyi belirlemek üzere yapılan korelasyon analizi sonucunda, puanlar arasında %38,8 düzeyinde pozitif yönde anlamlı ilişki bulunmuştur. ($r=0,388$; $p=0,000<0,05$). Buna göre bilgi sağlama özellikleri alt boyutu puanı arttıkça örgütsel performans puanı da artmaktadır. Sistemin doğru bilgi sağladığı, tutarlı, geçerli, anlaşılır ve zamanında bilgi sağlamasının örgütsel performansı arttırdığı yönünde algılandığı görülmektedir.

Fonksiyonel özellikler alt boyutu ile örgütsel performans alt boyutu arasındaki ilişkiyi belirlemek üzere yapılan korelasyon analizi sonucunda, puanlar arasında %52,0 pozitif yönde anlamlı ilişki bulunmuştur. ($r=0,520$; $p=0,000<0,05$). Buna göre fonksiyonel özellikler alt boyutu puanı arttıkça örgütsel performans alt boyutu puanı da artmaktadır.

2. Bilişim Teknolojisinin Faaliyetlere Etkisi ile Örgütsel Performans Arasındaki Korelasyon Analizi

Bilişim teknolojisinin faaliyetlere etkisi ve örgütsel performans arasındaki korelasyon analizi sonuçlarına ilişkin tablo aşağıda bulunmaktadır.

Tablo 4.30. Bilişim Teknolojisinin Faaliyetlere Etkisi ile Örgütsel Performans Arasındaki Korelasyon Analizi

		Örgütsel Performans
Bilişim Teknolojisinin Faaliyetlere Etkisi	r	0,056
	p	0,387
	N	244

Bilişim teknolojisinin faaliyetlere etkisi ile örgütsel performans arasındaki ilişkiyi belirlemek üzere yapılan korelasyon analizi sonucunda, puanlar arasında istatistiksel açıdan anlamlı ilişki bulunmamıştır. ($r=0,056$; $p=0,387>0,05$).

Bilişim teknolojisinin faaliyetlere etkisi alt boyutları ile örgütsel performans arasındaki korelasyon analizi sonuçları Tablo 4.31'de detaylı olarak verilmektedir.

Tablo 4.31. Bilişim Teknolojisinin Faaliyetlere Etkisi Alt Boyutları ile Örgütsel Performans Arasındaki Korelasyon Analizi

		Örgütsel Performans
Bilişim Teknolojisinin Faaliyetlere Etkisi		
Faaliyetlere olan katkı	r	0,506
	p	**0,000**
	N	244
Sistemsel zorluklar	r	-0,357
	p	**0,000**
	N	243
Sorunlarla karşılaşma	r	-0,054
	p	0,405
	N	241
Kişisel zorluklar	r	-0,057
	p	0,372
	N	244

Faaliyetlere olan katkı alt boyutu ile örgütsel performans alt boyutu arasındaki ilişkiyi belirlemek üzere yapılan korelasyon analizi sonucunda, puanlar arasında %50,6 pozitif yönde anlamlı ilişki bulunmuştur. ($r=0,506$;

p=0,000<0,05). Buna göre faaliyetlere olan katkı alt boyutu puanı arttıkça örgütsel performans alt boyutu puanı da artmaktadır.

Bilişim teknolojisinin faaliyetlere olan katkı boyutuna bakıldığında pozitif yönlü anlamlı bir ilişki görülmektedir. Bilişim teknolojisinin faaliyetlere olan katkısı olarak, hızlı hizmette bulunmayı sağladığı, işlerin yapılma süresini kısalttığı, istenilenin zamanında yapılmasını sağladığı, iş yükünü azalttığı, iş verimliliğini arttırdığı gibi maddelerin öğrenciye verilen hizmetin kalitesini attırdığı ve öğrenci ile iletişimi kolaylaştırdığı belirlenmiştir. Örgütsel performans ile bilişim teknolojisinin faaliyetlere olan katkısı boyutunun pozitif ilişkili olduğu sonucu ortaya çıkmaktadır.

Sistemsel zorluklar alt boyutu ile örgütsel performans alt boyutu arasındaki ilişkiyi belirlemek üzere yapılan korelasyon analizi sonucunda, puanlar arasında %35,7 negatif yönde anlamlı ilişki bulunmuştur. (r=-0,357; p=0,000<0,05). Buna göre sistemsel zorluklar alt boyutu puanı arttıkça örgütsel performans alt boyutu puanı azalmaktadır.

Bilişim teknolojisinin Sistemsel zorluklar alt boyutuna bakıldığında negatif yönlü anlamlı bir ilişki görülmektedir. Bilişim teknolojisinin sistemsel zorlukları olarak, sistemin hatalı sonuç verebilmesi, işe yarar listeleri vermemesi, kullanışlı olmaması, işlem hızının yavaş olması ve sistemin yapılacak işlere uygun olarak tasarlanmış olmaması gibi maddelerin örgütsel performans algısını negatif yönde oluşturduğunu ortaya çıkarmaktadır.

Sorunlarla karşılaşma alt boyutu ile örgütsel performans alt boyutu arasındaki ilişkiyi belirlemek üzere yapılan korelasyon analizi sonucunda, puanlar arasında istatistiksel açıdan anlamlı ilişki bulunmamıştır. (r=-0,054; p=0,405>0,05).

Kişisel zorluklar alt boyutu ile örgütsel performans alt boyutu arasındaki ilişkiyi belirlemek üzere yapılan korelasyon analizi sonucunda, puanlar arasında istatistiksel açıdan anlamlı ilişki bulunmamıştır. (r=-0,057; p=0,372>0,05).

3. Bilişim Teknolojisi Yatırımının Algılanması ile Örgütsel Performans Arasındaki Korelasyon Analizi

Bilişim teknolojisi yatırımının algılanması ve örgütsel performans arasındaki korelasyon analizi sonuçlarına ilişkin tablo aşağıda bulunmaktadır.

Tablo 4.32. Bilişim Teknolojisi Yatırımının Algılanması ile Örgütsel Performans Arasındaki Korelasyon Analizi

		Örgütsel Performans
Bilişim Teknolojisi Yatırımının Algılanması	r	0,288
	p	**0,000**
	N	244

Bilişim teknolojisi yatırımının algılanması ile örgütsel performans arasındaki ilişkiyi belirlemek üzere yapılan korelasyon analizi sonucunda, puanlar arasında %28,8 düzeyinde pozitif yönde anlamlı ilişki bulunmuştur. (r=0,288; p=0,000<0,05). Buna göre bilişim teknolojisi yatırımının algılanması arttıkça örgütsel performans da artmaktadır.

Analize göre, düşük seviye dede olsa pozitif bir algının olduğu görülmektedir. Kullanılan bilişim teknolojisinin etkin servis imkanının olması, kullanılan bilişim sisteminin teknolojik ömrünün uzun olması, teknolojinin sağlayacağı verimlilik artışı, teknolojinin kurulma ve çalıştırılma imkanı, alışkanlık ve kullanımının kolay olması gibi ifadelerin pozitif olarak algılanmasının artması, örgütsel performans algısını da arttırmaktadır.

Bilişim teknolojisi yatırımının algılanması alt boyutları ile örgütsel performans arasındaki korelasyon analizi sonuçları Tablo 4.33'te detaylı olarak verilmektedir.

Tablo 4.33. Bilişim Teknolojisi Yatırımının Algılanması Alt Boyutları ile Örgütsel Performans Arasındaki Korelasyon Analizi

		Örgütsel Performans
Bilişim Teknolojisi Yatırımının Algılanması		
Maliyet açısından etki	r	0,122
	p	0,058
	N	244
Yatırımda dikkat edilen faktörlerin önemi	r	0,292
	p	**0,000**
	N	242

Maliyet açısından etki alt boyutu ile örgütsel performans alt boyutu arasındaki ilişkiyi belirlemek üzere yapılan korelasyon analizi sonucunda, puanlar arasında istatistiksel açıdan anlamlı ilişki bulunmamıştır. (r=0,122; p=0,058>0,05).

Güncellenme maliyetinin yüksek olması, güvenliği sağlama maliyetinin yüksek olması, bakım maliyetinin yüksek olması ile ilgili ifadelere verilen cevapların örgütsel performans ile ilişkilendirilebilecek bir sonuç oluşturmadığı görülmektedir. Öğretim üyelerinin bilişim teknolojisi yatırımının algılanması ile ilgili güncellenme maliyeti yüksek olması, güvenliği sağlama maliyetinin yüksek olması, bakım maliyetinin yüksek olması ifadelerinin örgütsel performans ile ilişkili olmadığı görüşünde oldukları söylenebilir.

Yatırımda dikkat edilen faktörlerin önemi alt boyutu ile örgütsel performans alt boyutu arasındaki ilişkiyi belirlemek üzere yapılan korelasyon analizi sonucunda, puanlar arasında %29,2 pozitif yönde anlamlı ilişki bulunmuştur. (r=0,292; p=0,000<0,05). Buna göre yatırımda dikkat edilen faktörlerin önemi alt boyutu puanı arttıkça örgütsel performans alt boyutu puanı da artmaktadır.

Analize göre; yatırımda dikkat edilen faktörler olan, kullanılan bilişim teknolojisinin etkin servis imkanının olması, kullanılan bilişim sisteminin teknolojik ömrünün uzun olması, teknolojinin sağlayacağı verimlilik artışı, teknolojinin kurulma ve çalıştırılma imkanı, alışkanlık ve kullanımının kolay olması gibi ifadelerin pozitif olarak algılanmasının artması, örgütsel performans algısını da arttırmaktadır sonucuna varılmıştır.

Teknolojinin kurulma ve çalıştırılma imkanının, teknolojinin sağlayacağı verimlilik artışının ve teknolojinin ömrünün yatırımda dikkat edilen faktörler olarak en önde algılandığı görülmüştür. Maliyet açısından etki olarak işgücü, güncelleme ve iletişim maliyetinin yüksek olduğu, bakım ve veri yedekleme maliyetinin ise yüksek olarak algılanmadığı görülmüştür. Bunun nedeni öğretim üyelerinin yeterli derecede bilgisayar bakım desteği alamaması olabilir. Sistemlerin entegre olması için az çaba sarf edildiği, bilişim teknolojisini daha iyi yönetmeye çok önem verilmediği, bilişim teknolojisinin destek temini noktasında yeterince merkezi şekilde yapılmaması bu oranların düşük çıkmasına sebep olmuş olabilir.

4. Bilişim Sistemleri Özellikleri ile Bilişim Teknolojisi Yatırımının Algılanması Arasındaki Korelasyon Analizi

Bilişim teknolojisinin özellikleri ve bilişim teknolojisi yatırımının algılanması arasındaki korelasyon analizi sonuçlarına ilişkin tablo aşağıda bulunmaktadır.

Tablo 4.34. Bilişim Sistemleri Özellikleri ile Bilişim Teknolojisi Yatırımının Algılanması Arasındaki Korelasyon Analizi

		Bilişim Teknolojisi Özellikleri
Bilişim Teknolojisi Yatırımının Algılanması	r	0,294
	p	**0,000**
	N	242

Bilişim teknolojisi yatırımının algılanması ile bilişim teknolojisi özellikleri arasındaki ilişkiyi belirlemek üzere yapılan korelasyon analizi sonucunda, puanlar arasında %29,4 düzeyinde pozitif yönde anlamlı ilişki bulunmuştur. ($r=0,294$; $p=0,000<0,05$). Buna göre bilişim teknolojisi özellikleri arttıkça bilişim teknolojisi yatırımının algılanması de artmaktadır.

Analiz sonucuna göre; öğretim üyelerinin, bir bilişim teknolojisi olan akademik otomasyon sisteminin doğru bilgi sağlaması, tutarlı olması, hızlı bilgi sağlaması, ihtiyaca göre veri listelemesi, görevlerin yerine getirilmesinde yeterli işleve sahip olması ve zamanında bilgi sağlaması gibi bilişim teknolojisi özelliklerinin, bilişim teknolojisi yatırımının algılanmasını arttırdığı sonucuna varılmaktadır.

Bilişim teknolojisinin özellikleri alt boyutları ile Bilişim teknolojisi yatırımının algılanması alt boyutları arasındaki korelasyon analizi sonuçları Tablo 4.35 de detaylı olarak verilmektedir.

Tablo 4.35. Bilişim Sistemleri Özellikleri Alt Boyutları ile Bilişim Teknolojisi Yatırımının Algılanması Alt Boyutları Arasındaki Korelasyon Analizi

Boyutlar	Boyutlar	N	r	p
Bilgi sağlama özellikleri	Maliyet açısından etki	242	0,144	**0,025**
Fonksiyonel özellikler	Maliyet açısından etki	242	0,133	**0,038**
Bilgi sağlama özellikleri	Yatırımda dikkat edilen faktörlerin önemi	241	0,287	**0,000**
Fonksiyonel özellikler	Yatırımda dikkat edilen faktörlerin önemi	241	0,229	**0,000**

Bilgi sağlama özellikleri alt boyutu ile maliyet açısından etki alt boyutu arasındaki ilişkiyi belirlemek üzere yapılan korelasyon analizi sonucunda, puanlar arasında %14,4 düzeyinde pozitif yönde anlamlı ilişki bulunmuştur. (r=0,144; p=0,025<0,05). Buna göre bilgi sağlama özellikleri alt boyutu puanı arttıkça maliyet açısından etki alt boyutu puanı da artmaktadır.

Analiz sonucuna göre düşük de olsa bilgi sağlama özellikleri ve maliyet açısından etki alt boyutları arasında pozitif yönde anlamlı ilişki vardır. Öğretim üyelerinin kullanılan akademik otomasyon sisteminin zamanında bilgi sağladığını, anlaşılır bilgi sağladığını ve hızlı bilgi sağladığını düşündüklerini, bunu da maliyet açısından etki olarak teknik desteğin ve güncellenme maliyetinin yükseldiği yönünde algıladıkları şeklinde belirtebiliriz.

Fonksiyonel özellikler alt boyutu ile maliyet açısından etki alt boyutu arasındaki ilişkiyi belirlemek üzere yapılan korelasyon analizi sonucunda, puanlar arasında %13,3 düzeyinde pozitif yönde anlamlı ilişki bulunmuştur. (r=0,133; p=0,038<0,05). Buna göre fonksiyonel özellikler alt boyutu puanı arttıkça maliyet açısından etki alt boyutu puanı da artmaktadır. Bu sonuca göre, öğretim üyelerinin kullandıkları akademik otomasyon sisteminin ihtiyaca göre veri listelemesi yaptığı, yeterli şifreleme özelliğine sahip olduğu, bilgiye erişimin kolay olduğu, dolayısı ile sistemin bu özellikleri arttıkça maliyet açısından da etkinin artacağını düşündükleri ortaya çıkmaktadır.

Bilgi sağlama özellikleri alt boyutu ile yatırımda dikkat edilen faktörlerin önemi alt boyutu arasındaki ilişkiyi belirlemek üzere yapılan korelasyon analizi sonucunda, puanlar arasında %28,7 düzeyinde pozitif yönde anlamlı ilişki bulunmuştur. (r=0,287; p=0,000<0,05). Buna göre bilgi sağlama özellikleri alt boyutu puanı arttıkça yatırımda dikkat edilen faktörlerin önemi alt boyutu puanı da artmaktadır. Analiz sonucuna göre düşük de olsa bilgi sağlama özellikleri ve yatırımda dikkat edilen faktörlerin önemi alt boyutları arasında pozitif yönde anlamlı ilişki vardır. Öğretim üyelerinin kullanılan akademik otomasyon sisteminin zamanında bilgi sağladığını, anlaşılır bilgi sağladığını ve hızlı bilgi sağladığını düşündüklerini, bunun ile birlikte etkin servis imkanı olmasının, kullanım kolaylığı ve alışkanlık oluşturmasının da sistemin bilgi sağlama özellikleri ile arttığı görüşünde oldukları görülmektedir.

Fonksiyonel özellikler alt boyutu ile yatırımda dikkat edilen faktörlerin önemi alt boyutu arasındaki ilişkiyi belirlemek üzere yapılan korelasyon analizi sonucunda, puanlar arasında %22,9 düzeyinde pozitif yönde anlamlı ilişki bulunmuştur. ($r=0,229$; $p=0,000<0,05$). Buna göre fonksiyonel özellikler alt boyutu puanı arttıkça yatırımda dikkat edilen faktörlerin önemi alt boyutu puanı da artmaktadır. Bu sonuca göre, öğretim üyelerinin kullandıkları akademik otomasyon sisteminin ihtiyaca göre veri listelemesi yaptığı, yeterli şifreleme özelliğine sahip olduğu, bilgiye erişimin kolay olduğu, dolayısı ile sistemin bu özellikleri arttıkça teknolojinin sağlayacağı verimlilik artışı, teknolojinin ömrü gibi yatırımda dikkat edilen faktörlerin önemli olduğu ve birbiri ile ilişkili olduğu ortaya çıkmaktadır.

5. Bilişim Sisteminin Faaliyetlere Olan Etkisi ile Bilişim Teknolojisi Yatırımın Algılanması Arasındaki Korelasyon Analizi

Bilişim sisteminin faaliyetlere olan etkisi ve bilişim teknolojisi yatırımının algılanması arasındaki korelasyon analizi sonuçlarına ilişkin tablo aşağıda bulunmaktadır.

Tablo 4.36. Bilişim Sisteminin Faaliyetlere Olan Etkisi ile Bilişim Teknolojisi Yatırımın Algılanması Arasındaki Korelasyon Analizi

		Bilişim Teknolojisinin Faaliyetlere Etkisi
Bilişim Teknolojisi Yatırımının Algılanması	r	0,052
	p	0,416
	N	244

Bilişim teknolojisi yatırımının algılanması ile bilişim teknolojisinin faaliyetlere etkisi arasındaki ilişkiyi belirlemek üzere yapılan korelasyon analizi sonucunda, puanlar arasında istatistiksel açıdan anlamlı ilişki bulunmamıştır. ($r=0,052$; $p=0,416>0,05$).

Bilişim teknolojisinin faaliyetlere olan etkisi alt boyutları ile Bilişim teknolojisi yatırımının algılanması alt boyutları arasındaki korelasyon analizi sonuçları Tablo 4.37 de detaylı olarak verilmektedir.

Tablo 4.37. Bilişim Sisteminin Faaliyetlere Olan Etkisi Alt Boyutları ile Bilişim Teknolojisi Yatırımın Algılanması Alt Boyutları Arasındaki Korelasyon Analizi

Boyutlar	Boyutlar	N	r	p
Faaliyetlere olan katkı	Maliyet açısından etki	244	0,003	0,966
Sistemsel zorluklar	Maliyet açısından etki	243	-0,089	0,167
Sorunlarla karşılaşma	Maliyet açısından etki	241	-0,018	0,779
Kişisel zorluklar	Maliyet açısından etki	244	-0,026	0,682
Faaliyetlere olan katkı	Yatırımda dikkat edilen faktörlerin önemi	242	0,309	**0,000**
Sistemsel zorluklar	Yatırımda dikkat edilen faktörlerin önemi	241	-0,077	0,233
Sorunlarla karşılaşma	Yatırımda dikkat edilen faktörlerin önemi	239	0,097	0,136
Kişisel zorluklar	Yatırımda dikkat edilen faktörlerin önemi	242	-0,085	0,190

Faaliyetlere olan katkı alt boyutu, Sistemsel zorluklar, Sorunlarla karşılaşma, Kişisel zorluklar alt boyutu ile maliyet açısından etki alt boyutu arasındaki ilişkiyi belirlemek üzere yapılan korelasyon analizi sonucunda, puanlar arasında istatistiksel açıdan anlamlı ilişki bulunmamıştır.

Faaliyetlere olan katkı alt boyutu ile yatırımda dikkat edilen faktörlerin önemi alt boyutu arasındaki ilişkiyi belirlemek üzere yapılan korelasyon analizi sonucunda, puanlar arasında %30,9 düzeyinde pozitif yönde anlamlı ilişki bulunmuştur. ($r=0,309$; $p=0,000<0,05$). Buna göre faaliyetlere olan katkı alt boyutu puanı arttıkça yatırımda dikkat edilen faktörlerin önemi alt boyutu puanı da artmaktadır.

Sistemsel zorluklar, Sorunlarla karşılaşma, Kişisel zorluklar alt boyutu ile yatırımda dikkat edilen faktörlerin önemi alt boyutu arasındaki ilişkiyi belirlemek üzere yapılan korelasyon analizi sonucunda, puanlar arasında istatistiksel açıdan anlamlı ilişki bulunmamıştır.

Analize göre; kullanılan akademik otomasyon sisteminin iş yükünü azalttığı, hızlı hizmette bulunmayı sağladığı, hatasız olarak görevin yerine getirilmesini sağladığı, öğrenci ile iletişimi kolaylaştırdığı gibi faaliyetlere katkı ifadelerinin öğretim üyeleri tarafından olumlu algılandığı ve bunlar ile yatırımda dikkat edilen faktörler olan teknolojinin kurulma ve çalışma imkanı, teknolojinin ömrü, etkin servis imkanı gibi maddelerin ilişkili olduğu, biri arttıkça diğerinin de arttığı görülmektedir.

4.12.5. Bilişim Teknolojisinin Örgütsel Performansa Etkisi İle İlgili Bulgular

Örgüt performansına etkili değişkenleri belirlemek, bu değişkenler arasındaki etkiyi ölçmek ve bunla ilgili hipotezleri test etmek için regresyon analizleri yapılmıştır. Bağımsız değişkenin alt boyutlarının örgütsel performansa olan etkisine regresyon analizi ile bakılmıştır.

1. Hipotez'in Regresyon Analizine Göre Değerlendirilmesi

H_1: Bilişim teknolojisi özelliklerinin örgütsel performansa etkisi vardır.

Tablo 4.38. Örgütsel Performans Düzeyinin Bilişim Teknolojileri Özelliklerinden Etkilenip Etkilenmeme Durumunun Regresyon Analizi İle İncelenmesi

Bağımlı Değişken	Bağımsız Değişken	ß	t	p	F	Model (p)	R^2
Örgütsel Performans	Sabit	1,255	5,346	**0,000**	44,329	**0,000**	0,265
	Bilgi sağlama özellikleri	-0,064	-0,628	0,530			
	Fonksiyonel özellikler	0,630	6,372	**0,000**			

Örgütsel Performans düzeyinin Bilişim Teknolojileri Özelliklerinden etkilenme durumunu test etmek için yapılan regresyon modeli istatistiksel olarak anlamlıdır ($F=44,329$; $p=0,000<0,05$).

Fonksiyonel özellikler 1 birim arttığında Örgütsel Performans 0,630 birim artmaktadır.($ß=0,630$; $t=6,372$; $p=0,000<0,05$). Bilgi sağlama özellikleri Örgütsel Performansını istatistiksel olarak etkilememektedir($t=-0,628$; $p=0,530>0,05$).

Bilişim Teknolojileri Özellikleri, Örgütsel Performansı 0,265 oranında etkilemektedir.($R^2=0,265$).

Kişilerin görevlerini yerine getirmede kullandıkları bilişim teknolojileri, hızlı olarak işlerini yapmalarına etkili olduğu için, özellikle bilişim teknolojisinin fonksiyonel özellikleri ön plana çıkmıştır. Değişkenlere ilişkin katılımcı görüşlerine göre, kullanılan bilişim sisteminin beklentiyi karşıladığı, veri girişini kolaylaştırdığı, yeterli işleve sahip olduğunu belirlenmiş ve bu doğrultuda örgütsel performansı pozitif etkilediği görülmüştür. Bilişim teknolojisinin özellikleri boyutunun örgütsel performası 0,265 oranında açıklamakta olduğu sonucuna varılmıştır.

Bu sonuç doğrultusunda **1. Hipotez** olan **"Hı:** Bilişim teknolojisi özelliklerinin örgütsel performansa etkisi vardır."

Hipotez kabul edilmiştir.

2. Hipotez'in Regresyon Analizine Göre Değerlendirilmesi

Hı: Bilişim sistemlerinin faaliyetlere olan etkilerinin örgütsel performansa etkisi vardır.

Tablo 4.39. Örgütsel Performans Düzeyinin Bilişim Sisteminin Faaliyetlere Olan Etkisinden Etkilenip Etkilenmeme Durumunun Regresyon Analizi ile İncelenmesi

Bağımlı Değişken	Bağımsız Değişken	ß	t	p	F	Model (p)	R^2
Örgütsel Performans	Sabit	2,014	4,984	**0,000**	22,695	**0,000**	0,266
	Faaliyetlere olan katkı	0,409	6,524	**0,000**			
	Sistemsel zorluklar	-0,224	-2,799	**0,006**			
	Sorunlarla karşılaşma	-0,004	-0,054	0,957			
	Kişisel zorluklar	0,135	1,801	0,073			

Örgütsel Performans düzeyinin Bilişim Sisteminin Faaliyetlere Olan Etkisinden etkilenme durumunu test etmek için yapılan regresyon modeli istatistiksel olarak anlamlıdır (F=22,695; p=0,000<0,05).

Faaliyetlere olan katkı 1 birim arttığında Örgütsel Performans 0,409 birim artmaktadır.(ß=0,409; t=6,524; p=0,000<0,05).Sistemsel zorluklar 1 birim arttığında Örgütsel Performans -0,224 birim azalmaktadır.(ß=-0,224; t=-2,799; p=0,006<0,05).

Sorunlarla karşılaşma Örgütsel Performansını istatistiksel olarak etkilememektedir(t=-0,054; p=0,957>0,05). Kişisel zorluklar Örgütsel Performansını istatistiksel olarak etkilememektedir(t=1,801; p=0,073>0,05).

Bilişim Sisteminin Faaliyetlere Olan Etkisi, Örgütsel Performansı 0,266 oranında etkilemektedir. (R^2=0,266).

Bilişim teknolojisinin faaliyetlere etkisi boyutunun örgütsel performans üzerinde %27 oranı ile etkili olduğu görülmüştür. Bunun nedeni bilişim teknolojisinin hızlı hizmette bulunmayı sağlaması, istenilenin zamanında yerine getirilebilmesine olanak tanıması, işlerin yapılmasını kısaltması, iş verimliliğini arttırması şeklinde algılanması ile açıklanabilir. Günümüzde teknolojinin olumlu etkileri her alanda görülmektedir. Bulgular da bu düşünceyi destekler niteliktedir.

Bu sonuç doğrultusunda **2. Hipotez H1:** Bilişim sistemlerinin faaliyetlere olan etkilerinin örgütsel performansa etkisi vardır. **Hipotez kabul edilmiştir.**

3. Hipotez'in Regresyon Analizine Göre Değerlendirilmesi

H1: Bilişim teknolojisi yatırımının algılanmasının örgütsel performansa etkisi vardır.

Tablo 4.40. Örgütsel Performans Düzeyinin Bilişim Sistemleri Yatırımlarından Etkilenip Etkilenmeme Durumunun Regresyon Analizi ile İncelenmesi

Bağımlı Değişken	Bağımsız Değişken	ß	t	p	F	Model (p)	R^2
Örgütsel Performans	Sabit	1,639	4,950	**0,000**	13,207	**0,000**	0,092
	Maliyet açısından etki	0,137	1,945	0,053			
	Yatırımda dikkat edilen faktörlerin önemi	0,334	4,741	**0,000**			

Örgütsel Performans düzeyinin Bilişim Sistemleri Yatırımlarından etkilenme durumunu test etmek için yapılan regresyon modeli istatistiksel olarak anlamlıdır (F=13,207; p=0,000<0,05).

Yatırımda dikkat edilen faktörlerin önemi 1 birim arttığında Örgütsel Performansı 0,334 birim artmaktadır.(ß=0,334; t=4,741; p=0,000<0,05). Maliyet açısından etki 1 birim arttığında Örgütsel Performansı 0,137 birim artmaktadır. (t=1,945; p=0,053~0,05).

Bilişim teknolojisi yatırımın algılanması boyutunun örgütsel performans üzerinde pozitif etkisi olduğu ortaya çıkmıştır. Araştırmaya katılan öğretim üyelerinin büyük bir kısmının teknolojinin kurulma ve çalıştırılma imkanının önemli olduğunu, teknolojinin sağlayacağı verimlilik artışı ve teknolojinin ömrünün yatırımda en önde dikkat edilen faktörler olarak algılandığı belirlenmiştir.

Öğretim üyeleri tarafından, bilişim sistemleri yatırımının, örgütsel performansı 0,092 oranında etkilediği şeklinde algılandığını söyleyebiliriz (R^2=0,092).

Bu sonuç doğrultusunda **3. Hipotez** olan **H1:** Bilişim teknolojisi yatırımının algılanmasının örgütsel performansa etkisi vardır. **Hipotez kabul edilmiştir.**

4.13. ARAŞTIRMANIN GENEL DEĞERLENDİRİLMESİ

Araştırma, 9 fakülte ve 2 yüksekokul da görev yapmakta olan 245 kişi üzerinde uygulanmıştır. Yapılan araştırmada bağımlı ve bağımsız değişkenler arasındaki ilişkiler korelasyon analizi ile ölçülmüştür. Ayrıca, bağımsız değişkenlerin, bağımlı değişken üzerindeki etkisini ölçmeye yönelik olarak Regresyon Analizleri, ikiden fazla grup durumunda parametrelerin gruplar arası karşılaştırmalarında Tek yönlü (Oneway) Anova testi ve farklılığa neden olan grubun tespitinde Tukey testi kullanılmıştır.

Çalışma, Bilişim teknolojisi kapsamı altında toplanan 3 bağımsız değişkenden ve Örgütsel performans bağımlı değişkeninden oluşmaktadır. Araştırmada Bağımlı değişkene yönelik toplam puan hesaplanmış ve tek bir ortalama ile analize katılmıştır. Amaç bağımsız değişkenlerin, bağımlı değişken olan örgüt performansını açıklamada ne kadar etkili olduklarını, ele alınan yükseköğretim kurumunda ölçmektir.

Çalışmada elde edilen veriler doğrultusunda örneklem grubunun büyük çoğunluğunu % 38,4 ile 35- 45 yaş arası, %31,4 ile 25- 35 yaş arası öğretim üyeleri oluşturmaktadır. Bu sonuç, genç ve dinamik bir kadroya yer verildiğini göstermektedir. Araştırmaya katılanların en büyük çoğunluğunu %37,1 ile öğretim görevlileri ve %29 ile Yrd. Doçent. unvanına sahip olanlar oluşturmaktadır. % 21 Doçent. ve % 10 Profesör Unvanı olan öğretim üyesi ile sayısal olarak iyi nitelikte bir örneklem grubuna uygulandığı belirlenmektedir.

Örneklem grubunun üniversitedeki çalışma sürelerine göre dağılımına bakıldığında en büyük çoğunluğu %58,4 ile 1-5 arası çalışanların oluşturduğu, bu oranı % 31 ile 5-10 yıl arası çalışanların izlediği görülmektedir. Buradan anlaşıldığı gibi %88 gibi büyük bir çoğunluğun, örgütsel performansla ilgili verdiği bilgilerin, önceki yıllara göre değerlendirebilir olarak cevap verebileceğinden dolayı, doğru sonuçlar verebileceği görüşü ortaya çıkmaktadır. Araştırma grubundan %38 kişi öğrenci sayısındaki artışın %20- 40 arası olduğunu belirtmiştir. Fakat bu sonuca rağmen uygulama yapılan örneklem grubunun yarısı tarafından öğretim üyesindeki artışın çok az olduğu düşünülmektedir. Üniversitedeki yönetimin öğrenci artışına paralel olarak öğretim üyesi artışı yaptığı fakat oran olarak bakıldığında öğretim üyesi sayısını az sayıda arttırdığı verilen cevaplara göre belirlenmiştir.

Bilişim teknolojisi kullanımı ile ilgili araştırmaya katılanların verdiği cevaplar doğrultusunda büyük çoğunluğun günde 3 saatten fazla bilgisayar başında zaman geçirdiği belirlenmiştir. Büyük çoğunluğun MS Office programları ve akademik otomasyon programlarını iyi derecede bildiklerini belirlenmiştir. Bu doğrultuda bilişim teknolojisi kullanımın üniversitelerde önemli ve gerekli olduğu görülmektedir.

Yapılan Anova analizi sonucunda Profesör Unvanı olanların bilgi sağlama özellikleri ve bilişim teknolojisinin faaliyetlere olan katkısı Öğretim görevlilerinin puan ortalamalarından daha yüksek bulunmuştur. Ayrıca Profesör ve Doçent unvanı olanların Örgütsel performans ortalamaları öğretim görevlilerine göre daha yüksek bulunmuştur. Örgütsel performans üzerinde olumlu etki olduğu görüşü Profesör ve Doçent unvanı olanlar tarafından desteklenmektedir. Ayrıca yapılan analizler sonucu bayanların örgütsel performanstaki değişimi erkeklere göre daha olumlu algıladıkları, örgütsel performans puanlarının erkeklere göre yüksek olması ile görülmektedir.

Bilişim teknolojisi ve örgütsel performans arasındaki Korelasyon analizi sonuçlarına göre; bilişim teknolojisi özellikleri ile örgütsel performans arasında pozitif yönlü anlamlı bir ilişki olduğu görülmektedir. Bilişim teknolojisinin faaliyetlere olan etkisi boyutuna bakıldığında pozitif yönlü anlamlı bir ilişki görülmektedir. Bilişim teknolojisinin faaliyetlere olan katkısı olarak, hızlı hizmette bulunmayı sağladığı, işlerin yapılma süresini kısalttığı, istenilenin zamanında yapılmasını sağladığı, iş yükünü azalttığı, iş verimliliğini arttırdığı gibi maddelerin öğrenciye verilen hizmetin kalitesini attırdığı ve öğrenci ile iletişimi kolaylaştırdığı belirlenmiştir. Örgütsel performansı pozitif yönde etkilediği sonucu ortaya çıkmaktadır.

Bilişim teknolojisi yatırımının algılanması ile örgütsel performans arasındaki korelasyon analizi sonuçlarına göre yatırımda dikkat edilen faktörlerin örgütsel performans üzerinde pozitif yönde anlamlı bir ilişkisi olduğunu göstermektedir. Teknolojinin kurulma ve çalıştırılma imkanının, teknolojinin sağlayacağı verimlilik artışının ve teknolojinin ömrünün yatırımda dikkat edilen faktörler olarak en önde algılandığı görülmüştür. Maliyet açısından etki olarak işgücü, güncelleme ve iletişim maliyetinin yüksek olduğu, bakım ve veri yedekleme maliyetinin ise yüksek olarak algılanmadığı görülmüştür. Bunun nedeni öğretim üyelerinin yeterli derecede bilgisayar bakım desteği alamaması olabilir. Sistemlerin entegre olması için az çaba sarf edildiği, bilişim teknolojisini daha iyi yönetmeye çok önem verilmediği, bilişim teknolojisinin destek temini noktasında yeterince merkezi şekilde yapılmaması bu oranların düşük çıkmasına sebep olmuş olabilir.

Bilişim sistemlerinin özellikleri ile bilişim teknolojisi yatırımının algılanması arasındaki korelasyon analizi sonuçlarına göre pozitif yönlü anlamlı bir ilişki mevcuttur. Bilişim teknolojisinin faaliyetlere olan etki, bilişim teknolojisinin stratejisi boyutları ile bilişim teknolojisi yatırımının algılanması arasındaki korelasyon analizi sonucuna göre düşük seviyeli, pozitif yönde anlamlı bir ilişki olduğu sonucuna varılmaktadır.

En yüksek korelasyon bulgusu bilişim sitemlerinin özellikleri ile bilişim sistemlerinin faaliyetlere olan etkisi arasında bulunmuştur. Bu boyutlar arasında orta seviyede, pozitif anlamlı ilişki bulunmuştur. Bu noktadan hareketle yükseköğretim kurumunda kullanılan akademik bilişim sisteminin ihtiyaca yönelik hizmet verdiği, kişilerin görevlerini yerine getirmede yeterli işleve sahip olması aynı zamanda doğru bilgi ve hızlı bilgi sağladığı ortaya çıkmaktadır.

Çalışmada gerçekleştirilen regresyon analizinde bağımsız değişkenlerden biri olan bilişim teknolojisi özellikleri değişkeninin, bağımlı değişken olan örgütsel performansı %27 oranında açıkladığı görülmektedir. Bilişim teknolojisi özelliklerinden fonksiyonel özelliklerde meydana gelen 1 birimlik artışın, örgütsel performansta 0,630 birimlik artış oluşturduğu görülmektedir.

İkinci bağımsız değişken olan bilişim sistemlerinin faaliyetlere olan etkisi ise örgütsel performanstaki değişimi %26,6 oranında açıklamaktadır. Bilişim sistemlerinin faaliyetlere olan etkilerinden faaliyetlere olan katkı boyutunda meydana gelen 1 birimlik artışın, örgütsel performansta 0,409 birimlik artış oluşturduğu görülmektedir.

Üçüncü bağımsız değişken olan bilişim teknolojisi yatırımının algılanması ise örgütsel performansı %9,2 oranında açıklamaktadır. Yatırımda dikkat edilen faktörlerin önemi 1 birim arttığında Örgütsel Performansı 0,334 birim artmaktadır. Maliyet açısından etki 1 birim arttığında ise Örgütsel Performansı 0,137 birim artmaktadır. Bu sonuç düşük olsa da yatırımda dikkat edilen faktörlerin ve maliyet açısından etkinin örgütsel performans üzerinde etkisi olduğu sonucunu desteklemektedir.

Çalışmada yapılan ilişki analizleri sonucunda en önemli ilişkinin örgütsel performans ile bilişim teknolojisinin faaliyetlere olan etkisi ve bilişim sistemlerinin özellikleri arasında olduğu görülmüştür. Bu sonuç kullanılan bilişim sisteminin doğru, güncel ve hızlı hizmet verdiğini bunun yanı sıra öğretim üyelerinin iş yükünü azalttığı, iş verimliliğini arttırdığı, işlerini daha kısa sürede yapmalarını sağladığı belirlenmiştir. Yapılan analizler sonucunda 1. Hipotez, 2. Hipotez, 3. Hipotez kabul edilmiştir.

SONUÇ

Dünya üzerinde yaşanan değişim bilişim teknolojilerindeki gelişmelerin oluşması ile organizasyonlar da değişim meydana gelmiştir. Önceki dönemlerde organizasyon ya da örgütler için önemli olan; toprak, sermaye ve işgücü gibi kavramlar yardımıyla yaratılırken, günümüzde işletmeler için gücün kaynağı bilişim teknolojileri ve bilişim sistemleri haline gelmiştir.

Literatürde son yıllarda örgütsel performans ile ilgili çalışmalar geniş yer alırken, yükseköğretim kurumlarında örgütsel performans konusunda yapılmış bir araştırmaya rastlanılamamıştır. Bu çerçevede özellikle yükseköğretim kurumlarından vakıf üniversitelerinde bilişim teknolojilerinin örgüt performansına etkilerinin değerlendirilmesi orijinal bir konu niteliğindedir.

Örgütlerde bilişim teknolojisinin stratejik önemi ve değeri sürekli artmaktadır. Çoğu işletmede bilişim teknolojisi örgütlerde destek işlevi olmaktan çıkarak stratejik ve yapısal bir role sahip hale gelmiştir. Örgütlerdeki bilişim teknolojileri kullanımına yönelik bu gelişme, yönetime, üretim faktörlerine ve performansa katkılar sağlamış ve örgütlerde verimliliği artırmada kaçınılmaz bir unsur olarak görülmüştür. Bilişim teknolojisi artık bir örgütsel genel gider olarak görülmek yerine, rekabeti ve sektör yapısını değiştiren stratejik bir kaynak olarak görülmektedir. Üst yönetimin desteği ile sürecin işleyebilmesi, farklı birimler arasında uyumun sağlanabilmesi, değişime direncin ortadan kaldırılabilmesi ve gereksinim duyulan kaynakların zamanında ve etkin bir şekilde dağıtımı açısından hayati önem taşır.

Bu çalışma, günümüzde yaşamın her alanında artarak ve yoğun olarak kullanılmakta olan bilişim teknolojilerinin yükseköğretim kurumlarında örgüt performansına ne şekilde etki ettiğini belirlemek amacıyla yapılmıştır. Araştırmada bilişim teknolojileri ile örgütsel performans arasında bir ilişki olup olmadığı ve eğer ilişki varsa bu ilişkinin nasıl ve hangi yönde yükseköğretim kurumlarını etkilediği belirlenmeye çalışılmıştır.

Bu çalışmada yükseköğretim kurumlarında bilişim teknolojilerinin örgüt performansına etkileri çok yönlü olarak incelenmiştir. Çalışma dört bölümden oluşmaktadır. Birinci bölüm Bilişim teknolojisi kavramı, önemi, bilişim teknolojilerinin gelişimi ve bilişim teknolojilerinin örgütsel etkileri irdelenmektedir. İkinci bölümde, performans kavramı ve boyutları, örgütsel performansın ölçülmesi, örgütsel performans ve bilişim teknolojisi ilişkisi konularına yer verilmektedir. Üçüncü bölümde, bilişim sistemlerinin kullanımı ve yükseköğretim kurumlarında bilişim sistemleri konuları ele alınmaktadır.

Çalışmanın son bölümü olan araştırma bölümünde, 9 fakülte ve 2 yüksekokul da görev yapmakta olan 245 kişi üzerinde uygulanan anket çalışmasında bağımlı ve bağımsız değişkenler arasındaki ilişkiler, korelasyon analizi yapılarak belirlenmiştir. Bağımsız değişkenlerin, bağımlı değişken üzerindeki etkisini ölçmeye yönelik olarak Regresyon Analizleri kullanılmıştır.

Çalışma, Bilişim teknolojisi kapsamı altında toplanan üç bağımsız değişkenden ve Örgütsel performans bağımlı değişkeninden oluşmaktadır. Araştırmada Bağımlı değişkene yönelik toplam puan hesaplanmış ve tek bir ortalama ile analize katılmıştır. Amaç bağımsız değişkenlerin, bağımlı değişken olan örgüt performansını açıklamada ne kadar etkili olduklarını, ele alınan yükseköğretim kurumunda ölçmektir.

Araştırmanın büyük çoğunluğunu 25- 45 yaş arası öğretim kadrosu oluşturmaktadır. Bu sonuç genç ve dinamik bir kadronun olduğunu göstermektedir. Üniversitede çalışma sürelerine bakıldığında birkaç yıldır, aynı kurumda bulunanların fazlaca olduğu görülmektedir. Bilişim teknolojisi kullanımının örgütsel performans üzerindeki etkisini ölçmek açısından aynı kurumda birkaç yıldır çalışıyor olmanın daha doğru sonuçlar verebileceği ortaya koymaktadır.

Araştırmaya katılan öğretim üyelerinin büyük çoğunluğunun günde 3 saatten fazla bilgisayar kullandıkları, akademik otomasyon programı ve Ms Office programlarını kullanmayı iyi derecede bildikleri ve bu doğrultuda etkili kullandıkları sonucuna ulaşılmıştır.

Sonuç olarak, üç bağımsız değişkenin de (bilişim teknolojisinin özellikleri, bilişim teknolojisinin faaliyetlere etkisi, bilişim teknolojisin yatırımının algılanması) örgütsel performans üzerinde etkili olduğu bulunmuştur. Bunlardan, bilişim teknolojisinin faaliyetlere etkisi boyutunun örgütsel performans üzerinde %27 oranı ile en etkili olduğu görülmüştür. Bunun nedeni bilişim teknolojisinin hızlı hizmette bulunmayı sağlaması, istenilenin zamanında yerine getirilebilmesine olanak tanıması, işlerin yapılmasını kısaltması, iş verimliliğini arttırması ile açıklanabilir. Günümüzde teknolojinin olumlu etkileri her alanda görülmektedir. Bulgular da bu düşünceyi destekler niteliktedir.

İkinci olarak, bilişim teknolojisinin özellikleri boyutu gelmektedir. Bilişim teknolojisinin özellikleri boyutunun örgütsel performansı %26,5 oranında açıkladığı görülmüştür. Kişilerin görevlerini yerine getirmede kullandıkları bilişim teknolojileri, hızlı olarak işlerini yapmalarına etkili olduğu için, özellikle bilişim teknolojisinin fonksiyonel özellikleri ön plana çıkmıştır. Kullanılan bilişim sistemin beklentiyi karşıladığını, veri girişini kolaylaştırdığını, yeterli işleve sahip olduğunu belirlenmiş ve bu doğrultuda örgütsel performansı pozitif etkilediği görülmüştür.

Bilişim teknolojisi yatırımın algılanması boyutunun örgütsel performans üzerinde pozitif etkisi olduğu ortaya çıkmıştır. Araştırmaya katılan öğretim üyelerinin büyük bir kısmının teknolojinin kurulma ve çalıştırılma imkanının önemli olduğunu, teknolojinin sağlayacağı verimlilik artışı ve teknolojinin ömrünün yatırımda en önde dikkat edilen faktörler olarak algılandığı belirlenmiştir.

Araştırmaya katılanların, bilişim teknolojilerinin örgütsel performansı etkilemesi yönündeki algılamaları doğrultusunda bilişim teknolojisi ile üretilen bilgi kalitesinin arttığı, çalışan performansının önemli ölçüde arttığı, verimlilik oranının arttığı, eğitim sektöründeki bilinilirlik düzeyinin yükseldiği, kurumsal itibarın arttığı, öğrenci sayısının arttığı sonucuna ulaşılmaktadır.

Bu araştırmanın bilişim teknolojileri kullanımı ve örgütsel performans ilişkisinin açıklanmasında katkıları olmasını ve gelecekte yapılacak olan çalışmalara da destek sağlamasını umuyorum.

Araştırma sonuçlarına göre; kullanıcıların bilişim teknolojilerinin örgütsel performanslarına etkilerini algılamaları ve bilişim teknolojilerini uygulamalarına yönelik bir takım sorunlar bulunmaktadır. Bunları birkaç madde halinde özetlersek;

- Bilişim teknolojilerinin sürekli değişim içerisinde ve gelişim içerisinde bulunması,
- Kullanıcılara yeterli teknik desteğin sağlanamaması,
- Akademik otomasyon programının kullanım zorluklarının olması,
- Bilişim teknolojisine yönelik dirençlerin bulunması.
- Bu maddelerde göz önünde bulundurularak birtakım öneriler belirtilebilir.
- İşletmeler, verimli çalışan profesyonel bir bilgi işlem departmanı kurmalıdır.

- Bu departmanın faaliyetleri, üst yönetim tarafından kararlılıkla desteklenmelidir.
- Bilişim teknolojisi alanındaki yenilikler dikkatle takip edilmeli ve uygulanmalı rekabet avantajı sağlanmalıdır.
- İşletmeler performanslarını değerleme konusunda profesyonel destek almalıdır. Özellikle finansal olmayan performans boyutlarına daha fazla önem verilmelidir.
- Bilişim teknolojilerine yapılan yatırım oranı arttırılmalıdır. Bilişim teknolojilerine yapılacak her yatırım rekabet gücü yaratan bir fırsat olacaktır.
- Gelişen teknoloji takip edilerek Akademik otomasyon programları alanında yapılan gelişmeler, işletme bünyesinde uygulanmalı fakat bu uygulama yapılırken arayüzleri etkin kullanılacak şekilde tasarlamak gerekmektedir.
- Bilişim teknolojilerini dış kaynaklardan da yararlanarak geliştirmelidir.
- Bilişim teknolojilerini, işletmenin hem operasyonel hem yönetim kontrol seviyesi hem de stratejik planlama seviyesinde kullanabilecek şekilde entegrasyon çalışması yapılmalıdır.

Bu konuya ilişkin müteakip çalışmalarda, bilişim teknolojileri ve örgütsel performans etkileşiminin, farklı sektörlerde faaliyet gösteren değişik örgütlerde, öznel görüş ve yargılardan çok nesnel verilere dayalı olarak ölçülmesinin daha geçerli sonuçlar vereceği değerlendirilmektedir. Gelecek çalışmalarda bilişim sistemlerinin önemine ilişkin bölümlerde örgüt ve çevre analizlerinin dışındaki boyutlarında incelenmesi müteakip çalışmalar için ele alınması gereken konular arasında olmalıdır.

KAYNAKÇA

Abdul-Gader, A.H. ve Kozar, K.A: "The impact of computer alienation on information technology investment decisions: an exploratory cross-national analysis", **MIS Quarterly**, v.19 n.4, 2000, Aralık, pp. 535-559.

Abrat, Russel Thabiso N. Mofokeng: "Development And Management Of Corporate Image", **European Journal Of Marketing"**, No: 3 -4, 2001, s. 368.

Ackoff, Russel L.: **A Concept Of Corporate Planning,** John Wiley, NY., 1970, s.88.

Ada, N.: "Örgütsel İletişim ve Yeni Bilgi Teknolojileri; Örgütsel İletişim Ağları", **Ege Akademik Bakış**, 7(2), 2007, s. 551-559.

Agrawal, A. M.: "Knowledge Management Application in Higher Technical Institutions in India**", International Association for Management of Technology** (IAMOT), 13th International Conference Proceedings, Washington April 37, 2004, pp. 154.

Ahituv, N. ve Neumann, S.: **Principles of Information Systems for Managemen**t. Third edition, WC Brown Publishers, Dubuque, 1990.

Akal, Zühal: **İşletmelerde Performans Ölçüm ve Denetimi**, 4.Baskı, Milli Prodüktivite Merkezi Yayınları, Ankara, 2000.

Akal, Zühal: **Performans Kavramları Ve Performans Yönetimi**, Beta Yayınları, Ankara, 2003.

Akgül, Aziz, Çevik, Osman: **İstatistiksel Analiz Teknikleri**, İkinci Basım, Ankara, Emek Ofset, 2005.

Aktan, Coşkun C.: **Özlenen Üniversite/ Yaşanan Üniversite.** Ankara: YeniTürkiye Yayınları, 2002.

Alpelbaum S.H., St. Pıerre N., W. Glawas: **Strategic Organizational Change: The Role Of Leadership, Learning, Motivation And Productivity**", Management Decision, 36, 5, 1998.

Altuntaş, Gültekin ve Dilek Dönmez: "Girişimcilik Yönelimi Ve Örgütsel Performans İlişkisi: Çanakkale Bölgesinde Faaliyet Gösteren Otel İşletmelerinde Bir Araştırma", **İstanbul Üniversitesi İşletme Fakültesi Dergisi**, cilt: 39, sayı: 1, 2010, s.50-54.

Anthony, R.N. ve V. Govindarajan: **Management Control Systems**. Ninth Edition, International Edition, Irwin McGrawHill, 1998.

Apaydın, Fahri: **Örgütlerde Kurumsallaşma ve Adaptif Yeteneklerin Pazarlama Eylemlerine ve Örgütsel Performansa Etkileri**, Doktora Tezi, GYTE Sosyal Bilimler Enstitüsü, Gebze, 2007

Arıcı, H.: H. Arıcı, "Sosyal Bilimler Alanında Bilim Adamı Yetiştirme. Lisansüstü Eğitim. içinde: Bilim Adamı Yetiştirme Lisansüstü Eğitim", **TÜBA Bilimsel Toplantılar Serisi: 7.**, TÜBA Yayınları, Ankara, 1997.

Baily, M.: "Recent Productivity Growth: The Role of Information Technology and Other Innovations", **FRBSF Economic Review**, 2004, p. 35-41.

Balanskat, A., R. Blamire, S. Kefala: "A review of studies of ICT impact on schools in Europe", **The ICT impact report,** 2006, p. 56.

Barnett, Michael L., John Jermier, Barbara A. Lafferty: "Copporate Reputation: Definicial landscape", **Corporate Reputation Review**, 2006, p. 8-9.

Bartol, Kathryn M., D. C. Martin: **Management**, McGraw Hill, Inc., New York, 1991.

Başkan, Gülsün Atanur: "Türkiye'de Yükseköğretimin Gelişimi", **Gazi Üniversitesi Gazi Eğitim Fakültesi Dergisi**, Cilt 21, Sayı 1, 2001.

Batra, Surinder: "Impact of Information Technology on Organizational Effectiveness: A Conceptual Framework Incorporating Organizational Flexibility", **Global Journal of Flexible Systems Management**; Jan-Jun 2006; Vol. 7, No. ½, 2006, pp. 15-25.

Bayrak, S.: " Bilişim Teknolojilerinin Yarattığı Devrim: Toplumsal Ve Örgütsel Etkileri", **Bilgi Teknolojileri Kongresi-II: Bildiriler**, Pamukkale Üniversitesi, Denizli, 01-04 Mayıs 2003, s. 170-172.

Becta, B.: The Becta Review 2006: **Evidence on the progress of ICT in education. Coventry:** British Educational Communications and Technology Agency, 2006.

Bengtsson, M., Wredenberg, D.: "Evaluation of IT investments. A case study of the PENG model", Jönköping University, **Jönköping International Business School**. Bachelor's thesis, 2008, p.44.

Bennet, R.: **Management.** The Manufacturing and Engineering Handbook Series, London, 1994, s.263.

Bensghir, Türksel Kaya: **Bilgi Teknolojileri ve Örgütsel Değişim**, TODAİE Yayını, Ankara, 1996.

Beşkese, B. ve M. Tanyaş: "Bilişim Teknolojisi Yatırımlarının Değerlendirilmesine yönelik uygun yöntemin seçilmesi modeli – ERP yazılımı seçimi uygulaması", **İTÜ Dergisi**, 5(1), 2006, s. 217-227

Bharadwaj, A. ve Konsynski, B.R.: "Capturing the intangibles". InformationWeek, 1997, p.71-73.

Bidgoli, Hossein: **Handbook of Management Information Systems: A Managerial Perspective**, USA: Academic Press, 1999.

Bilgen, Bilge: “Performans Ölçme Sistemlerinin İncelenmesi”, **II. Ulusal Üretim Araştırmaları Sempozyumu Bildirileri**, İ.T.Ü., İstanbul, 2001, s. 124.

Bonk, E. T.: “The Information Revolution And Its Impact On SME Strategy: The Asia Pacific Economic Cooperative Forum As A Model, **Journal of Small Business Management**, Vol. 34 No. 1, 1996, pp. 71-7.

Boone, E. Louis ve L. David Kurtz: **Management,** McGraw Hill Press, New York, 1992.

Bourne, M., J. Milss, M. Wilcox, A. Neely, K. Platts: “Designing Implementing IndUpdating Performance Measurement Systems”, **International Journal Of Operations &Production Management,** Vol 20, No: 7, 2000, pp.754-755.

Boyd, Brian K. Donal Berg: “Reconsidering Reputation- Performance Relationship: Resource- Based View”, **Journal of Management**, No: 10, 2009, p. 591-592.

Brynjolfsson, E., L. Hitt: “Paradox Lost? Firm Level Evidence on the Returns to Information Systems Spending”, **Management Science**, c. 42, s.4, April 1996, pp. 541-558.

Bumin, B.: **Çağdaş İşletme Teknikleri**, Gazi Kitapevi, Ankara, 2003.

Burgelman, R. A.: “A Model of the Interation of Strategic Behavior, Corporate Context, and the Concept of Strategy”, **Academy of Management Review**, 8 (1), 1983, pp. 61-70.

Cameron, Kim S.: “Effectiveness As Paradox: Consensus And Conflict Conceptions Of Organizational Effectiveness”, **Management Science**, 32 (5), 1986, pp.539-553.

Can, H.: **Organizasyon Yönetim**, Siyasal Kitabevi, Ankara, 1997.

Can, Halil, Akgün A., Kavuncubaşı, Ş.: **Kamu ve Özel Kesimde İnsan Kaynakları Yönetimi,** Siyasal Kitabevi, Ankara, 2001.

Carrie, S., A., Ümit Bititçi, S. McDevitt: “Integrated Performance Measurement Systems: An Audit and Development Guide”, **The TQM Magazine**, 9, 1, 1997, pp. 46.

Celep, Ali, Cemal Zehir, Büşra Müceldili, Bülent Akyüz: “The Impact Of Information Technology Investments On Firm Performance In National And Multinational Companies.”, **Journal of Global Strategic Management,** june 2010, p. 144.

Ceyhun ve Çağlayan: **Bilgi Teknolojileri Türkiye İçin Nasıl Bir Gelecek Hazırlamakta,** Türkiye iş Bankası Kültür Yayınları, Ankara, 1997.

Choi, B. and H. Lee: ”An empirical investigation of KM styles and their effect on corporatePerformance”, **Information & Management**, vol: 40(5), 2002, p. 403-417.

Chong ve Rundus: " SEM Being more Effective than Multiple Regression in Parsimonious Model Testing for Management Devolopment Research", **Journal of Management Development**, 20 (7), 2001, p. 650-667.

Çiğdem, Ahmet: Ahmet Çiğdem, "**Universitas'ın Çöküşü**", Birikim Dergisi, 67, 2000, s. 51.

Clegg, C., C. Axtell, L. Damodaran, B. Farbey, R. Hull, R. Lloydjones, J. Nicholls, R.Sell, ve C. Tomlinson: " Information Technology: A Study of Performance and Role of Human and Organizational Factors.", **International journal of industrial Ergonomics**, Vol. 40, No: 2, 1997, p.851-871.

Clemmons, Susan: **"**The Impact of Information Technology on Organizations: A Study of Enterprise Resource Planning System Influences on Job Design and Organization Culture**"**, Department of Business Administration, Florida International University, vol 3, Miami, FL, 2005, p.6.

Connolly, D. J.: **Understanding Information Technology Investment Decision Making in the Context of Hotel Global Distribution Systems**: A Multiple-Case Study. Yayınlanmamış Doktora Tezi, Virginia Polytechnic Institute and State University, Blacksburg Virginia, USA, 1997, s.4 - 25.

Coskun, H.: "Yükseköğretim Sistemimizin Sorunları ve Çözüm Önerileri", **Yeni Türkiye**, Sayı: 7 (Ocak -Şubat,), 1996, s. 360.

Cragg, Paul, King Malcolm, Hussın Husnayaati: "IT Aligment And Firm Performance In Small Manufacturing Firms " **Stratagic Information Systems**, 2002, pp. 109-132.

Çetinkaya, A.Şükrü: "Konaklama ve Seyahat İşletmelerinde İnternet Kullanımı", **Hafta Sonu Semineri,** Turizmde Bilgi Teknolojileri, Nevşehir, 2002, s. 41.

Çetinkaya, A.Şükrü: "Bilişim Teknolojilerinin Konaklama İşletmeleri Performansına Etkileri**"**, **Selçuk Üniversitesi**, d.tez, 2007, s.9.

Daniels, N. Caroline: **Information Technology The Management Challenge**, Addison Wesley Publishing, New York, 1994.

De Bond, E.: **Rekabet Üstü**, Remzi Kitapevi, (Çev: Oya ÖZEL), İstanbul, 2001.

Dedrick, J., Gurbaxani, V. ve Kramer, K.: **Information Technology and Economic Performance: A Critical Review of the Empirical Evidence,** ACM Computing Surveys, Mart 2003, . 35, 2003, s. 1, ss. 1-28.

Değişim Çağında Teknoloji Yönetimi, Nobel Yayın Dağıtım, Ankara, 2003

Demiray, U.: "**Kuruluşunun 5. Yılında Açıköğretim Lisesi İle İlgili Çalışmalar**", Eğitim Teknolojileri Genel Müdürlüğü Yayınları, Ankara, 2002.

Demirel, Ö.: **Öğretim Teknolojileri ve Materyal Geliştirme**, Pegem Yayıncılık, Ankara, 2001.

Demirsel, M. Tahir: "İhracata Yönelik Üretim Yapan Kobi'lerde Kullanılan Bilişim Teknolojilerinin Örgütsel Performansa Etkileri: Konya Organize Sanayi Bölgelerinde Bir Uygulama", **Selçuk Üniversitesi Sosyal Bilimler Enstitüsü**, y. Lisans tez, 2006, s.92.

DeNisi, Angelo S., Griffin, R. W.: **Human Resource Management**, Houghton Mifflin Company, Boston, 2001.

Devaraj, S. ve R. Kohli: The IT Payoff, **Prentice Hall**, ABD, 2002, p. 6.

Diamond, L ve Ramirez, T.: "Overview Information Technology Investment Management (ITIM) Guidance", **GAO Performance Institute**, August 26, 2004, pp.26.

Diamond, L., T. Ramirez: **Overview Information Technology Investment Management** (ITIM) Guidance, GAO Performance Institute August 26, 2004.

Dinçer; Ömer ve Yahya Fidan: **İşletme Yönetimine G**iriş, Beta Basım Yayım Dağıtım, İstanbul, 1999.

Doğan, Selen: "Çalısanların Verimliliğinin Arttırılmasında Ergonomi ve Önemi" Standard, Yıl: 4-2, Sayı: 496, 2003, s. 33-39.

Doll, W.J. ve X. Deng: "The collaborative use of information technology: End-user participation and systems success", **Information Resources Management Journal**, 14(2), 2001,

Draft, Richard L.: **Management**, Dryden Press, USA, 1991.

Draft, Richard L.: **The New Era of Management**, China: Thomson Sout- Western, 2006, p. 550.

Drucker, Peter F.: **Gelecek için Yönetim**, Türkiye İş Bankası Yayınları, Ankara, 1993.

Duenas, Guillermo: "Sosyal Sermaye Yaratıcıları Olarak Üniversiteler", **Eğitimin Geleceği: Üniversitelerin ve Eğitimin Değişen Paradigması**, Ed. Oğuz N. Babüroğlu, Çev. Zülfü Dicleli, Sabancı Üniversitesi Yayını, İstanbul, 2003, s. 144.

Dumagan, J. ve G. Gill: "Industry Level Effects Of Information Technology Use On Productvity And Inflation", Digital Economy, 2002, p.31- 40.

Durna, Ufuk: **Yenilik Yönetimi**, Nobel Yayın Dağıtım, Ankara, 2002.

Durocher, J.F, Niman, N.B.: "Information Technology Management Effectiveness and Guest Services", **Hospitality Research Journal**, 17 (1), 1993, p. 121-131.

Emini, Filiz Tufan: "Kamu Yönetiminde Bilişim Sistemlerinin Strateji Geliştirme Amaçlı Kullanımı", **Selçuk Üniversitesi**, yayınlanmamış doktora tezi, 2007.

Erdil Oya, Halit Keskin: "Örgütsel Değişim Sürecinin Özellikleri, Enformasyon Sisteminin Etkinliği, İş Değişimlerini Uygulama Etkinliği, Rekabet Stratejileri

Ve İşletme Performansı Arasındaki İlişkiler", **Yönetim İ.Ü İşletme Fakültesi dergisi**, Yıl 15, Sayı 47, 2004.

Erdoğan, Zafer, Kazım Develioğlu ve Diğerleri: "Kurumsal İmajın Şirketin Farklı Paydaşları Tarafından Algılanışı Üzerine Bir Araştırma", **Dumlupınar Ünv. Sosyal Bilimler Dergisi**, 2006, s. 56.

Eren, Erol: **İşletmelerde Stratejik Yönetim ve İşletme Politikası**, Der Yayıncılık, İstanbul, 1997.

Erkan, Hüsnü: **Bilgi Toplumu ve Ekonomik Gelişme**, Türkiye İş Bankası Kültür Yayınları, İstanbul, 1998.

Fernald, J. ve Ramnath, S.: "The Acceleration in US Total Factor Productivity After 1995: The Role of Information Technology", **Economic Perspectives**, Federal Reserve Bank of Chicago, 1Q/2004, 2004, pp. 52-67.

Fındıkçı, İlhami: **İnsan Kaynakları Yönetimi**, 3.Baskı, Alfa Yayınları, İstanbul, 2001.

Floyd, Steven F., Shaker A. Zahra: **The Effect Of Fit Between Competitive Strategy And IT Adoption On Organizational Performance In Small Banks",** Technology Analysis & Strategic Management, Vol.2, No.4, 1990, ss.357-372.

Fombrun, Charles J.: **Reputation: Realizing Value From Corporate Image**, Boston, Harvard Business School Press, 1996, s. 72.

GAO: **"**Information Technology Investment Management – A Framework for Assessing and Improving Process Maturity", **United States General Accounting Office**, GAO/AIMD, 2000, pp.12.

Gelinas, Ulrich J. Stave G.Sutton, Jane Fedorowicz: **Business Processes and Information Technology**, USA: Thomson South Westen press, 2004.

Georgopoulos, Basil S., Arnold, S. Tannenbaum: "A Study Of Organizational Effectiveness, " **American Sociological Review,** 22 (5), 1997, pp. 534-540.

Ghalayını, A. M., J.S. Noble: A. M. Ghalayını, J.S. Noble, "The Changing Basis Of Performance Measurement", International **Journal of Oparations & Production Management**, Vol.16, No: 8, 1996, p.63.

Gibson, C.F., B. B. Jackson: **The Information Imperative**. Lexington Books, Toronto, 2007

Gordon, Davis B., Hamilton Scott: **Managing Information: How Information Impact Organizational Strategy**, IRWIN, Richard D., Professional Pub. NewYork, 1993.

Gökçen, Hadi: **Yönetim Bilgi Sistemleri: Analiz ve Tasarım Perspektifi**, Ankara: Epi Yayınları, 2005.

Gray, J. B., S. M. Matear ve P. K. Matheson: **Improving the Performance of Hospitality Firms**. International Journal of Contemporary Hospitality Management, 12/3, 2000, s.149 – 155.

Gray, J. B., S.M. Matear, P.K. Matheson: "Improving the Performance of Hospitality Firms", **International Journal of Contemporary Hospitality Management**, 12/3, pp.149 – 155.

Gupta, Uma: **Information Systems Success in the 21'st Century**, Prentice Hall Press, New Jersey, 2000.

Gül, Hasan: "Bilgi Toplumu Karizmatik Liderliğin Sonu Olur Mu?" **2. Ulusal Bilgi Ekonomi Ve Yönetim Kongresi Bildiriler Kitabı**, Kocaeli Ü., İ.İ.B.F., İzmit, 2003, s.771.

Güleş, H., Bülbül H.: "**İşletmelerde Proaktif Bir Strateji Olarak Yenilikçilik: 500 Büyük Sanayi İşletmesi Üzerinde Bir Uygulama"**, DEU İşletme Fakültesi Dergisi, C: 4, N: 1, İzmir, 2003.

Güleş, H., Bülbül H.: **Yenilikçilik: işletmeler için Stratejik Üstünlük**, Ankara: Nobel Yayın Dağıtım, 2004.

Güleş, H.K. ve Özata, M.: **Sağlık Bilişim Sistemleri**. Nobel Yayın Dağıtım, Ankara, 2005.

Günaydın, Cahit: **Teknoloji Yönetiminin Önemi**", Dünya Gazetesi, Girişim Dergisi, 2000.

Hamdy, A. Taha: **Yöneylem Araştırması**, Çev. Ş. Alp Baray ve Şakir Esnaf, Literatür Yayıncılık, İstanbul, 2000.

Harris, S. E. ve J. L. Katz: "Organizational Performance And Information Technology Investment Intensity İn The İnsurance İndustry.", **Organization Science,** *2*(3), 1991, p. 263-295.

Hıll F. M., Collıns L. K.: **A Descriptive and Analytical Model of Organizational Transformation,** 17.09, 2000.

Hicks, James O.: **Management Information Systems, Third Edition**, West Publishing Company, New York, 1993.

Hitt, L.ve E. Brynjolfsson: "Productivity, Business Profitability and Consumer Welfare: Three Different Measures of Information Technology Value", **Management Information Systems Quarterly**, Vol. 20 No. 2, 1996, 2000, pp. 121-42.

Hormozi, Amir M., W. T. Harding ve U. Bose: "Is the Internet Feasible and Profitable for Small Businesses?", **SAM Advanced Management Journal**, Summer, 1998, p. 27.

Hu, Q., J. Quan: " Evaluating the Impact of IT Investments On Productivity: A Casual Analysis At Industry Level, **International Journal of Information Management**.", vol.25, 2004, p. 39-53.

Hudson, M., Smart, A., Bourne, M.: "Theory and Practice in SME Performance Measurement Systems", **International Journal of Operations & Production Management**, Vol: 21, 2001, pp.1101-1102.

Igbaria, M., Parasuraman, S. ve M. Badawy, "Work experience, job involvement and quality of work life among information system personel", MIS Quarterly, 18 (2), 1994, p. 175.

Işık, Halil ve Ahmet Alpay: "Eğitimde Stratejik Plan Geliştirme Sürecinde Karşılaşılan Sorunlar: Çanakkale İlinde Yapılan Bir İnceleme, **Gazi Üniversitesi Gazi Eğitim Fakültesi Dergisi,** Cilt 24, Sayı 3, 2004, s. 350.

İraz, R.: "Organizasyonlarda Karar Verme ve iletişim Sürecinin Etkinliği Bakımından Bilgi Teknolojilerinin Rolü", **Selçuk Üniversitesi Karaman İktisadi ve İdari Bilimler Fakültesi,** 2008 http://www.sosyalbil.selcuk.edu.tr/ sos_mak/ makaleler/Kararverme.pdf, 13 Mayıs 20011

İşletmelerde Performans Ölçme ve Değerlendirme", www.hufam.hacettepe.edu.tr/ performans.html, (22.11.2009).

İşman, Aytekin: **Uzaktan Eğitim Genel Tanımı, Türkiye'deki Gelişimi ve Proje Değerlendirmeleri**, Değişim Yayınları, Mayıs 2001.

Jackson, C.: **Building a competitive advantage through information technology,** in Denis, B. (Ed.), Strategic Service Management: Beyond the Moment of Truth, Pergamon Press, New York, NY, 1998, p. 19.

Jackson, M.: "**An Analysis of Flexible and Reconfigurable Production Systems** – An Approach to a Holistic Method for the Development of Flexibility and Reconfigurability", **Linköping Studies in Science and Technology**, Department of Mechanical Engineering, Linköping University, 2000.

Janson, M. A. ve S. Wrycza: "Information Technology and Entrepreneurship: Three Cases from poland ", **International Journal of Information Management**, vol.19, n.5, 1999, pp. 351-367.

Joseph Prokopenko: **Verimlilik Yönetimi Uygulamalı El Kitabı**, Çev: O. Baykal vd., 4.Baskı, MPM Yayınları, Ankara, 2001, s. 3.

Kabadayı, Ebru T.: **İşletmelerdeki Üretim Performans Ölçütlerinin Gelişimi, Özellikleri ve Sürekli İyileştirme ile İlişkisi**, Doğuş Üniversitesi Dergisi, 2002/6, 61-75

Kalkan, Adnan: "Kobilere Sağlanan Desteklerin Örgütsel Performansına Etkileri", DTezi, **GYTE Sosyal Bilimler Enstitüsü**, Gebze, 2005.

Kalkan, Veli Denizhan: "Türk Üniversitelerinde Bilgi Yönetimi Süreçlerinin Geliştirilmesi: Öncelikler ve Öneriler", **3. Ulusal Bilgi Ekonomi ve Yönetim Kongresi,** Eskişehir, Kasım 2004, ss. 778-779.

Kangas, K.: Business Strategies for Information Technology Management, **IRM Press**, 2003, p.45

Karahoca, Dilek ve Adem Karahoca: **Yönetim Bilişim Sistemleri ve Uygulamaları**, Beta Basım Yayım Dağıtım, İstanbul, 1998

Karakaş, Bülent, Ak, R.: "Kamu Yönetiminde Performans Yönetimi Önemli midir?", **Kamu Yönetiminde Kalite 3. Ulusal Kongresi Bildirileri**, TODAİE Yayınları, Ankara, 2003, s. 338.

Kaya, Z.: **Uzaktan Eğitim**, Pegem Yayıncılık, Ankara, 2002.

Kaynak, Hale: "The Relatioship Between TQM Practice And Their Effects On Firm Performance", **Journal Of Operation Management,** Elsevier Inc, 342, 2003, pp.6-7.

Kazan Halim ve O. Savaş: "Bilişim Teknolojilerinin Yönetim Sürecine Etkileri: Aksaray'da Bir Araştırma", 2002, http://www.bilgiyonetimi.org/cm/ pages/mkle gos.php?nt=155, (12.10.2009).

Kelkar, S. A.: **Management Information Systems: A Concise Study**, New Delhi: Prentice Hall of India, 2006

Keri E. Pearlson, S. Saunders Carol: **Managing and Using Information Systems: A Strategic Approach**, USA: John Wiley&Sons., 2006.

Kivijarvi, H. Ve T. Saarinen: "Investment in Information Systems and the Financial Performance of the Firm.", **Information & Management Journal**, vol: 28., 1995, p.145

Klein, Heinz K., Rudy Hirschheim: "Choosing Between Competing Design Ideals in Information Systems Development", **Information Systems Frontiers**, Vol 3, Issue 1, 2001, s. 79.

Koçel, Tamer: **İşletme Yöneticiliği**, 9.Baskı, Beta Basım Yayım Dağıtım, İstanbul, 2003.

Koçel, Tamer: **İşletme Yöneticiliği**, Beta Basım Yayın Dağıtım A.Ş, İstanbul, 2008.

Kraemer, Kenneth, Jason Dedrick: "Computing and Public Organizations", **Journal of Public Administrations Research & Theory**, Vol. 7, No. 1, January, 1997, s. 100.

Kroenke, David M.: **Using MIS**, New Jersey: Pearson Education, Inc.15, 2007

Kula, Veysel ve E. Tatoğlu: "KOBİ'lerde İnternet Kullanımı: Tutum ve Beklentiler Üzerine Bir Değerlendirme", 2001, www.kobinet.org.tr/hizmetler/ bilgibankasi/ekonomi/OAKDocs/OAK-T19.pdf, (23.09.2010).

Kumar, N. Ve R. Mittal: **Management Information System**, India: Anmol Publications Pvt. Ltd., 2004.

Kunç, Ş., A. Varol: "21. Yüzyıl Eğitiminde Teknoloji Kullanımı ve Mesleki Teknik Eğitim" **Endüstriyel Teknoloji, Bilimsel ve Teknik Dergi**, Cilt 1, Sayı 1, Kasım 1994, s.41-46.

Kwon D. ve F. Collopy, " The Variety in Information Technology's Impacts on Firm Performance", **MIS Quarterly,** 2004, s. 123-126.

Laudon, K.C., J.P. Laudon, **Business Information Systems**, The Drydem Press, Fort Worth, 2000.

Laudon, Kenneth C. ve Jane P. Laudon: **Management Information Systems New Approaches to Organization and Technology,** Prentice Hall Publishing, New Jersey, 2004.

Lee Sang M., v.d.: "Impact Of Data Warehousing On Organizational Performance Of Retailing Firms", **International Journal Information Technology & Decision Making**, 2004, Vol.3, No.1, pp.61-79.

Lucey, Terry: **Management Information Systems**, London: Thomson Learning, 2005.

Mahmood, M. A. ve G. J. Mann: "Measuring The Organizational Impact Of Information Technology Investment: An Exploratory Study." **Journal Of Management Information Systems**, 10(1), 1993, p. 97-122.

Mahmood, M. A. ve Soon, S. K.: "Comprehensive Model for Measuring the Potential Impact of Information Technology on Organizational Strategic Variables", **Decision science**, 1991, pp. 869-897.

Malaga, Ross A.: **Information Systems Technology**, New Jersey: Pearson Education, , 2005.

Markus, M.L. ve Soh, C., **Banking on Information Technology**: Converting IT Spending Into Firm Performance, Middletown, PA: Idea Group Publishing, 1993 p. 364-392.

Martin, Christopher ve Philip Powell: **Information Systems a Management Perspective**, McGraw Hill Press, England, 1992.

Melville, N., Kraemer, K. ve Gurbaxani, V.: **Review: Information Technology and Organizational Performance: An Integrative Model of Business Value**, MIS Quarterly, c. 28, s. 2, 2004, p. 283-322.

Milli Eğitim ve Kültür Bakanlığı: Milli Eğitim ve Kültür Bakanlığı, "bülten" **http://www.mebnet.net/duyurular/bulten/bulten.pdf,** 19.03.2010

Mills, V.: "The Effects of Information Technology on Intra-Human Communication in the Workplace", **DSTO Systems Sciences Laboratory**, 2002, p.11.

Moncrieff, James: "Is Strategy Making a Difference?", **Journal Of Long Rage Planning**, Vol. 32, No. 2, 1999, pp. 273-276.

Mondy, Wayne R. Noe, Robert M.: **Human Resource Management,** Sixth Edition, Pritice Hall, Inc., London, 1996.

Moran, J. W., B. K. Brightman: **"**Leading Organizational Change, Career Development International**"**, **MPM Verimlilik Dergisi**, 2000, p. 111- 119.

N. Varol, A. Varol: "İnternet'in M.Y.O.'larının Birinci Sınıflarının Uzaktan Öğretim Yapması Programındaki Rolü**", VI. Türkiye'de İnternet Konferansı**, 9-11 Kasım 2000.

Narthrop, A., K. L Kraemer, D.Dunkle ve J. L. King: "Payoffs From Computerization: Lessons Over Time." **Public Administration Review**, 50(5), 1990, p. 505-514.

Nassimbeni, G.: "Technology, Innovation Capacity, and the Export Attitude of Small Manufacturing Firms: A Logitrtobit Model", **Research Policy**, 2001, p. 261.

Naude, Pete Jonhatan Ivy: " The Marketing Strategies Of Universitiesi in The United Kingdom", **International Journal Of Educational Management**, 1999, p. 5.

Neely, A. ve Bourne M.: "Why measurement initiatives fail**"**, **Measuring Business Excellence**, Vol. 4 No. 4, 2000, pp. 3-6.

Neely, A., Gregory M., Platts K.: "Performance Measurement System Design: A Literature Review And Research Agenda" **International Journal Of Operations & Production Management**, Vol: 15, No: 4, 1995, s.80.

O'Brien, James A.: **Management Information Systems: A Managerial And User Perspective**, Richard D. Irwin Inc., USA, 1993.

Oliner, S. ve D. Sichel: "Information Technology and Productivity: Where Are We Now and Where Are We Going", **Journal of Policy Modeling**, c. 25, 2003, p. 477-503.

Ozankaya, Ö.: **Toplumbilim,** Genişletilmiş 10. basım, Cem Yayınevi, İstanbul, 2000.

Öğüt, Adem, Hasan Kürşat Güleş, Ali Şükrü Çetinkaya: **Bilişim Teknolojileri Işığında Turizm İşletmelerinde Yönetim**, Nobel Yayın Dağıtım, Ankara, 2003.

Öğüt, Adem: **Bilgi Çağında Yönetim**, Nobel Basım Yayım Dağıtım, Ankara, 2001.

ÖSYM: **2004-2005 Öğretim Yılı Yükseköğretim İstatistikleri**, ÖSYM Yayınları, Ankara, 2009.

Özen, U.: "İşletme Faaliyetlerinde Kişisel Bilgisayar Kullanıcıların Verimliliğe Etkisi Üzerine Bir Ampirik Çalışma", **EKEV Akademi Dergisi**, Yaz 2003, c. 7, s. 16, ss. 231-245.

Öztemel, Ercan: "Bilgi Toplumunda Yönetim Bilişim Sistemlerinin Gelişimi", **Yeni Türkiye Dergisi**, 21. Yüzyıl Özel Sayısı 2, Mart-Nisan 1998, ss.1175-1181.

Öztemel, Ercan: "Bilgi Toplumunda Yönetim Bilişim Sistemlerinin Gelişimi ve Yapay Zeka", **Otomasyon Dergisi**, Mart Sayısı, 1998, s.73.

Öztemel, Ercan: **Belediyelerde Toplam Kalite Yönetimi**, Değişim Yayınları, Adapazarı, 2001.

Öztürk, Ahmet: Ahmet Öztürk, **Yöneylem Araştırması**, Ekin Kitabevi Yayınları, Bursa, 1997.

Palmer, J. J.: "Internet Access In Bahrain: Business Patterns and Problems", **Technovation,** Vol: 20, 2000, p. 451-458.

Parker, C.: "Performance Measurement", **Work Study**, Vol. 49, No. 2, 2000, pp. 63-66.

Peppard, J., Ward J., Danıel, E.: "Managing the Realizationof Business Benefits from IT Investments", **MIS Quarterly Executive,** March, 2007, pp.10.

Pines, David: "Binyıl için Yeni Bir Üniversite Tasarlamak: Santa Fe Enstitüsü Perspektifi", **Eğitimin Geleceği: Üniversitelerin ve Eğitimin Değişen Paradigması**, Ed. Oğuz N. Babüroğlu, Çev. Zülfü Dicleli, Sabancı Üniversitesi Yayını, İstanbul, 2003 s. 138.

Pink, H.: "The Benefits of IT", **Pink Elephant** Inc., 2005, p.3 http: //www.livetime.com/docs/wp_benefits_ITIL.pdf, 21 Mart 2009.

Pinnington, Ashly, Edwards, T.: **Introduction to Human Resource Management**, Oxford University Press, Oxford, 2000.

Pinsonneault, Alain, Kenneth L. Kraemer: **The Impact of Information Technology on Middle Managers,** MIS Quarterly, Vol. 17, No. 3 (Sep., 1993), pp. 271-292.

Pisello, T.: **It Value Chain Management** – Maximizing The ROI From It Investments, Alinean, LLC, USA, 2001, p.23-38.

Porter, M.E. ve V.E. Millar: **How information gives you competitive advantage**. Harvard Business Review, 1985, 149-160

Porter, Michael E.: **Towards a Dynamic Theory of Strategy, Strategic Development Methods and Models,** Ed. Robert G. Dyson ve Frances O'Brien, John Wiley & Sons Ltd. England, 2001.

Post, G.V., Kagan, A. ve Lau, K. N.: **"**A Modeling Approach To Evaluating Strategic Uses Of Information Technology**"**, **Journal of Management Information Systems**, 12 (2), 1995, p. 161-187.

Premkumar, G. ve M. Roberts: " Adoption of New Information Technologies in Rural Small Businesses." Omega: **The International Journal of Management Science**, 27 (4), 1999, p.467-484.

Prokopenko, Joseph: **Verimlilik Yönetimi Uygulamalı El Kitabı**, Çev: O. Baykal vd., 4.Baskı, MPM Yayınları, Ankara, 2001.

Rainer, R. Kelly, Efraim Turban ve Richard E. Potter: **Introduction Information Systems: Supporting and Transforming Business**, USA: John Wiley & Sons, Inc., 2007.

Reynolds, G. W.: **Information Systems For Managers**. İkinci Baskı, West Publishing Company, New York.1999, s.30-472.

Rıza, E. Tahir: **Eğitimde Bilgisayar Teknolojisi**, Kanyılmaz Matbaacılık, İzmir, 2001.

Rolstadas, Asbjarn: "Enterprise Performance Measurement", **International Journal Of Oparations & Production Manamegent,** Vol 18, No: 9/10, 2000, pp. 990-992.

rumbley, D.L., E. Fliedner: "Accounting Administratons Perceptions Of Student Evaluation of teaching (SET) Information", **Quality Assurance in Education**, Vol 10 No 4, 2002, pp. 213- 222.

San, Coşkun: Coşkun San, "Bir Toplumsal Kurum Olan Üniversitede Özerklik ve Bilim Özgürlüğü", **AU Siyasal Bilgiler Fakültesi Dergisi**, 1993, s. 48.

Sarıhan, H. İ.: **Teknoloji Yönetimi**, Desnet Yayınları, İstanbul, 1999.

Sarıhan, Halime İnceler: **Rekabette Başarının Yolu Teknoloji Yönetimi**, Desnet Yayınları, İstanbul, 1998.

Sayıştay: "Performans Bilgisine Yönelik İyi Uygulama Prensipleri", **Sayıştay Araştırma, İnceleme, Çeviri Dizisi** (Çev. KAYA Safye, ARAL Can Suat), Ankara, 2000, www.sayistay.gov.tr, 15 Şubat 2010.

Sayıştay: **Performans Ölçüm Rehberi**, (Çev. Hülya DEMİRKAYA), Araştırma İnceleme Çeviri Dizisi 7, Ankara 2000.

Sayıştay: **Sayıştay'ın Performansının Ölçümüne İlişkin Ön araştırma Raporu**, Ankara: Sayıştay Yayını, 2002.

Schultheis, Robert ve Mary Sumner: **Management Information Systems The Manager's View**, Irvin Inc, ABD, 1998.

Selden, Sally Coleman ve Jessica E.Sowa: "Testing A Multi- Dimensional Model Of Organizational Performance: Prospects And Problems", **Journal Of Public Administration Research And Theory,** 14 (3), 2004, pp. 395-416.

Shimitz, J., K.W. Platts: " Supplier Logistics Performance Measurement: Indications From A Study In The Otomotive Industry", **International Journal Of Production Economics,** Elsevier Ltd., 2004, pp. 231-243.

Silva, E. M.: "Information Technology Investment", **External Report**, Kungal Tekniska Högskolan (KTH), Department of Industrial Information and Control Systems, Royal Institute of Technology, Stockholm, Sweden, 2001.

Sink, C. ve T. C. Tuttle: **Planning and measurement of in your organisation of the future**, Industrial Engineering and Management Press, Norcross, USA, 1989, p. 187.

Soysal, Ataç, Seraslan, Nakit vd.: **Bilgisayar Destekli Yönetim Sistemleri**, Mess Yayınları, İstanbul, 1989.

Stivers, Bonnie P., T. Joyce, "Building a Balanced Performance Management System", **S.A.M., Advanced Management Journal**, 65, 2, 2000, p. 22.

Strassman, P.A.: "The persistence of the computer paradox. A critique of effort to disprove the computer paradox", **The Information Economics Press**, New Canaan, CT, 2002, p. 132.

Şahin M.: "Bilgi Sistemi Projelerinin Değeri, Uygulama Süreci ve Yönetimi", Anadolu Üniversitesi, **Yönetim Bilgi Sistemi Ders Notları**, Eskişehir, 2008, s.9.

Şimşek, M. Şerif: **İşletme Bilimlerine Giriş**, 10. Baskı, Adım Matbaacılık, Konya, 2003.

Şimşek, M. Şerif: **Yönetim ve Organizasyon**, 8. Baskı, Damla Matbaacılık, Konya, 2002.

Tangen, S.: "Evaluation and Revision of Performance Measurement Systems". WoxénCentrum, Department of Production Engineering, **Royal Institute of Technology**, Stockholm, Sweden, 2004.

Tanoğlu, I. ve N. Başoğlu: "Exploring the relationship between information technology diffusion and managerial decision making", **Proceedings of PICMET'05**, July 2005, p.121.

Tanrılkulu, D.: **Yükseköğretime erişimin değer/endirilmesi ve politika önerileri,** DPT, Ankara, 2009.

Tapscott, D. ve A. Caston: **Paradigm shift: The new promise of information technology.** New York: McGraw-Hill, 1993

Tekin, Mahmut, Hasan Kürşat Güleş, Adem Öğüt:

Tekin, Mahmut, M. Zerenler, F. A. Bilge: "Lojistik Sektöründe Faaliyet Gösteren İşletmeler", **İstanbul Ticaret Üniversitesi Fen Bilimleri Enstitüsü Dergisi**, Yıl: 4, Sayı: 8, Güz 2005/2, s. 126.

Thatcher, M. ve D. Pingry: "Understanding the Business Value of Information Technology Investments: Theoretical Evidence from Alternative Market and Cost Structures", **Journal of Management Information Systems**, 2004, c. 21, p. 2, p. 61-85.

Toffler, Alvin: **Yeni Güçler Yeni Şoklar**, Çev. Belkıs Çorakçı, Altın Kitaplar, İstanbul 1992

Toni, A.D. ve S. Tonchia: "Performance Measurement Systems: Models, Characteristics and Measures", **International Journal of Operations & Production Management**, Vol: 21, No: 1/2, 2001, pp.59.

Tosey, P., G. Robinson, : "When Change Is Nolonger Enough; What Do We Mean By Transformation İn Organizational Change Work?" **The TQM Magazine**, 14.02.2002, pp.100-108.

Tural, Nejla: "**Küreselleşmenin Üniversite Üzerine Etkileri**: Çeşitli Ülkelerden Örnekler", **Eğitim Araştırmaları,** Sayı: 6, 2002, s.99–120.

Turan, Selahattin Belgin Durceylan ve Mehmet Şişman: **Üniversite Yöneticilerinin Benimsedikleri İdari ve Kültürel Değerleri**, Manas Üniversitesi Sosyal Bilimler Dergisi, Sayı 13, 2005, ss. 186–187

Turunc, Ömer, Erkus, Ahmet, Polat, Mustafa: "İşletmelerde Örgütsel Performansın Değerlemesinde Nicel- Nitel Kriterler: Savunma Sanayinde Bir Araştırma", **XV. Ulusal Yönetim ve Organizasyon Kongresi**, Sakarya Üniversitesi, Mayıs 2007, s.45.

Tutar, Hasan ve Mehmet Altınöz: "Örgütsel İklimin İşgören Performansı Üzerine Etkisi", **Ankara Üniversitesi Sosyal Bilimler Enstitüsü Dergisi**, 65-2, 2007, s.198.

Türk Dil Kurumu, Türk Dil Kurumu, **Türkçe Sözlük,** Ankara: Türk Dil Kurumu Yayınları, 1999.

Türkiye Bilişim Şurası: **Bilgi Toplumuna Doğru**, Türkiye 2. Bilişim Şurası Sonuç Raporu, Ankara, 2004.

Ulakbim: "**ULAKBİM'in Amaç ve Görevleri**", http://www.ulakbim.gov.tr/hakkimizda/ulakbim/amac.html, 14.4.2010

Ülgen, Hayri, K. Mirze: **İşletmelerde Stratejik Yönetim**, İstanbul, 2004.

Ülgen, Hayri: **İşletme Yönetiminde Bilgisayarlar,** İstanbul, 1990.

Varol, A., N. Varol: "ABD'de Uydu İle Uzaktan Eğitim, Uzaktan Eğitim, " **Uzaktan Eğitim** 1998 Kış.

Varol, N: "İnternet'in Uzaktan Eğitimdeki Konumu**"**, **Akademik Bilişim Konferansları**, 12 Şubat 2001.

Waite, L. Melisa, Susan Steades Doe: "Removing Performance Apraisal And Merit Pay In The Name Of Quality An Ampirical Study Of Employees Reactions", **Journal of Quality Management**, Volume: 5, 2000, p.188.

Walczuch, R., G. Van Braven ve H. Lundgren: "Internet Adoption Barriers for Small Firms in The Netherlands", **European Management Journal**, Vol. 18, No. 5, 2000, pp. 561-572.

World Development Indicators Database: World Development Indicators Database, **http://www.worldbank..org.data**'dan aktaran ŞENTÜRK İnal, **Bilgi Toplumu Parametreleriyle Türkiye'nin Sorgulaması**, http://www.isguc.org., 24.03.2009.

Yılmaz, Kürşad ve Güven Özdem: "Norm Kadro Çalışmalarının Üniversitelerde Uygulanabilirliği: Nitel Bir Araştırma", **Ankara Üniversitesi Eğitim Fakültesi Dergisi**, Cilt 37, Sayı 2, 2004, s. 118.

Yılmaz, Kürşad ve M. Barış Horzum, **Küreselleşme Bilgi Teknolojileri ve Üniversite**, Eğitim Fakültesi Dergisi, Cilt 6, Sayı 10, Güz, 2005, ss. 103-121.

Yozgat, Uğur: **Yönetim Bilişim Sistemleri**, Beta Basım Yayım, I.Baskı, İstanbul, 1998.

YÖK: "Meslek Yüksek Okulları", Nisan 2006, s.50.

YÖK: **Türkiye'nin Yüksek Öğretim Stratejisi Taslak Rapor**, Ankara, Haziran 2006.

YÖK: **Vakıf Üniversiteleri Raporu**, YÖK: Ankara, 2007.

Yurdakul, Ceyhun, M. Ufuk Çağlayan: **Bilgi Teknolojileri Türkiye için Nasıl Bir Gelecek Hazırlamakta**, Türkiye İş Bankası Yayını, Ankara, 1997.

www.cawis.sakarya.edu.tr, 14.05.2010

Zinateili N., "End User Computing Success Factors in Small Firms", **University of Canterbury**, 1994, p. 78-87.